■ 本书是浙江省哲学社会科学规划后期资助课题（14HQZZ001）的研究成果

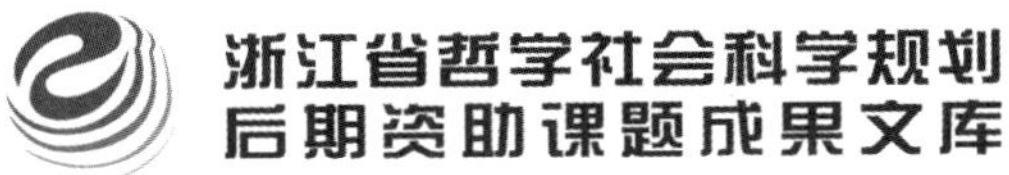

晚清英语教科书发展研究

The Development of English Textbooks in the Late Qing Dynasty

孙广平 著

中国社会科学出版社

图书在版编目(CIP)数据

晚清英语教科书发展研究/孙广平著. —北京:中国社会科学出版社,2016.5

ISBN 978-7-5161-8185-0

Ⅰ.①晚… Ⅱ.①孙… Ⅲ.①英语-教材-研究-中国-清后期 Ⅳ.①H319

中国版本图书馆 CIP 数据核字(2016)第 101988 号

出 版 人 赵剑英
责任编辑 宫京蕾
责任校对 秦 婵
责任印制 何 艳

出　　版 中国社会科学出版社
社　　址 北京鼓楼西大街甲 158 号
邮　　编 100720
网　　址 http://www.csspw.cn
发 行 部 010-84083685
门 市 部 010-84029450
经　　销 新华书店及其他书店

印刷装订 北京市兴怀印刷厂
版　　次 2016 年 5 月第 1 版
印　　次 2016 年 5 月第 1 次印刷

开　　本 710×1000　1/16
印　　张 16.5
插　　页 2
字　　数 270 千字
定　　价 65.00 元

凡购买中国社会科学出版社图书,如有质量问题请与本社营销中心联系调换
电话:010-84083683

中国人与英语（代序）

1841年10月，英国侵略军不费一枪一弹轻松地占领了宁波城，接着任命德国籍传教士郭实猎（Karl Friedrich August Gützlaff，1803—1851）担任宁波城的最高行政长官。1842年1月，英军船只来到余姚，向中国官员归还了几个被他们俘获的清军，同时还送来“二纸夷字”，也就是用英文书写的两张信件。浙江地方官员将此事上奏道光皇帝后，道光皇帝要求将这封英文信译成汉语，因为这位天朝上国的最高统治者不仅不认识英文，而且对英国几乎是一无所知。当鸦片战争的战火在中国沿海熊熊燃烧的时候，道光皇帝还在为这样一些基本问题而纳闷：一个20多岁的英国女子，怎么会成为英国国王的？她是否结婚了？如果已经结婚，那么她的丈夫官职有多高？在道光皇帝的心目中，一个不做官的男人，那是根本无法配上英国女王的，因为在天朝上国，一个有出息的男人一定是要做官的。

浙江省的官员接到道光皇帝要求将英文信译成中文的圣旨后，顿时乱了手脚，因为在文化昌盛的浙江，竟然没有一个人能够阅读英文信。最后，浙江省的官员找到了一个名叫江彬的广东人，因为据说此人精通英文。可是，当江彬见到两页英文信后，也是干瞪大眼。江彬对浙江官员如实相告说：自己“只知夷语，并不认识夷字”。如果按照现代中国人所制定的英语“听、说、读、写”四项标准，江彬这个全国难得的英语专家实际上只会“听、说”，而不会“读、写”。与江彬不同的是，现代中国许多被誉为英语专家的人实际上只会“读、写”，而不会“听、说”。历史与现实之间，常常会出现这样一类令人哭笑不得的雷同，不仅使人苦涩，更令人深思。

一方面，道光皇帝急于想知道那封英文信的内容，另一方面，又找不到能读英文信的中国人，这可把浙江省的大小官员急坏了。万般无奈之下，浙江省的官员想到了一个人，他就是代表英国侵略军统治宁波城的郭实猎，因为此人虽然是个“化外蛮夷”，但不仅精通中文，而且连中国沿海的许多方言都说得很流利。于是，浙江省的官员派人将那封从英军占领下的宁波城里送出来的英文信，又送回到英军占领下的宁波城里，并请郭实猎将其译成中文。这对郭实猎来说，当然不会有什么困难，因为这封信本来可能就是由他参与撰写的。最后，郭实猎送回了中文译稿。也有一种可能是，郭实猎干脆用中文另外写了一封信。收来郭实猎的中文信件，浙江省的大小官员终于松了一口气：他们可以向自己的主子交差了！

敌军送来一封书信，自己无法阅读，最后还得请敌军帮助翻译，这样的奇事，在世界军事史上可能是不多的。可是，这样的奇事，确实发生了，而且就发生在一个自诩为世界上唯一的文明中心的国度里。这个荒唐可笑的历史事件，从一个侧面说明了，为什么鸦片战争是以清军的失败而告终的。令人痛心的是，这种荒唐可笑的事件并非仅此一件，而是以不同的形式，在中国大地上频频再现。

中国人与英国人相遇，并不是从鸦片战争开始的。事实上，早在16世纪初，葡萄牙人、西班牙人就来到中国沿海进行活动了。进入16世纪，荷兰人、英国人也来到中国沿海。鸦片战争爆发时，英国人已经在中国沿海进行了两个世纪的贸易活动，为什么清政府对英国依然如此无知呢？一个重要的原因，就是清政府禁止中国人学习英语。清政府愚蠢地认为，如果中国民众学习英语，不仅丧失国格人格，有损天朝上国的形象，更加严重的是，还会与海外蛮夷勾结起来，从而威胁国家安全。所以，面对日益猛烈的全球化浪潮，清政府的应对措施就是闭目塞听、作茧自缚、自欺欺人。清政府确实成功地阻止了中国人学习英语，但同时也失去了起死回生的机会。

鸦片战争结束之后，中国被迫踏上了现代化的道路。学习英语的潮流，最初在中国沿海民众中间悄然兴起，接着又随着西方教育制度的引进而一步一步地进入正规的学校课堂中，最终成为学校教育体系中最为重要的一门课程。纵观近200年的历史，可以发现，对中国人来说，英语并不是一种简单的外语，而是蕴含着极其复杂的文化意义：或象征着桀骜不驯的泰西蛮夷，或象征着发达开化的西洋文明，或象征着时刻准备灭亡中国的帝国主义，或象征着垂死没落的西方世界，或象征着先进的现代化水平，或象征着国际最新潮流，……这样，在中国，学习英语就不是一个简单的外语学习行为了，而是被赋予了十分重大的社会文化内涵：或被认为是叛国背祖的汉奸行为，或被认为是追求民族富强的爱国行为，或被认为是堕落变修的洋奴行为，或被认为是勇攀世界科技高峰的崇高行为，……正因为英语学习被人们赋予如此重大的社会文化内涵，以至与人格国格、国家命运、民族前途紧紧联系起来，所以，从鸦片战争结束到今天，英语教学在中国可谓命运多舛、曲折坎坷：忽而被严禁，忽而被边缘化，忽而被狂热推崇。在中国大地上，出现过一幕幕与英语学习有关的悲剧、喜剧、闹剧、滑稽剧：有人为之如痴如醉，有人为之悬梁刺股，有人为之怒交白卷，有人为之死不瞑目，有人为之走火入魔，……一门简单的外语，在中国居然引发了如此纷乱的现象，不能不令人深思，当然，深思的对象不应是这门外语。

在中国人学习英语的曲折过程中，形成了形形色色的英语教科书：《红毛番话》《华英通用杂话》《无师自通英语录》《唐字调音英话》《音注中英蒙学图》《文规启蒙》《英语 900 句》《新概念英语》，等等。在这些英语教科书中，有来自西方的金玉良言，也有中国人自创的“时代强音”。它们浓缩着西方文化的精华，也折射出了中国文化的特征，并且被深深地打上了特定的时代烙印。这些教科书，是近现代中国人努力认识世界、了解世界、学习世界、走向世界的有力见证。可惜的是，学术界对于近现代中国人在学习英语过程中所形成的众多教科书尚缺乏足够的关注。因此，孙广平老师于 2010 年考入浙江大学攻读博士学位后，我即吩咐她以此为题进行研究。因为孙广平老师此时已是一名专业的英语教师了，在英语教学及研究上都卓有成就，具有研究这个题目的良好基础。

在整个博士研究生期间，孙广平老师非常努力，很快从外语研究转入历史学的领域中。这一转变的关键，在于她领悟到了历史学的最基本特点：必须依据原始资料。为此，她通过各种途径，从海内外搜集到 70 多种晚清英语教科书，从而为她的博士论文打下了扎实的基础。她的博士论文受到了匿名评审专家的好评，在答辩时也受到了评委的好评。她的努力，终于得到了回报。中国有句古话叫“天道酬勤”，英语中也有类似的一句话 God helps those who help themselves。无论东西方差距有多大，人类行为的基本标准其实都是一样的，有着共同的理想、情感和审美标准。今天，孙广平老师的著作就要出版了，她嘱我写个序言，我欣然从命，并借此机会表达一点自己的想法。

希望这本书能够受到读者的喜欢，无论你是喜欢学习英语，还是讨厌英语。

龚缨晏

2014 年 12 月

目　　录

成熟篇

绪　　论

一　选题依据及研究意义

（一）选题依据

随着时代的发展，全球化趋势愈发明显。英语，作为全球通用语言，越来越显现出其重要性。甚至可以说，英语已经成为世界通用语。在改革开放的中国，英语教学也因其在外交政治、对外经济方面所起的重要作用而成为中国政府重视的一项工作。

中国人的英语学习，按照时间发展的顺序大致经历了三大阶段。

第一阶段始于中英两国最早进行贸易往来之时，止于辛亥革命，也即晚清英语学习阶段。

在这个阶段，中国的英语学习分为三个时期。最早期的英语学习，是语言学习过程中自发的、毫无章法的学习。中国人学习英语的目的，单单是为了进行贸易而学习。其所学习的英语，是明显地带有汉语语法特点的不规范英语，也即洋泾浜英语。

晚清英语学习的中期可分为中前期和中后期。中前期是指两次鸦片战争期间（1840—1860）。鸦片战争打开了中国的大门，结束了中国闭关自守的对外政策。在这一阶段，伴随着坚船利炮，西方商人、传教士得以大批进入中国。在沿海通商口岸，学习英语、会说英语，成为该地区中国下层人群改变其生活状况的有力手段。但从当时整个社会来看，除了极少数独具前瞻性的风云人物，如林则徐等人以外，在晚清的政府部门以及晚清知识分子阶层中，英语学习并没有得到丝毫的重视。

晚清英语学习的中后期为鸦片战争结束后至甲午战争前。第一次鸦片战争，签订了《南京条约》。《条约》规定，以后凡中英立约文字，将以英语文字为准，这迫使清政府认识到英语学习的重要性，意识到培养可堪造就的英语人才的紧迫感。因此，清政府开始了自上而下进行英语学习的推广，英语学习的重要性在上层社会得到了一定的认识。

在此时期，西方传教士倚仗不平等条约的庇护，得以进入中国。在传教过程中，教育传教是传教士们经常采取的方式，教会学校开始得到比较大的发展。在19世纪中后期，为了适应中国英语学习的社会需求，大多数教会学校都逐渐推行英语教学。在教会学校的英语教学实践中，传教士一方面从英美国家引入原版英语教科书，另一方面也努力编写适合中国学习者之用的英语教科书，尤其是中英对译形式的英语教科书。

可以看到，相比晚清闭关自守时期，英语教科书在第一次鸦片战争到甲午战争前的这段时期获得了较快的发展。但是，若从中国英语教学史的整个发展时间来考察，我们只能说此阶段还处于中国英语教科书发展的缓慢期。这是因为，此时期的中国英语教科书的使用范围还仅局限于开放口岸，英语教科书在内陆地区的使用范围非常有限。英语教科书的缓慢发展还表现在其所出版的英语教科书的数量尚不够多、种类还不丰富；且英语教科书的编写方式，尤其是中国人所编写的英语教科书，还未能做到循序渐进、适合不同学习层次的学习者之需要，还没有形成完整的体系。这种在体系上的不完整，当然与当时的教育制度关系密切。

晚清英语学习的发展时期是甲午战争到辛亥革命期间。受到甲午战争严重失利的影响，中国民族危机意识被充分地调动起来。在甲午战争前，以同文馆学生为代表的知识分子为了改变中国的落后面貌而学习英语；而在沿海地区的中国英语学习者，则绝大多数具有追逐商业利益的功利心。但是，甲午战争后，中国英语的学习形成了一股强大的社会热潮。此时的英语学习目的，不单单是逐利，更多的是带有拯救民族与国家于危难之中的强烈使命感。英语学习的热潮，也促成了西学在中国的迅猛传播，并涌现了一批以严复、梁启超等为代表的中西贯通之士。在这样的社会大环境下，英语教科书的编写与发行，获得了较大的发展空间。这种发展，体现在英语教科书的编写主体多元化；英语教科书种类多样化；英语教科书的编排方式新颖化等特点；英语教科书出版机构以及出版的数量都大大超过以往任何时期。

但是，以现代英语教科书评估理论来看，清末辛亥革命前英语教科书虽较以往有很大的发展，但还远未达到成熟。比如，当时所出版的英语教科书，在质量上良莠不齐；在内容上，还不能够完全按照现代教育体系所要求的学科分级教学进行梯级式编写；在版面设计上，虽然已经注重教科书编写的美观性，如要附有精美的插图以吸引学生的兴趣；等等。但是，受到教科书成本的影响，能够做到版面形式美观的英语教科书并不很多。因此，我们说，甲午战争到辛亥革命前的英语教科书还处于渐进发展的时期，还未能达到完善的程度。

第二阶段是自辛亥革命后至新中国成立之时。随着西学在中国的传播不断深入，民众的英语学习热潮也不断高涨。在此期间中国人才辈出，才气恣意潇洒，学术贯通中西，英语教学取得的成绩斐然。

第三阶段是自新中国成立至今。在这个阶段，也可以分为两个时期。

第一个时期是英语学习的低谷期。中国大陆改革开放之前，由于中国与苏联的关系十分密切，社会上对俄语人才的培养极为重视，因而影响了中国人的英语学习。此阶段是中国英语学习历史上的最低时期。

第二个时期则迎来了中国英语学习的全面大发展。这一时期自大陆改革开放至现今。实行改革开放以来，中国经济并入世界贸易圈，国家、社会对英语人才的渴求非常迫切。国家对英语教学的重视可谓空前。英语学习成为各级各类学校教育的必修课，甚至连幼儿园教育，也将英语学习列入重要的教学任务中。除了学校教育体系以外，社会上各类培训机构、各类与晋职提升等有关的考试，也都将英语列为必考项目。可以毫不夸张地说，英语学习已经成为一种全民运动，并掀起了一股势不可当的英语学习热潮。

追本溯源，当今社会所形成的这股学习英语的热潮，其基础是建立在中国英语学习的第一阶段。如果没有晚清时期中英两国的贸易往来，没有鸦片战争后中国的五口通商，则中国人的英语学习就无从谈起。因此，不管中国英语学习历史上的最初阶段，其起步是多么的落后，学习者的学习意愿是多么的被迫，不可否认的是，这个阶段奠定了中国英语学习的基础。

任何一门学科的学习，都离不开好的学习材料，英语学习更是如此。在英语语言教学过程中，质量好、语言地道、内容翔实、切合学生实际需要的英语教科书对于教学质量的保障作用是极其重要的。晚清英语教科书同样对晚清英语学习产生了直接的、深刻的影响。作为中英语言接触的产物、作为中西文化交流的媒介、作为中国由封闭渐进走向开放的指向标，晚清英语教科书的发展历程必然与晚清社会由封闭走向开放、由禁锢走向自由的历程紧密相连。同时，晚清英语教科书的发展，也影响了民国时期、新中国成立初期乃至当今改革开放时期英语教科书的发展。因此，研究晚清英语教科书的发展历程，不仅具有重要的历史意义，也具有积极的现实意义。

在尽全力收集散落在世界各地的晚清英语教科书文本的基础上，本文作者以历史学、社会学、语言学相结合的跨学科研究方法，通过细致分析晚清时期各种英语教科书或英语读本所经历的演变历程，可以发现早期英语教科书的编写与出版规律；在编写与出版工作中所取得的成就；以及在英语教科书编写中所应吸取的教训。这些规律、成就以及教训，都会为现今的英语教科书编写提供可资借鉴的依据，可以使我们以史为镜，更好地提高当前的英语教科书编写质量，进而提高英语教学质量。透过晚清英语教科书的发展历程，还可以使我们能够探析中西文化交流的发展脉络。在当今全球化形势愈加明显、中西文化交流愈加频繁的时代，晚清时期由英语教科书发展所折射出的中西文化交流的发展经历，使我们能够更好地认识当代，培养出更多的具有跨文化交际意识与素质的新一代学贯中西的人才，提升中国在国际上的地位，增强中国在国际上的竞争力。正因如此，晚清英语教科书的发展研究具有强烈的现实观照性。

（二）本研究的意义

1. 以史料为基础，梳理晚清英语教科书编写及出版的发展历程，丰富中国教育史微观化的研究成果

目前的学术界，尤其是在教育史研究领域里，兴起了一股对近代教科书的研究热潮。在这些研究中，更多的是对近代教科书进行宏观性、整体性的研究，没有进行学科门类的细致分析。并且，因为近代教科书文本存世甚少，目前的研究主要关注于民国初期的教科书，晚清的教科书研究还尚处于开始阶段。而大多数的民国教科书研究，也主要集中在历史教科书、国文教科书、乡土教科书等几个主要学科，针对近代英语教科书的研究不多，而针对晚清时期的英语教科书研究，因其文本的难以寻觅，则相应的研究成果少之又少。基于从英美、港台，以及国内各大知名图书馆多方收集到的晚清时期所出版的70余种、100余册珍贵英语教科书文本，本文作者对该时期的英语教科书做历时性研究。通过晚清英语教科书的编写与出版发行这样一个切入点，以期发现中国最早期的英语教科书编写发展规律，为近代教科书研究提供细致入微的研究视角，丰富中国教育史的

研究成果，并为当代的英语教科书编写提供历史借鉴。

2. 基于晚清英语教科书的文本研究，为近代中西文化交流的研究提供新视角

文化交流的研究是教育史研究的一个重要领域。晚清英语教科书的文本在传递英语语言知识的同时，也承载了传递中西方文化的使命。晚清时期，正是中国社会大变动时期，是中国数千年来未有之变局，是中西方文化相碰撞、相交流的重要时期。在这样的变动局势下，中国的一些开明知识分子奋发图强，力求通过主动接纳西学知识，改变中国的积贫积弱局面。晚清英语教科书，作为当时民众接受西方语言文化的重要载体，必然会反映出当时中西方文化交流的重要内容及文化交流的主要领域。透过研究晚清英语教科书中关于中西文化的传播内容、传播方式等，可以为我们了解中西方文化的交流情形提供真实的参照。分析这些传递着中西方文化交流的文本内容，可以为我们了解当时中西文化交流的动态提供新视角。

3. 晚清英语教科书的编写特点、发展历程，为当前的英语教科书编写提供历史借鉴，促进当代英语教学水平的提高与发展

在教育史的研究领域中，对教科书做历时性的研究，以期找到教科书的发展与时代的联系，是目前教育史研究领域的热点问题，也是教育史研究的难点所在。

通过梳理晚清时期英语教科书编写的演变发展轨迹，即英语教科书的编写如何由初期的无序混乱发展到后期的渐进成熟这一过程，可以使我们更好地理解民国时期的英语教科书百花齐放式的大发展。分析晚清英语教科书中那些成功范本以及失败范本的特点，也可为我国当前的英语教科书编写提供历史性借鉴，使当代的教育工作者更加关注当前英语教科书，尤其是中小学英语教科书的编写与出版，更好地提高中国国民的整体英语水平，适应当前改革开放进一步深化的新局面。

二 相关研究概念及范围的界定

（一）晚清的时间界定

一般来讲，在历史学界，尤其是在中国政治史研究中，倾向于把晚清界定为自1840年鸦片战争开始至1912年中华民国成立这一时期。可是，近年来，受到国外历史研究中新理论、新方法不断引入的影响，在中国历史学界，研究视角已从单纯的政治史扩展到社会史、经济史、文化史等各

个领域。因此，出于各自研究的需要，对于“晚清”或“清末”的时间界定，其起始年份已不再局限于1840年，而其终止年限也不仅限于1912年。邹振环在《西方传教士与晚清西史东渐》一书中，将研究时间设定在1815—1900年[①]；而他在另一本著作《晚清西方地理学在中国》中，则把研究时间设定在1815—1911年[②]。美国学者费正清（John King Fairbank）在其所编著的《剑桥中国晚清史》一书中，对晚清时间的界定，是始自1800年，终于1911年[③]。

可见，学者出于各自研究的需要，将晚清的起止时间做了不同的划分。

本书所研究的是晚清时期出现的各类英语教科书。其研究时间，始于晚清时期第一部英语教科书出现的时间，终于清王朝的结束。在中国，最早期的英语读本可能出现在1715年英国东印度公司来广州设立商馆之后。在当时的口岸城市，为了通商的便利，一些口岸居民印行了一些简单的英语学习读物。这些读物对于研究中英语言接触史具有非常重要的意义。目前所发现的晚清英语学习的最早文本，是藏于故宫博物院的《嘆咭唎国译语》。据学者考证，该书可能成书于1747—1761年间[④]。另一部具有明确出版时间的英语教科书是马礼逊（Robert Morrison）所编著的《英国文语凡例传》，该书出版于1823年。马礼逊作为第一位来华的西方新教传教士，在促进中英两国的语言学习上做出了很大的贡献。他所编写的中英语言学习著作，对后世的影响极其深远。这部《英国文语凡例传》是迄今为止所发现的最早的明确标明出版时间的中国英语教科书。因此，从研究的需要出发，本文将晚清的起始时间定于马礼逊来华的时间，即1807年，终于辛亥革命爆发之时，即1911年。

（二）晚清英语教科书的概念界定

鸦片战争前中国实行闭关自守的对外政策，只开放广州作为对外通商的唯一口岸。在广州地区，当地的中国人出于对外贸易的需要自发地学习英语。在他们的英语语言学习中，使用的是只用中文标注英文发音的洋泾

① 邹振环：《西方传教士与晚清西史东渐》，上海古籍出版社2007年版。

② 邹振环：《晚清西方地理学在中国》，上海古籍出版社2000年版。

③ 费正清：《剑桥中国晚清史》，中国社会科学出版社1985年版。

④ 黄兴涛：《〈嘆咭唎国译语〉的编撰与“西洋馆”问题》，《江海学刊》2010年第1期，第150—159页。

浜英语一类的词语集。这类词语集，从现代教育的角度来审视，肯定不会被认为是英语教科书。但是，这是中国人最早学习英语的教科书文本的雏形。因此，本着追本溯源的精神，本研究将中国人学习英语最早时期所使用的这类洋泾浜英语文本，也纳入晚清英语教科书研究范围内。

需要指出的是，晚清时期所出版的各类英语学习词典，被视为英语学习的工具书，并未包括在英语教科书的概念内。因此，对英语词典的研究，不在本文的研究范围内。

由于晚清英语教科书发展演变的特点，最早的体现西方近现代教育意义的英语教科书自然是出自西方传教士之手。因此，尽管本文研究的重点集中在晚清大众教育体系下英语学习者所使用的英语教科书，但是，由西方传教士专为教会学校的中国学生所编著的英语教科书，尽管其读者群极为有限，但它们毕竟是中国英语教科书迈向近代化发展的重要文本表现，为以后中国人开始自己编写英语教科书提供了经验；并且，有些传教士所编写的英语教科书，在中国对外开放程度日益增强之时，对当时的中国英语学习也产生了很大的影响。因此，这部分教科书，尤其是第二次鸦片战争前西方传教士及外交人员所编写的英语教科书，也成为本文研究的一个方面。

三　国内外研究现状与研究趋势

（一）研究现状

目前国内外学术界对于晚清英语教科书的研究可以说尚在起步阶段，还没有形成一定的研究体系，目前尚无相关专著发表，仅有一篇博士学位论文论及清末民国时期的英语教科书，即吴驰的《由“文”到“语”——清末民国中小学英语教科书研究》[1]。但是，该博士论文的研究重点仍然在民国时期，对于清末时期中国的英语教科书发展历程，涉及的方面还很少，所收集到的文本还不够充分。

目前与本研究相关的成果一方面集中在对晚清教科书的研究，另一方面是有关晚清英语教学的研究。

1. 有关晚清教科书研究的相关论著

在国内外的相关研究中，有些论著及学位论文涉及晚清教科书研究领

---

① 吴驰：《由“文”到“语”——清末民国中小学英语教科书研究》，湖南师范大学，2012年。

域。在这些研究中，有宏观性的、整体性的研究论著，也有针对某一学科领域的教科书研究。王建军的《中国近代教科书发展研究》[①]，以近代化作为教科书研究的主线，其中一部分涉及晚清时期的教科书发展历程，另一部分涉及民国时期的教科书发展。毕苑的《建造常识——教科书与近代中国文化转型》[②]，以社会史和文化史作为研究支撑理论，展现了近代（包括晚清及民国时期）中国教科书发展所体现的社会文化变迁。吴小鸥在《清末民初教科书的启蒙诉求》中，以教科书启蒙为视角，对晚清教科书的编写及使用情况作了细致的研究[③]。其他一些著作，如张运君的《晚清书报检查与教科书审定研究》[④]；石鸥、吴小鸥的《百年中国教科书图说：1897—1949》[⑤]；汪家熔的《民族魂·教科书变迁》[⑥]；周海霞的《清末民初中央教育行政机构对教科书的管理》[⑦] 等论著及学位论文，对晚清时期教科书做了整体性、宏观性的研究。王晓静的《清末和民国时期的戊戌变法形象演变研究：以中学本国史教科书为中心》[⑧]；黄晓菊的《清末民初江苏乡土史地教科书研究》[⑨] 等，对晚清时期的乡土教科书、历史教科书做了相关的研究。

在国外的研究中，有 *Writing in the Devil's Tongue*《中国英语作文史》[⑩]。在这部书中，有一部分研究涉及晚清的英语教科书，但涉及的内容不多。

可以看出，上述这些有关教科书研究大多选取清末民初这段时间，对于清末教科书研究少有涉及，鲜有深度研究。

---

① 王建军：《中国近代教科书发展研究》，广东教育出版社 1996 年版。

② 毕苑：《建造常识——教科书与近代中国文化转型》，福建教育出版社 2010 年版。

③ 吴小鸥：《清末民初教科书的启蒙诉求》，湖南师范大学，2009 年。

④ 张运君：《晚清书报检查与教科书审定研究》，北京大学，2006 年。

⑤ 石鸥、吴小鸥：《百年中国教科书图说：1897—1949》，湖南教育出版社 2009 年版。

⑥ 汪家熔：《民族魂·教科书变迁》，商务印书馆 2008 年版。

⑦ 周海霞：《清末民初中央教育行政机构对教科书的管理》，河北师范大学，2008 年。

⑧ 王晓静：《清末和民国时期的戊戌变法形象演变研究：以中学本国史教科书为中心》，北京师范大学，2007 年。

⑨ 黄晓菊：《清末民初江苏乡土史地教科书研究》，扬州大学，2009 年。

⑩ XIAOYE YOU. Writing in the Devil's Tongue. Carbondale：Southern Illinois University Press，2010.

2. 有关晚清英语教学研究的相关论著

对于晚清英语教学的研究，目前在国内比较有影响的著作有付克的《中国外语教育史》[①]；李良佑、张日升、刘犁合著的《中国英语教学史》[②]；苏精的著作《清季同文馆》[③]《清季同文馆及其师生》[④]；季压西、陈伟民的《从"同文三馆"起步》[⑤]；顾卫星的《晚清英语教学研究》[⑥]；刘军的《清末民国时期外语教学研究》[⑦]；周毅的《晚清洋泾浜英语及其影响史：以1840年前后至1919年广州、上海口岸为中心》[⑧]；高晓芳的《晚清洋务学堂的外语教育研究》[⑨] 等。在这些论著的研究中，对晚清时期的中国英语教学情况做了较翔实的考证，为我们还原了当时的英语学习情况。但是，对英语教学中的主体部分，即对于英语教科书的研究，有些著作涉及了晚清英语教科书的出版和使用情况，但对于文本的解读还不够深入。由于晚清英语教科书文本收集上的困难，部分著作还存在道听途说、以讹传讹等现象。

对晚清英语教科书发展做整体性、全局性的历时研究，目前的学术还处于起步阶段，除了仅有的为数不多的相关论文以外，尚未见到任何相关的专著。在这些论著中，周振鹤是晚清英语教科书研究的开拓者。而邹振环、吴义雄、黄兴涛等人则进一步深入推进了晚清英语教科书的研究。

周振鹤在多篇论文中谈及晚清中国英语教科书，如《从莫里循文库到东洋文库》《书同文与广方言》《鬼话、华英通语及其他》《别琴竹枝词百首笺释》等[⑩]，其所掌握的第一手珍贵文献非常丰富，所列出的晚清时期流行的英语学习材料，包括词汇集及字典等，奠定了晚清英语教科书研究领域的基石，具有极高的学术价值。

---

① 付克：《中国外语教育史》，上海外语教育出版社1986年版。

② 李良佑、张日升、刘犁：《中国英语教学史》，上海外语教育出版社1988年版。

③ 苏精：《清季同文馆》，台湾世伟打字印刷有限公司1997年。

④ 苏精：《清季同文馆及其师生》，上海印刷厂1985年版。

⑤ 季压西、陈伟民：《从"同文三馆"起步》，学苑出版社2007年版。

⑥ 顾卫星：《晚清英语教学研究》，苏州大学出版社2005年版。

⑦ 刘军：《清末民国时期外语教学研究》，苏州大学，2006年。

⑧ 周毅：《晚清洋泾浜英语及其影响史：以1840年前后至1919年广州、上海口岸为中心》，四川大学，2005年。

⑨ 高晓芳：《晚清洋务学堂的外语教育研究》，中国传媒大学，2005年。

⑩ 周振鹤：《随无涯之旅》，生活·读书·新知三联书店2007年版。

在此研究领域的另外一位学者是邹振环。他的一些论文，如《晚清同文馆外语教学与外语教科书的编纂》[1]《光绪皇帝的英语学习与进入清末宫廷的英语读本》[2]《十九世纪下半期上海的“英语热”与早期英语读本及其影响》[3]《19世纪早期广州商贸英语读本的编刊及其影响》[4]《翻译大师笔下的英文文法书——严复与〈英文汉诂〉》[5] 等，具有学术研究上的指导意义。另外，吴义雄的《“广州英语”与19世纪中叶以前的中西交往》[6]，黄兴涛的《〈嘆咭唎国译语〉的编撰与“西洋馆”问题》[7]；《第一部中英文对照的英语文法书——〈英国文语凡例传〉》[8]；《〈文学书官话〉与〈文法初阶〉》[9]；《英文语法知识传播的其他一些书籍》[10]；邱志红的《〈英文举隅〉与〈英文话规〉——同文馆毕业生编译的早期英语文法书》[11]，刘军的《〈英文汉诂〉——论严复的文化语言观》[12] 等论文，也都是关于晚清英语教科书研究领域的重要文献。

在国外学术界，对于晚清英语教学的研究多以晚清英语最早期的不规

---

① 邹振环：《〈华英初阶〉和晚清国人自编近代英语教科书的发轫》，上海中山学社：《近代中国》第十五辑，上海社会科学院出版社2005年版，第142—160页。

② 邹振环：《光绪皇帝的英语学习与进入清末宫廷的英语读本》，《清史研究》2009年第3期，第107—115页。

③ 邹振环：《十九世纪下半期上海的“英语热”与早期英语读本及其影响》，《档案与史学》2002年第1期，第41—47页。

④ 邹振环：《19世纪早期广州版商贸英语读本的编刊及其影响》，《学术研究》2006年第8期，第115—123页。

⑤ 邹振环：《翻译大师笔下的英文文法书——严复与〈英文汉诂〉》，《复旦学报：社会科学版》2007年第3期，第51—60页。

⑥ 吴义雄：《“广州英语”与19世纪中叶以前的中西交往》，《近代史研究》2001年第3期，第172—202页。

⑦ 黄兴涛：《〈嘆咭唎国译语〉的编撰与“西洋馆”问题》，《江海学刊》2010年第1期，第150—159页。

⑧ 黄兴涛：《第一部中英文对照的英语文法书——〈英国文语凡例传〉》，《文史知识》，2006年第3期。

⑨ 黄兴涛：《〈文学书官话〉与〈文法初阶〉》，《文史知识》2006年第4期。

⑩ 黄兴涛：《英文语法知识传播的其他一些书籍》，《文史知识》2006年第5期。

⑪ 邱志红：《〈英文举隅〉与〈英文话规〉——同文馆毕业生编译的早期英语文法书》，《寻根》2008年第5期，第35—40页。

⑫ 刘军：《〈英文汉诂〉——论严复的文化语言观》，北京大学，2004年。

范形式——洋泾浜英语（Chinese Pidgin English，CPE）为研究重点。对晚清中国洋泾浜英语及其文本的研究最早可追溯到19世纪中期，其代表人物有S. W. Williams①、C. T. Downing②、F. W. Airey③、F. M. Norman④、A. P. Hill⑤、R. A. J. Hall⑥等。

国外早期学者对洋泾浜英语的研究，多属于猎奇性的描述。进入20世纪中后期，对中国洋泾浜英语的研究则将其置于世界洋泾浜英语、克里奥语和世界语的大背景下，置于语言接触背景下，结合文化学、社会学、类型学、语言接触理论等，讨论中国洋泾浜英语的语言特质及其人文、社会的含义⑦。这种既根植于本体又不限于本体的路径，也为我们的研究提供了可参考的思路。

国内外对晚清中国英语教科书的研究趋势，可以说具有由广泛、宏大叙事转向具体而微的深入研究转变的趋势。但是，在目前的研究中，也存在着明显的不足。比如，由于客观原因，晚清英语教科书的资料散落在国内及世界各处，资料的寻访与收集是此研究领域的一大难点。依赖二手材料难免出现研究不深入，或语焉不详，或以讹传讹等问题。另外，跨学科理论知识的素养不足，也成为研究晚清英语教科书的一大障碍。这些问题，都应该引起学术界的广泛关注，不断完善对此领域的研究。

（二）研究趋势

目前的学术界，已经充分认识到教科书研究的历史意义与学术价值，

---

① WILLIAMS S. Gaoumun fan yu tsa tszc tesuen taou，or A complete collection of the miscellaneous words used in the foreign language of Macao. Chinese Repository，1837.

② DOWNING C. The Farr Qui in China in 1836. Shamnon Ireland：Irish University press. 1838.

③ AIREY F. Pidgin English talks and others. Shanghai：Kelly & Walsh. 1902.

④ NORMAN F. "Martello Tower" in China，and the Pacific，in H. M. S. "Tribune，" 1856—1860. London：C. Allen，1902.

⑤ HILL A. Broken China：a Vocabulary of Pidgin English. Shanghai：Hill & Weiss，1920.

⑥ HALL R. Chinese Pidgin English Grammar and Texts. Journal of the American Oriental Society，1944.

⑦ 这些学者发表了以下论文：

HALL R. Chinese Pidgin English Grammar and Texts. Journal of the American Oriental Society，1944（3）：95-113. MOODY A. Transmission Languages and Source Languages of Chinese Borrowing in English. American Speech，1996（4）：405-420. 内田庆市：《Pidgin——异语言文化接触的一种现象》，《东亚文化交涉研究》2006年第2期。

因教科书是社会各个领域知识的综合体，表现了社会发展的程度与特色。以晚清教科书为切入点，观察当时社会文化的变迁，是当前学术界研究的一个新方向。基于此，目前在学术界，不仅教育学，包括历史学等其他学科，都不约而同地把晚清至民国初期的教科书作为研究热点，不仅对近代教科书进行整体性、全局性的研究，并发表了许多相关的有价值的著作，更将研究的视角深入晚清至民初的具体学科，如一些学者已经对近代乡土教科书、小学语文教科书、近代历史教科书等，进行具体而微的研究。晚清英语教科书的研究也日益受到更多研究者的关注。前文已经提到，历史学家周振鹤、邹振环等人在各自的前期研究基础上，对晚清英语教科书正在进行更深一步的探究，并发表了高水平的论文。如邹振环所发表的《清末民初上海群益书社与〈纳氏文法〉的译刊及其影响》[①] 等，就是对此领域的深入探讨。可以预见，在不久的将来，晚清英语教科书研究会成为学术界，包括教育学界、历史学界、外语学界以及传播学界的研究热点。

四 研究思路与资料收集

（一）研究思路

本书的研究拟以晚清时期所发生的重大历史事件作为分区点，以晚清时期所出版发行的英语教科书作为研究的第一手原始材料，以历史学理论为基础，结合社会学、文化学、教育学的研究成果，探讨中英语言接触早期中国英语教科书的发展态势。通过晚清英语教科书发展这一视角，揭示晚清时期中国与西方文化交流的路径、程度以及所产生的影响，使语言学习研究与中西文化交流的发展研究相结合。

本研究以中英语言接触的时间为序，以晚清英语教科书为研究底本，将语言接触之于英语教科书的具体体现分为三个阶段：萌芽篇、发展篇、成熟篇。

萌芽篇指 1840 年前中国英语教科书的初现情况；发展篇指 1840—1895 年间的中国英语教科书的逐步发展态势；成熟篇指 1895—1911 年间在国内与国际形势发生巨大变化后中国英语教科书的快速发展之情形。

---

① 邹振环：《清末民初上海群益书社与〈纳氏文法〉的译刊及其影响》，载复旦大学历史系，中外现代化进程研究中心编《中国现代学科的形成》，上海古籍出版社 2007 年版，第 91—123 页。

晚清时期英语教科书三个不同的发展阶段，必然各有其特点。这些特点是如何以文化交流、语言接触的形式表现出来，是我们研究的一个路径。同时，在中国早期的英语教科书中，始终存在着正规英语与洋泾浜英语共存的特点。对这些与众不同的特点，该如何理解和评价，也是我们研究的重要思路。

在具体研究上，可按历史发展的历程分为三个阶段。

第一阶段：1807—1840 年，以第一位来华基督新教传教士马礼逊到达中国的时间作为起始标志。当时，澳门、广州作为仅有的对外开放地区，最早出现中西语言相接触现象，也是中国早期洋泾浜语（即澳门葡语、广州葡语、广州英语）形成的主要地区。以对外贸易为生的中国人为了与以英语为母语的西方人进行交流时用以学习英语的文本，无疑是研究洋泾浜英语的最早期资料。在同一时期，在英美传教士所开办的学校里，其所教授给中国学生的英语又是正规的、标准的英语。他们所使用的英语教科书的来源，以及他们在编写这些英语教科书时如何调合中英两种完全异质的语言，这两种语言以怎样的形式进行交接与融合，等等，对这些问题详加考察，将有助于我们厘清英语早期传播的路径和特征。

第二阶段：1840—1895 年，这一时期是中国社会历经动荡的年代。中国首次在西方的洋枪洋炮面前被迫开埠通商，并允许外国人在中国口岸地区经商、传教。英语，作为一种强势语言，成为人们竞相学习的对象。一部分中国人对英语学习的热情源自现实的利益需要。他们认为一旦掌握了英语，就有了与外国人经商的资本，如买办、通事之流，或那些出身贫寒之人，也巴望着凭借一两句半生不熟的洋文，在开放口岸寻觅到一份糊口的生计。还有一部分怀有忧国忧民抱负的社会精英，他们在面对强敌之时，急欲掌握代表着当时西方文明的先进技术，以求中国自强于世界之林。对他们而言，掌握英语无疑是通向文明之路的第一个台阶。由着这两种不同的目的，英语学习也沿着不同的路径向前发展。在对外开放港口地区，人们大多为生计而学英语，所学习的大多为“洋泾浜”式英语。自洋务派倡导的京师同文馆等建立之日起，外语，尤其是英语，就成为这些新学堂最为重要的一门功课。新式学堂所选取的英语教科书，使用的是正规的、标准的英语语言知识。在此时期，西方教会学校所使用的英语教科书，虽说其使用范围有限，仅在教会学校使用，但因其来自母语为英语的西方人士所编，在当时的社会，尤其在开放口岸地区，具有一定的影响力。研究当时有代表性的英语教科书会使我们对当时的口岸经济活动、中西文化接触、当时人们的文化心理状态有较为明晰的了解。

第三阶段：1894—1911 年。中日甲午战争的失败，严重打击了中国统治阶级的自信心，也极大地唤起了广大民众救亡图存的民族使命感。在这一阶段，可以说从上至下掀起了学习英语的热潮。随着新式学堂的广泛建立以及《钦定学堂章程》的颁发，社会上出现了“向西转”的倾向，英语学习获得了极大的发展。以商务印书馆为首的出版机构大量出版各类英语教科书，其出版物具有一定的专业性，如适合不同程度的学习者所使用的启蒙类英语教科书、中学英语教科书、大学英语教科书等。还有虽不属于主流教学，却在社会上占有很大比重的各类夜班、培训班，他们所使用的英语教科书与学堂里使用的教科书当属不同系列。如何站在中外关系史学、语言学、教育学、社会学理论的高度来分析这些不同的英语教科书，都是值得深入研究的课题。

本研究在尽全力收集晚清时期的英语教科书文本的基础上，对这些承载着时代特点、体现着当时社会风貌的文本材料加以分析，以真正的原始材料作为研究蓝本，力求对晚清英语教科书的发展做一历时的、跨学科的研究，并力求论从史出，能够在此研究领域得出有学术参考价值的结论。

（二）晚清英语教科书研究之文本资料基础

本文作者通过各种途径，经过多方努力，已收集到晚清时期珍贵的英语教科书共 70 余种。在这 70 余种晚清英语教科书中，有些英语教科书，如《华英进阶》《新世纪英文读本》《英文典》（包括初等、中等、高等三个等级）《华英亚洲读本》等，都是分册的系列教科书。本文作者还尽力收集到某些教科书的不同版本，如《纳氏英文法讲义》《英文汉诂》等知名英语教科书就有多个版本。若将这些不同版本、不同分册的英语教科书全部统计的话，共收集到 100 余册。现将这 70 余种珍贵的文本资料来源做一简要介绍。

资料来源一：从国内各大知名图书馆复制及抄录晚清英语教科书的全文或部分文本。

在国内各大图书馆中，拥有晚清时期英语教科书藏书资源的当属中国国家图书馆、上海图书馆、北京大学图书馆、南京图书馆等，而国内其他图书馆所藏的近代英语教科书大多是民国时期出版的。在这些藏有晚清英语教科书的图书馆中，中国国家图书馆的藏书相对来说比较丰富。

1. 在中国国家图书馆收集到的晚清英语教科书文本

(1)《英语集全》，1862 年，唐廷枢著；

(2)《英字入门》，1874 年，曹骧著；

(3)《华英文字合璧》，1879 年，点石斋主人著；

(4)《英文举隅》，1879 年，汪凤藻著；

(5)《无师自通英语录》，1880 年，绿竹山房著；

(6)《英文话规》，1898 年，张德彝著；

(7)《音注中英蒙学图》，1901 年，华英养正书馆发行，未标明著作人信息；

(8)《自识英语图》，1911 年，马辅仁著；

(9)《西洋古格言》，未标注出版时间，徐云译述，上海医学书局出版。

中国国家图书馆还收藏有一些民国时期的英语教科书，本文不再列出。

2. 在上海图书馆复制到的晚清英语教科书文本

(1)《英字指南》，1879 年，杨勋著；

(2)《华英通用要语》，1881 年，点石斋出版；

(3)《增广英字指南》，1899 年，杨勋著；

(4)《华英合璧二十世纪读本》，1905 年，作者不详，广智书局出版。

3. 在南京图书馆复制及抄录的晚清英语教科书①

(1)《英话注解》，1860 年，冯泽夫著；

(2)《华英通用杂话》，1843 年，罗伯聃著；

(3)《华英通语》，南京图书馆所藏的这本书是一部残本，只有下卷，因此无法确定其出版时间及著作者。

4. 在北京大学图书馆复制到的晚清英语教科书②

(1)《英文汉诂》，1904 年初版，严复著，该馆另藏有该书的民国时

---

① 本书作者在中国内地各大图书馆搜集并复制古籍文献时，发现各大图书馆在文献资源复制方面的做法很大的差别。上海图书馆可以提供全文复制，每页一元左右；中国国家图书馆的部分古籍（除胶片文献以外）只能复制三分之一，复制费用在每张七元至六十元不等；而南京图书馆的普通古籍每本只能复制两页，每页十二元；其他部分全部需要手抄。期待中国图书馆的文献复制制度能够更加便利学者的研究。

② 感谢学长马智慧先生帮助笔者在北京大学图书馆复制到上述这两部书的全文。

期 1925 年版及 1933 年版本。

（2）《唐字调音英语》，又名《唐字音英语》，1904 年，莫文畅著。

资料来源二：通过孔夫子旧书网及其他古籍文物收藏交易网站等所购得的晚清英语教科书原本及复制本：

所购得的原本：

①《英文法程初集》，1893 年，Tenney 著；

②《华英初阶》、《华英进阶》一、三、五集；1898 年，谢洪赉译著；

③《华英国学文编》，1900 年，商务印书馆编译所著，商务印书馆；

④*The Mother Tongue*，1900，Kittredge，Ginn & Company；

⑤《华英国学文编训蒙编》，1900 年，商务印书馆编译所著，商务印书馆；

⑥《华英亚洲课本》，1900 年，商务印书馆编译所著，商务印书馆；

⑦《正则英文教科书》，1901 年，斋藤秀三郎著；

⑧《纳氏英文法》（英文版），1902 年，纳斯菲尔德著；

⑨《英文初范》，1902 年，商务印书馆编译所著，商务印书馆；

⑩《最近英文法教科书》，1905 年，斋藤秀三郎著，藐姑射山人编译，赤城学社；

⑪《初等英文典》《中等英文典》《高等英文典》各版本，1908 年，神田乃武著；

⑫《英语捷径》，1908 年，斋藤秀三郎著；

⑬《初级英语读本》，1909 年，杜耀章著；

⑭《纳氏英文法讲义》一至四集，1909 年初版，纳斯菲尔德原著，赵灼译著，已购买多个版本；

⑮《华英翻译金针》上下集，1911 年，李文彬著；

⑯《绘图增注华英三千字文》，未标明出版时间，拙补居士著；

⑰《华英会话重增幼学琼林》，未标明出版时间，程允升著。

所购得的复制本：

①《华英亚洲启悟集》，1900 年，商务印书馆编译所著；

②《英文初范》，1902 年，商务印书馆编译所著；

③《帝国英文读本》一至四册，1904 年，伍光建著；

④《最近英文法教科书》，1905 年，斋藤秀三郎著；

⑤《中学英文典教科书》，1907 年，何崇礼著；

⑥《英文范纲要》，1907 年，伍光建著；

⑦《初级英语读本》，1909 年，杜耀章著；

⑧《初学英文轨范》，1909 年，邝富灼、徐铣著；

⑨《英文益智读本》，1909 年，祁天赐著；

⑩《简要英文法教科书》，1910 年，Newsom 著；

⑪《新世纪英文读本》，1910 年，邝富灼、袁敦礼、李广成著；

⑫《英文新读本》，1910 年，Roy S. Anderson 著，邝富灼译；

⑬《华英要语类编》，未标明出版时间及著作者；

⑭《初级英语作文教科书》，未标明出版时间，何鼎新著。

资料来源三：从香港、台湾知名图书馆复制的晚清英语教科书文本。

本人通过在香港、台湾学习、工作的朋友，从这两地复制了几本大陆图书馆未收藏的晚清英语教科书文本，书目如下：

①《训蒙日课》，1837 年，William Young 著，香港浸会大学图书馆藏；

②《华英通语》，1867 年，Bennoni Lanctot 著，香港浸会大学图书馆藏；

③《华英通语》，1901 年，Ira M. Condit 著，香港浸会大学图书馆藏；

④《英语汇腋》，1885 年，邝其照著，台湾“中研院”图书馆藏。

资料来源四：从国外知名图书馆复制的晚清英语教科书文本。

本人通过在英国、美国、日本等地学习的同事及朋友，复制下列晚清时期的英语教科书：

①*The Union Spelling Book*，1838，American Sunday-school Union，纽约公立图书馆藏；

②《英语语法入门》，1854 年，Cornwell；

③《华英通语》，1855 年，子卿著，日本东北大学图书馆藏；

④*A Common School Grammar of the English Language*，1870，Simon Kerl，美国加利福尼亚大学图书馆藏；

⑤《增订华英通语》，1860 年，福泽谕吉译著，日本京都大学图书馆、日本关西大学图书馆、日本早稻田大学图书馆、美国耶鲁大学图书馆，以及英国大英图书馆均有收藏；

⑥《英话注解》，1860 年，冯泽夫著，日本京都大学图书馆、宁波帮博物馆、南京图书馆、上海历史博物馆均藏有此书；

⑦《英话文法小引》上卷，1864 年，罗存德（Wilhelm Lobscheid）著，美国加利福尼亚大学图书馆藏；

⑧*Grammar for Beginners*，1870，Alexander Allen & James Cornwell，英国牛津大学图书馆藏；

⑨《英华初学》，1872 年，露密士（A. W. Loomis）著，美国加利福尼亚大学图书馆藏；

⑩《习汉英合话》，1855 年，斯坦尼斯拉（M. D. Stanislas）著，耶鲁大学图书馆藏；

⑪《文法初阶》，1878 年，郭赞生著，英国大英图书馆藏；

⑫《华英文法捷径》，1896 年，陆敬科著，英国大英图书馆藏。

资料来源五：相关学术论著中所附的晚清英语教科书影印文本。

①《英国文语凡例传》，1823 年，马礼逊著，原藏于英国大英图书馆，中国大象出版社出版了该书的影印本，书名为《英国文语凡例传·通用汉言之法》；

②璧经堂的《红毛通用番话》；

③成德堂的《红毛通用番话》；

④富桂堂的《红毛番话贸易须知》；

⑤荣德堂的《红毛买卖通用鬼话》；

⑥以文堂的《红毛话贸易须知》；

⑦ *Chinese and English Vocabulary*；

⑧《夷音辑要》。

上述第 2 至第 8 种英语文本属于中国英语语言学习最早期的文本形式，即洋泾浜英语学习的文本读物。这 7 种书都来自日本学者内田庆市与沈国威所编著的《言语接触与洋泾浜英语——19 世纪东亚（复制资料）》[①] 一书所附的复制的洋泾浜文本资料。这些资料，对于我们了解中国洋泾浜英语的最早期形式，提供了珍贵的文本参考。

这些已收集到的 70 余种 100 余册晚清英语教科书，对本研究的顺利进行提供了扎实的史料基础。

---

① 内田慶市、沈国威：《言語接触とピジン　19 世紀の東アジア（研究と復刻資料）》，白帝社 2009 年版。

五　本研究特色之处

本课题的研究涉及历史学、语言学、教育学、社会学以及人类学等相关学科领域，是多学科、多角度、全方位的综合性研究。本课题的研究以历史唯物主义为指导，借鉴相关学科的知识、理论和研究方法，尝试对晚清英语教科书做出细致深入的剖析。

（一）本研究立足真实的英语教科书文本

本文作者利用各种渠道和资源，广泛地、力求穷尽性地收集晚清时期的英语教科书，终有所获。本文作者对真实文本进行分析，体现了求真务实的学风。基于真实文本所得出的结论，必然为当前学术界所关注的晚清教科书研究的深入开展做出学术上的贡献。本论文在晚清英语教科书研究中所得到的新发现、所阐发的新观点，为研究民国英语教科书提供必要的学术基础。

（二）跨学科的研究方法

对晚清英语教科书的研究，必然是一种跨学科的研究。本研究结合以下几门学科的研究方法。

1. 运用历史学的研究方法

以历史事件发生的时间顺序为主线，按照晚清英语教科书的演变过程，分阶段描述与背景评析并举，个案研究与综合阐述相结合，由现象而分析、揭示成因。

2. 运用教育学的研究方法

对晚清英语教科书的研究，必然涉及教育学领域的相关理论与方法。在分析英语教科书文本的同时，不能只知表面、不求深入。应当运用教育学原理，透彻分析隐藏在英语教科书文本之内的教育理念。

3. 运用语言学的研究方法

在晚清英语教科书的编写方面，编著者采取何种手段来描述英语，编者是怎样表现英语的语音、词汇和语法学习的，这种编写方式，基于何种语言学理论背景，等等，这些是我们在研究教科书文本时着力关注的重点问题。

4. 运用社会学、文化学的研究方法

一门学科的兴衰，与当时人们的社会观念、文化需求有着密切的关系，英语语言的学习更是如此。在对晚清英语教科书进行研究时，本文应

用社会学、文化学的研究方法和研究理念，考察这些教科书的编写如何体现并迎合社会、文化需求。本研究是从文本到社会的解读，而不仅仅是从文本到文本的描述。

本研究是一项跨学科的研究。对于晚清时期所出版的英语教科书进行语言接触史视角下的分析，并结合文化史学、传播学、社会学、英语语言学、教育学等理论对于英语教学材料文本进行分析。在分析中不仅采用描述法，还采用历史计量法等新兴历史研究手段，透过文本现象，以定性和定量分析为主，以期发现中英语言接触的本质。这种语言接触受何种文化思想的影响，其深层社会动力若何，从而使我们在以史为鉴的基础上，更好地开展当前全球化形势下的英语教学，具有较强的现实观照性。

萌　芽　篇

第一章

鸦片战争（1840）前英语学习读物在中国的出现

在晚清社会发展中，鸦片战争前中国英语学习文本的编写与出版的历程可被称作中国英语教科书发展的萌芽阶段。之所以称其为萌芽阶段，是因为在此阶段，中国人用以学习英语的文本材料大多是那些以汉语来标注英语单词发音的小册子。这些小册子或以抄本，或以刻本的形式出现，所传播的是一种介于英语和汉语之间的所谓“洋泾浜”英语。这种小册子供生活在沿海口岸的下层劳动人民与西方商人进行贸易，以及为他们提供各种劳务而使用。这些体现洋泾浜英语特点的小册子，通篇并无一个英语文字，且无英语语法。在现代人看来，用这些不中不洋的小册子来学习英语，实在是显得可笑至极。可是，正是这些看起来显得滑稽不堪的洋泾浜英语学习手册，开启了中国人英语学习的最初阶段。

在鸦片战争前，除了中国人为中英贸易而编写的洋泾浜英语小册子以外，西方来华新教传教士第一人马礼逊（Robert Morrison），在马六甲创办了英华书院，为中国人学习英语而编写了一部中英对译的英语语法教科书《英国文语凡例传》。这部英语语法教科书标志中国历史上第一部中英对译的英语教科书的出现。

第一节 早期《红毛番话》类英语读本

在当今全球化的大环境下，英语由于其特殊的地位，已经成为无可争议的世界通用语。自20世纪80年代以来，中国实行了改革开放的政策，对外联系增多，带动了国人英语学习的热情。时至今日，这种热情一直高涨不衰。可是，从语言接触的角度来研究中国人是怎样开始学习英语的；在中英语言接触中经历了哪些过程；尤其是这些过程在英语学习文本材料中如何体现，目前的研究还远远不够深入。

一　中英语言接触的最早时期

一般认为，中英最早的语言接触发生在 1792 年马戛尔尼（George Macartney）来华之时。不过，这种论断遭到一些学者的反驳。他们认为，马戛尔尼的来华之行，可以看成中英两国在官方层面的第一次直接接触。但是，在民间，中英两国的语言接触应早在此前。中英语言的最早接触时期，应发生在中英两国人民互通贸易之时。为了考察这个最早的时间，一些学者通过所搜寻到的不同史料，得出了不同的结论。

有学者称，早在 1637 年英国开始与中国进行贸易之前，中英两种语言并无任何的接触。中英进行贸易所需要的语言，全凭能讲澳门话的葡萄牙人或会讲葡萄牙语的中国人在中间联络沟通①。

又有学者将中英两种语言相接触的最早时间前推 30 余年。据季压西等人的研究，中英早期的语言接触应始于东印度贸易公司成立之时。早在 1604 年，英国东航贸易船，曾在远东劫持了几艘中国船。由此，季压西认为在被劫持的中国船员与东航贸易船上的水手应该有着中英语言的接触与互动。这些互动就应被视为中英语言接触最早阶段，其时间也即 1604 年②。

另有学者根据史料记载，发现在 1613 年，受雇于英属东印度公司的密勒顿船队的一些中国船员曾随船队到达英国③。

其实，关于中英语言相接触的最早时间，还有学者找到了更早的史料依据。他们认为早在 1579 年，中国人就与英国人有了最早的直接语言接触。据记载，1579 年，英国海盗弗兰西斯·德累克（Francis Drake）曾在底那岛（Ternate）上遇见过一个姓包的中国人。该人自称出身皇族，流亡海外。在与德累克的交谈中，该中国人还盛邀其到中国去④。由此可以推断，中英语言接触的最早期为 16 世纪中后期。

---

① 周振鹤：《中国洋泾浜英语最早的词语集》，《广东社会科学》2003 年第 1 期，第 77—84 页。

② 季压西、陈伟民：《中国近代通事》，学苑出版社 2007 年版，第 3 页。

③ 萧致治：《鸦片战争史——中国历史发展中第三次社会大变革研究》（上册），福建人民出版社 1996 年版，第 104 页。

④ 张星烺：《中西交通史料汇编》（第二卷），辅仁大学图书馆 1930 年版，第 145—148 页。

但是这种说法遭到了张铁东的质疑，原因是明代政府严格禁止中国人与外国的接触。那些流亡海外的中国人为了躲避明朝政府的刑罚，是不敢回国的，更不可能主动邀请一个外国人到中国。因此，张铁东认为，那位自称为包姓的中国人可能只是一个普通的中国人，不可能出身皇族①。

不过，需要指出的是，张铁东在其质疑中，只是质疑这位自称包姓的中国人的身份，并没有否认这位中国人与德累克交谈的事实。因此，根据这段记载，我们完全可以说，有史料可查的中英两种语言相接触的最早时期始于 1579 年。

既然中英语言早于 1579 年就开始了接触历程，那么，在马戛尔尼 1793 年来华进行中英两国第一次官方外交活动时，中国人的英语水平如何呢？马戛尔尼在出使中国之前，曾计划在中国广州等地寻找会讲英语的中国人，但遭到了使团秘书乔治·斯当东（George Staunton）的反对。他认为，当时的中国人，其英语水平是非常低下的。他说，“在广州当地物色翻译是不适当的。少数广州本地人懂得一些葡萄牙文或英文，但他们的外文知识只能为外国商人翻译一些买卖交易（方面的）事情，任何关于其他事项的谈话，他们就难于应付了”②。

这说明在马戛尔尼使团来华之前，在中国广州地区虽然有人会一些英文，但是，这些英语知识仅限于贸易一隅，对于其他方面的知识，这些人用英语就很难表达。

尽管这些生活在广州口岸城市的中国人英语水平令外国人评价不高，但是他们毕竟是中国英语学习的先行者。那么，这些英语学习的先行者，他们的英语是否真如斯当东所说的处于很低的水平？他们用以学习英语的材料是哪些呢？

上文已经提到，马戛尔尼的秘书斯当东对当时广州人英语知识的评价不高，这从后来一些来华传教士们所发表的文章中可以看出斯当东对中国人英语水平的评价是客观公允的。造成中国人英语水平不高的原因，很大程度上与当时广州人用以学习英语的材料——《红毛番话》的读本质量不高有关。下面本文首重分析这类英语水平不高的《红毛番话》类读本的内容、特点及其影响。

---

① 张铁东：《中英两国最早的接触》，《历史研究》1958 年第 5 期。

② 斯当东：《英使谒见乾隆纪实》，叶笃义译，上海书店出版社 1997 年版，第 35 页。

二 何为"红毛番话"

何为"红毛番话"？美国人威廉·C. 亨特在《广州番鬼录》中记载了1844年以前的广州人如何称呼外国人的情形①。

从亨特的记述中，我们可以知道，当时的中国人把外国人统称作"番鬼"，把英国人叫作"红毛鬼"，那么"红毛番话"就是英国人所讲的语言了。

不过，亨特对于"红毛鬼"一称的由来，介绍得并不详细。据周振鹤称，"红毛番或红毛鬼是广东人对英国人的称呼，葡萄牙人并不包括在内。其实英国人并没有红毛的特征，那原本是用来形容荷兰人的，后来称作英国人专用，就一直流传下来了"②。

但是周振鹤并没有交代，为何中国人会将用来形容荷兰人的"红毛番"或"红毛鬼"之类的称呼，用到英国人身上。

龚缨晏详细考证了"红毛番"一词的来历。他说，自1601年起荷兰人开始来到中国，但中国人并不知道他们从何而来，便根据其"毛发皆赤"的体貌特征，称其为"红毛番"或"红毛夷"，简称作"红番""红鬼"。1637年，第一支从英国开到中国的威德尔船队到达澳门，直驶广州，最后遭到中国方面的武力驱逐。对这件事，船队曾留下相关的文献记载。但是当时的中国人，并不知此威德尔船队所为何人，将他们误认为是荷兰人，便称其为"红毛番"，这种错误的认识，还被清代的学者写入《明史·和兰传》而以讹传讹地流传下来。这种错误的说法，至鸦片战争后，才由夏燮根据西文文献得以纠正③。

既然清代"红毛鬼"指的是英国人，那么，"红毛番话"也即英国人所讲的话，就是现代所说的英语。当时口岸地区居民流行使用红毛番话类的读本来学习英语。

红毛番话类的读本是以中文标注英文读音来学习英语的材料。这种用中文标注英文读音的方法，是中国人学习英文最原始的方法。其实，当时

---

① ［美］亨特：《广州番鬼录·旧中国杂记》，冯铁树译，广东人民出版社2009年版，第69页。

② 周振鹤：《内田发现的〈红毛番话〉（拟名）抄本译解》，周振鹤：《逸言殊语》（增订版），上海人民出版社2008年版，第220页。

③ 龚缨晏：《鸦片战争前中国人对英国的认识》，龚缨晏：《求知集》，商务印书馆2006年版，第332—335页。

不仅把外国人所说的话叫作“番话”，还有叫作“鬼话”的，这种叫法实则更带有侮辱的意味。亨特就曾介绍了他当时在广州所见到的一种叫《鬼话》的小册子。他说，“在广州商馆附近的书店出售一本名叫《鬼话》的小册子，封面上画着一个身穿上个世纪中叶服装的外国人——戴着三角帽，外配以有扣形装饰的大衣，手上拿着一根手杖。我现在面前还有一本这样的小册子。它首先提到的是‘夷’（Yun），下面是‘夷人’（barbarian）的释义，用另一个中文字“曼”表示“man”的发音……这本小册子每本才卖一两个便士，但它常见于仆役、苦力和店铺主的手上”①。

当时的中国人，包括与外国通商的买办、通事，以及活跃在对外港口城市的劳动人民，努力学习的就是这种《鬼话》类的英语小册子。

三　《红毛番话》读本的前期研究成果

对于这些用于贸易来往而学习的红毛番话读本的研究，最早的关注者应是那些来华商人和传教士们。在《广州番鬼录》中，亨特对这种《鬼话》刻本给予了高度的评价。他说：“该书的著者是一个中国人，他独具匠心，应名垂千古。”② 而实际上，早在1836年，美国美部会传教士卫三畏（S. W. Williams）就对广州的“鬼话”（他所称之为 the jargon called *Canton-English*），即广东英语进行了介绍。他说，“摆在我们面前的有一本英语学习的手抄本。在每个中文名称下，用中文标注其英语发音。类似的小册子在广东很常见，它们是用来学习英语的第一步”③。

对这些小册子的作用，卫三畏的评价与亨特有些不同，他说，“这些小册子所标注的英语发音很糟糕，并且在使用中又夹杂大量的中文成语，这使得这种广东英语成为世界上最奇特的一种语言交流形式”④。

---

① ［美］亨特：《广州番鬼录·旧中国杂记》，冯铁树译，广东人民出版社2009年版，第69页。

② 同上书，第69—70页。

③ WILLIAMS S. Jargon spoken at Canton: how it originated and has grown into use; mode in which the Chinese learn English; examples of the language in common use between foreigners and Chinese. Chinese Repository, 1836 (1).

④ WILLIAMS S. Jargon spoken at Canton: how it originated and has grown into use; mode in which the Chinese learn English; examples of the language in common use between foreigners and Chinese. Chinese Repository, 1836 (1).

1837 年 10 月，卫三畏记录并评论了他在广东所发现的两种学习番语的刻本，即《澳门番语杂字全套》和《红毛买卖通用鬼话》。

第一本书，即《澳门番语杂字全套》，介绍的是当时澳门洋泾浜葡语的词汇集；另一本《红毛买卖通用鬼话》，介绍的则是洋泾浜英语的词汇集。其中洋泾浜葡语的词汇集有 1200 个单词，34 页的篇幅，分成 16 个门类，每一个词条下所列之词都可以应付日常的生活交往。词汇分栏排列，用汉语小号字体标注其外文发音。

英语词汇的小册子只有 16 页，记录的单词不到 400 个。英语词汇分四个门类：数字门、人物门、俗语门、食物门。

卫三畏认为，该英语小册子所使用的英语是不规范的英语（Barbarous English），其根源在于，这本小册子里所注的词组发音古怪，另外一些单词的翻译也不合地道的英语表达。因此，他对这种小册子可以作为学习英语的材料表示了不满和担忧。他认为，怎么能指望以这样不规范的英语学习方式（即以中文的词序来组织英文句子，并伴以不正确的发音）的中国人成为担当中英交流的使者呢①？

在现代，周振鹤对《红毛番话》刻本做了颇为深入的研究，并发表了多篇有关的论著②。更为难能可贵的是，在《大英图书馆所藏〈红毛通用番话〉诠释》《内田发现的〈红毛番话〉（拟名）抄本译解》中，他把这些《红毛番话》刻本用粤音所标注的英文单词进行了解读，这为后续研究提供了宝贵的材料。

吴义雄继周振鹤之后，对《红毛番话》刻本进行了更深一步的研究。

---

① WILLIAMS S. Gaoumun fan yu tsa tszc tesuen taou, or A complete collection of the miscellaneous words used in the foreign language of Macao. 2 Huangmaou mae mae tung yung kwei hwa, or those words of the devilish language of the red-bristled people commonly used in buying and selling. Chinese Repository, 1837 (10).

② 周振鹤所发表的有关早期洋泾浜英语词语集的相关论文有如下数篇：周振鹤：《鬼话、华英通语及其他》，周振鹤：《逸言殊语》，上海人民出版社 2008 年版，第 94—106 页。

周振鹤：《别琴竹枝词百首笺释》，《上海文化》1995 年第 3 期。

周振鹤：《〈红毛番话〉索解》，《广东社会科学》1998 年第 4 期，第 145—146 页。

周振鹤：《大英图书馆所藏〈红毛通用番话〉诠释》，周振鹤：《逸言殊语》，上海人民出版社 2008 年版，第 185—204 页。

周振鹤：《中国洋泾浜英语最早的语词集》，《广东社会科学》2003 年第 1 期，第 77—84 页。

周振鹤：《内田发现的〈红毛番话〉（拟名）抄本译解》，《暨南史学》2006 年第 4 期。

基于他所获得的《红毛通用番话》刻本，他注意到，《红毛通用番话》的词汇以贸易和日用为主，且其所收录的约380个词汇中，名词的数量最多，占三分之一以上，其次为数词，形容词很少，副词、介词基本上没有①。

以上学者关于《红毛番话》类读本的研究成果，为此领域的后续研究打下了基础。

四　《红毛番话》读本分析

据本文作者所收集的史料来看，清代的《红毛番话》读本，可以分为官修文本和民间刊刻两种。

目前所发现的官修文本是《嘆咭唎国译语》，现藏于故宫博物院。这个读本因未流传于民间，故研究者甚少。

民间刊刻的有多种《红毛番话》读本。日本学者内田庆市收集了许多珍贵的《红毛番话》类的刻本和手抄本，并将其影印发表，这些影印件是研究鸦片战争前“红毛番话”读本发展的重要文献。基于其所提供的复刻本，以及存于各种图书档案机构中的其他英语学习文本，我们可以了解到红毛番话刻本自身不断发展演变的过程。

（一）现存最早《红毛番话》读本——藏于皇宫的《嘆咭唎国译语》

从目前所掌握的资料来看，最早成书的《红毛番话》读本可追溯至清乾隆帝时期。这种被发现的最早的中国英语学习文本即撰于18世纪50年代的敕编《华夷译语》中的一种西洋文字词汇集——《嘆咭唎国译语》。这部深藏于皇宫的《华夷译语》后来被日本学者称为《华夷译语》丁种本②。最早对《华夷译语》丁种本进行研究的是德国学者福克司（Walter Fuchs）。他说，在新《华夷译语》中记录了法语、德语、意大利语、拉丁语、西班牙语以及英语六种词典。而英语的编写与其他五种西洋文字极其不同。其他西洋词典均有100页左右的篇幅，收词量在2700词左右，作者可能是当时在华的传教士。英文词典与其他五种西洋文字词典

① 吴义雄：《“广州英语”与19世纪中叶以前的中西交往》，《近代史研究》2001年第3期，第172—202页。

② 乌云高娃：《日本学者对明“四夷馆”及〈华夷译语〉的研究状况》，《中国史研究动态》2002年第6期。

不同之处在于：《嘆咭唎国译语》一书并没有冠以“西洋馆”之称，只有两册英文词汇，且这些词汇的书写经常有误，可以看出这位编者可能是一位英语水平不高的中国人①。

杨玉良对清《嘆咭唎国译译》的编纂进行了一定的研究。他统计出《嘆咭唎国译语》共二册，收字734个②。

由于清《华夷译语》丁种本深藏于故宫，一般人无从得见。因此，这部书的研究价值还未被很多人发现。2010年黄兴涛对此书中有关《嘆咭唎国译语》的情况做了比较详尽的介绍。对于新《华夷译语》的成书时间，黄兴涛认为，其可能成于1747—1761年间。对于其中颇与其他西洋语言词典不同的《嘆咭唎国译语》的作者，黄兴涛赞同福克司的假设，认为很可能是中国人所为。并且，他进一步推测，其撰者多半是广东十三行的英语“通事”们，或至少他们是主要的参与者③。

《嘆咭唎国译语》中所收录的词汇，若按黄兴涛的统计，当在734个，这与杨玉良的统计有些许出入。这一数目，比其他五种西洋文字所收录的2700左右的词汇量要少很多，可是，若与民间所刊刻的其他流行较广的含有400词的红毛番话读本相比，734个收词量就是比较详尽的英语学习读本了。

《嘆咭唎国译语》的编写体例仍沿明朝火源洁所编的《华夷译语》体例，即词汇分成不同的门类，每页四字，每字先标出中文，下列英文书写，再佐以中文标注其英文发音。因是奉皇命所编，为保持与其他西洋文字一致的体例，《嘆咭唎国译语》还勉为其难地标注了相应的英文文字。这也是英语学习文本中敕编本与民间刊本最大的不同。

（二）民间刊刻的收词量为四百词左右的《红毛番话》读本

关于民间所刊刻的早期英语学习读本，卫三畏和亨特的介绍是最早的。从两人对于他们各自所见到的红毛番话刻本的介绍中，可以看出二者的版本有着极大的相似度。

---

① FUCHS W. Remarks on a new “HUA-I-I-Yü”, Bulletin of the Catholic University of Peking, 1931 (8).

② 杨玉良：《一部尚未刊行的翻译词典——清官方敕纂的〈华夷译语〉》，《故宫博物院院刊》1985年第4期，第67—70页。

③ 黄兴涛：《〈嘆咭唎国译语〉的编撰与“西洋馆”问题》，《江海学刊》2010年第1期。第150—159页。

如关于读本的名称，卫三畏所见的刻本书名为《红毛买卖通用鬼话》，亨特所介绍的书名为《鬼话》。

关于封面设计，卫三畏说“封面绘有一个17世纪的葡萄牙人的装扮：头戴三角帽，身穿马裤，手拿宝剑”。而亨特则说“在广州商馆附近的书店出售一本名叫《鬼话》的小册子，封面上画着一个身穿上个世纪中叶服装的外国人——戴着三角帽，外配以有扣形装饰的大衣，手上拿着一根手杖”①。

关于所录的词汇，卫三畏说“英语词汇的小册子只有16页，记录的单词不到400个。英语词汇分四个门类：数字门、人物门、俗语门、食物门”②。

这些介绍，与周振鹤等人所见的红毛番话刻本十分相似，似可看成同一版本。吴义雄从自己亲眼所见的《红毛通用番话》与卫三畏介绍的《红毛买卖通用鬼话》、与亨特所介绍的《鬼话》，以及与周振鹤所介绍的《新刻红毛番话》等相对照，认为“这几种广州英语的词汇书，无论是内容还是形式，都是基本相同的，很有可能是同一种词汇书的不同版本”③。

在日本学者内田庆市、沈国威所编著的《言语接触与洋泾浜英语——19世纪东亚（研究与复刻资料）》一书中，附有五种版本的红毛番话刻本的影印本。这五种红毛番话刻本是荣德堂的《红毛买卖通用鬼话》、成德堂的《红毛通用番话》、璧经堂的《红毛通用番话》、富桂堂的《红毛番话贸易须知》、以文堂的《红毛话贸易须知》。从这些影印本中，可以清楚地看到这五种刻本与上述人士所介绍的并无二致④。从其封面设计及所收录的词汇量可以推断出，这五种红毛番话刻本与卫三畏及亨特所见的版

---

① 亨特著：《广州番鬼录·旧中国杂记》，冯铁树译，广东人民出版社2009年版，第69—70页。

② WILLIAMS S. Gaoumun fan yu tsa tszc tesuen taou, or A complete collection of the miscellaneous words used in the foreign language of Macao. 2 Huangmaou mae mae tung yung kwei hwa, or those words of the devilish language of the red-bristled people commonly used in buying and selling. Chinese Repository, 1837 (10).

③ 吴义雄：《“广州英语”与19世纪中叶以前的中西交往》，《近代史研究》2001年第3期，第172—202页。

④ 内田慶市、沈国威：《言語接触とピジン 19世紀の東アジア（研究と復刻資料）》，白帝社2009年版。

本十分相似。周振鹤曾对这五种版本中的三种进行了详细的介绍与解读。具体请详见周振鹤的论文：《〈红毛番话〉索解》《大英图书馆所藏〈红毛通用番话〉诠释》等，本文对此不再赘述。

基于内田庆市所附的五种红毛番话刻本的复制本进行仔细分析，我们可以看出，在版式上，《红毛买卖通用鬼话》（荣德堂）、《红毛通用番话》（成德堂）、《红毛通用番话》（璧经堂）这三个版本无论从刻本页数、词条数目、封面人物、页面版式、每页词条数以及词条门类上，几无二致，其相似性较其他两个版本更高。而《红毛番话贸易须知》（富桂堂）与《红毛话贸易须知》（以文堂），其封面人物形象一致，但是这两个版本都存在漏印或缺页现象，因此造成词条数目与其他三个版本不一致。

在词条内容上，相似度最大的两个版本是《红毛买卖通用鬼话》（荣德堂）和《红毛通用番话》（成德堂），除了“卖”的注音不同以外，二者无其他差别。可以断定这两个版本同出一源。

当然，几种不同的《红毛番话》版本也都有错误。但是，相比而言，璧经堂、富桂堂和以文堂的错误要比荣德堂和成德堂版本的错误多一些。如在荣德堂和成德堂的版本中，其“言语通用门”中的“句：温忽”，实则应为“一句：温忽”，解为：one sentence，因为“温”，即英语的 one（一）之意。

在“言语通用门”中，荣德堂、成德堂的词条“铺”，其注音为“哮士”，即 house，此词条在璧经堂和以文堂中，“铺”变成了“八铺”，多了一个“八”字，而注音仍为“哮士”，由此可见璧经堂和以文堂刊刻之误。在“食物杂用门”中，荣德堂和成德堂版本中的“少道”，周振鹤解读为 snipe，即英语的“鹬”，或叫“沙锥鸟”。果真如此的话，则荣德堂、成德堂版的“少道”以及璧经堂、以文堂版的“沙道”，似乎都是误刻。

另外，从书写方式上，荣德堂、成德堂似乎也显示其成书比另外三个版本要早。对于“借”的英语注音，荣德堂、成德堂版本注音为“口连”，到了璧经堂等其他三个版本，则简化成“连”；“舊：区路”，荣德堂、成德堂两个版本中的“旧”用的是繁体字，而璧经堂及以文堂则用简体的“旧”字。从英文注音文字趋向简化这一点来看，可以断定荣德堂、成德堂版本在先。

至于荣德党与成德堂哪个版本更早，根据周振鹤所言的“晚清商贾为了射利，大量翻刻此类小册子，但越刻质量越差，错讹越多”[①]，本文作者大胆假设，可能荣德堂版比成德堂版的出版时间要早一些，对于“卖”的注音，只有荣德堂的注音为“些”，即 sale，其他版本均为“些淋”实为 selling 的读音，是 sale 的名词形式。

邹振环对早期中国广东地区这类红毛番话读本的流行作了分析。他评价说：

> 他们[②]没有丰厚的古典知识，又无进入教会学堂深造的条件，但是他们迫切希望掌握英文这一扩大生存机会的新的资本……这些《红毛通用番话》读本正是获取这份资本和扩大就业机会的主要学习材料[③]。

但是，本文作者认为，《红毛番话》之类刻本的流行，并非是由于使用洋泾浜英语的人员，包括那些处于社会底层的码头工人，抑或是从事对外贸易的通事及商行人员，没有机会进入教会所创办的正规学堂去学习正规的英语，而是他们因为这些英语学习者的功利心理。他们仅仅满足于能与洋商进行商业上的沟通，只要洋商听得懂他们的“英语”，能够达成贸易上的顺畅合作，他们就算达到了目的。花费相当长的时间去学习正规的英语，对他们来说浪费赚钱的时间与精力。这也说明了为什么晚清后期，尽管学习正规英语的渠道大大丰富，可是洋泾浜英语还是大行其道，一直到 20 世纪 40 年代，在上海，仍有不少买办使用洋泾浜英语与洋商沟通[④]。

（三）现存民间刊刻的收词量在一千词以上的《红毛番话》刻本

在《言语接触与洋泾浜英语——19 世纪东亚（研究与复刻资料）》所

---

① 周振鹤：《大英图书馆所藏〈红毛通用番话〉诠释》，周振鹤：《逸言殊语》，上海人民出版社 2008 年版，第 187—188 页。

② 本文作者注：这里的“他们”指的是那些在沿海口岸工作的民众，他们以《红毛番话》类读本作为英语学习材料。

③ 邹振环：《19 世纪早期广州版商贸英语读本的编刊及其影响》，《学术研究》2006 年第 8 期，第 115—123 页。

④ 克拉斯诺：《上海往事：1923—1949：犹太少女的中国岁月》，雷格译，五洲传播出版社 2008 年版，第 31 页。

附的早期中国英语学习词汇集的复刻本中，*Chinese and English Vocabulary* 和《夷音辑要》可看成中英语言接触中用以学习英语而用的读本的更高发展阶段。

1. *Chinese and English Vocabulary*《中英词汇集》

Chinese and English Vocabulary 一书是内田庆市从大英图书馆复制而来的。在第一页上有一段英文：*Chinese and English*: *The large Characters are the Chinese names*; *and the smaller the English names of the same Article as near as the Chinese can pronounce it* 。此段译成中文即：《汉英词汇集》：大号字体标注中文意思，小号字体是指用中文标注的相应的英文读音。在该书最后一页上有一段诗文："借书唔用槟榔送，书角唔巢悦我心。须然不值钱和钵，可怜写得头咁晕。"另有一段话说明此书的篇幅："连皮七十七篇，净七十三篇。"

正如此书作者所言，此书包括封面及封底共 77 页，内田庆市在其《解题：大英图书馆所藏 *Chinese and English Vocabulary*》里认为全书 74 页①，实际上是他把书最后一页作者的诗文也算在正文中。如果不算此页，则全书正文正好是 73 页，与此书作者自述的"连皮七十七篇，净七十三篇"刚好吻合。

另外，关于 *Chinese and English Vocabulary* 一书所记录的英文词汇数，本文作者与内田庆市的统计也不完全一致，现列表进行对照。

表 1－1 *Chinese and English Vocabulary* 所收录单词量统计

门类	本文作者统计数	内田庆市统计数	备注
数目门	100	100	
单字门	318	308	
双字门	485	485	
三字门	307	未统计	
四字门	80	未统计	
言语门	71	未统计	即言语长短门
入口货	55	64	即入口各项货物门，笔者统计的数字为 55，而不是 64
出口货	77	77	即出口各项货物门

---

① 内田慶市、沈国威：《言語接触とピジン　19 世紀の東アジア（研究と復刻資料）》，白帝社 2009 年版。

续表

门类	本文作者统计数	内田庆市统计数	备注
谷瓜果	24	24	即五谷瓜菜果子门
绸缎布	30	31	即丝发绸缎布匹门，“土绒”一词未给出英文注音，故不统计
颜色门	35	36	注：“茶青”一词未给出英文注音
皮革门	11	12	即皮门，“海龙皮”未给出英文注音
糖酸果	9	9	即糖酸果门
时岁门	55	55	即年月门
地山水	45	45	即各地名山水门
铁利器	10	10	即火枪利器门
瓦螺壳牙	21	21	在正文中，此项变为：缸瓦螺壳象牙骨气门
买办门	62	62	即买办日用门
花果门	28	28	
屋宇门	28	28	
金银器	13	13	即金银器皿门
玻璃器	13	13	即玻璃器门
铝铜铁锡	28	28	即铝铜铁锡器门
天文门	22	22	
水门	14	14	
各船名	14	14	即各项船名器具门
茶门	14	14	
竹木器	40	40	即竹木器门
磁器门	28	28	
禽兽门	29	29	
鸟门	30	30	即鸟兽门
			注：以下是目录页中没有的门类
虾鱼门	30	30	
虫蚁门	12	12	
疾病门	13	13	
人物工匠门	92	92	
疾病箫琴赌唱门	12	12	
衣服总门	34	34	
身体门	30	30	
各国夷人磅数	0	5	此为中国重量单位与五国磅数换算，故不统计
合计单词数	2319		

从统计中可以看出，此书的词汇量总数为2319，所收录的词语是《红毛买卖通用鬼话》中词汇量的五倍多，且词汇门类更为齐全，总计39门，这是《红毛买卖通用鬼话》一类的刻本所不可比拟的。不仅如此，*Chinese and English Vocabulary* 一书还关注了各国在进行贸易时所使用的不同重量单位，并给出与中国相应的换算方式。这种做法，是当时中国对外商业发达的明证，也从另一个侧面说明了该书在社会上的实用价值。

另外，在此书的第2页上，竟然还有用标准的英语草体书写的版式说明，这与以往的《红毛番话》刻本及手抄本有着十分醒目的区别，可以将此看成中国洋泾浜英语努力向正规英语迈进的一个重要信号。

2. 《夷音辑要》

在《言语接触与洋泾浜英语——19世纪东亚（研究与复刻资料）》中，编著者还附上了另一部非常难得的早期中国英语学习材料，即《夷音辑要》。据内田庆市所述，此书为其在上海的古书店所购。他认为，从其内容来看，其收录的汉字、语汇、发音等，与 *Chinese and English Vocabulary* 相重合的地方很多，很明显属广东粤语系统①。

全书包括封面及封底共52页。与其他《红毛番话》之类的刻本相比，此书最大的不同在于作者用7页的篇幅介绍了英语字母的书写方式，包括正体和草体，并用中文标注了字母的发音，如B标注为“卑”，C标注为“思”，E标注为“衣”，G标注为“知”等。但是其二十六个英文字母的顺序有异于平常，其顺序为：ABCD EFGH QRST VUWX IJKL MNOP YZ，而非ABCD EFGH IJKL MNOP QRST UVWX YZ。这说明了该书的编者肯定不是英国人，极有可能是粗通英语的中国人。除了英文字母，作者又用两页的篇幅，介绍了用英语表示十种颜色及其相应的汉语发音。如“黄色”，英文单词yellow，并用“口也 口卢”来注音。“绿色”，英文拼写为green，用“记连”来注音。“葡色”，purple，标注为“波付”，但是对于“红色”，其英文拼写为scarlet，中文却标注为“口烈”，即red的发音。这说明，中国人的英文书写有时与口语表达还不能完全一致。但是，《夷音辑要》能够关注英文字母的书写以及西方世界对于数字的表达，这在中国的英语学习材料上，已经是一个不小的进步。

---

① 内田慶市、沈国威：《言語接触とピジン 19世紀の東アジア（研究と復刻資料）》，白帝社2009年版，第383页。

第9页和第10页是阿拉伯数字的写法及对应的中文表达，如1标注为“一”，111标注为“一百一十一”等。阿拉伯数字知识是对外贸易不可或缺的最基本的知识。

从该书的目录来看，《夷音辑要》的篇幅应当很长，不仅有词汇、句子，还涉及了语法内容，如“虚字论”“倒装虚字”“叱音串句”“倒装串句”，以及语音内容，如“同音辨似”等，并且还兼顾到贸易过程中各国的数量表达以及各种重量、长度单位的不同换算。

只是，可惜的是，内田庆市所购得的《夷音辑要》只有第一卷。即单字门和二字门的词汇。单字门词汇共有662个汉字，其中有汉字标注其英语发音的共有646个，另有16个汉字没有标注英语发音，分别为始、初、几、别、天、地、东、西、冷、热、光、暗、晚、夜、沙、石。

从第35页至第51页为二字门，共512个词条。全书首卷1174个词条。如果四卷的收词量平均分布的话，此书的词条数当不少于4000条，应该是一部宏大的著作了。

小结

从上面的介绍可以看出，早期由中国人自编的英语学习材料，其编者有两类：一类是由皇帝颁布谕命，由官方所编的，如《嘆咭唎国译语》；另一类是民间因商业运作而刊刻的各种红毛番话读本。奉皇命所编的《嘆咭唎国译语》，其目的是实现“书同文，车同轨”、四方来朝的盛世景象，其所编著西洋语言学习材料的目的并不是在社会上广泛传布英语，而是要体现统治阶级天朝大国的实力。该书在编写体例上比较规范，有中文，也有英文，并且词汇量也较民间刊刻本要多，门类也更为齐全。但是，由于《嘆咭唎国译语》深锁皇宫，对社会的影响几乎没有。

民间所刊刻的各种红毛番话读本，其目的是为适应那些靠外贸港口而生存的下层人民的求生需要。他们靠所掌握的有限的英语词汇知识，与外国商人进行商业贸易往来，抑或为他们提供其所需要的服务和劳动。随着清朝对外贸易的不断发展，对于英语学习的需求不断加大，这种红毛番话刻本因其简单易懂而一直畅行不衰。随着中国民众对西洋文化认识的深入，这类红毛番话刻本也由粗陋不堪而不断完善，在内容上及版式上都有很明显的进步。首先，从书名上看，由《鬼话》到《番话》，而至《夷音》。这说明，随着商业贸易的不断发展，以及对西方文化认知的逐渐深入，中国人原有的对异邦语言的歧视渐渐减轻。其次，从收词数量上可以看出所刊刻的读本的词条数不断增加，从一般通行读本的400词左右增加到1000词以上，甚至达到4000词左右。再次，从所收集的词汇门类上看，所涉及的词汇门类更加齐全，从最早的四个门类，增加到近40个门类。这也说明当时人们对英语的学习程度不断加深，中英语言接触不断深化。最后，在对英语语言的认识上，从只满足于英语的口语表达到注重英语的字母书写、文字表达。书面语言的学习，是掌握一门外语的高级表现形式。这说明当时的中国人对英语学习层次的提高，从而我们可以推断出当时的英语学习者不再局限于穿行于码头、为外国商人提供廉价劳动力的社会底层民众，一些具有较高文化程度的中国学习者也成为英语学习的一分子。中国人的英语学习热情不断增高，对英语的学习不再以鄙视的眼光视之，反映了中英语言接触中两种语言有平等对话的趋势。这是社会进步与文明的表现。

尽管《红毛番话》类读本有了渐进的发展，但从总体上来说，这类读本作为英语学习的材料，还有极大的局限性。从现代教育学的角度来看，以上所列出的这几种《红毛番话》类刻本或手抄本，并不是真正意义上的英语教科书。这几类《红毛番话》手抄本或刻本，更多地流通于当时在广州口岸工作的商人、通事，以及一些苦力，等等。他们用这类手抄本或刻本，并不是想学习纯正的英语，而只是以这种半通不通、毫无语法体系可言的中式英语，作为一种与操英语的外国商人进行交易的谋生手段。所以，他们对于英语的学习，并没有太高的要求，因此，他们的英语水平，也一直保持一种粗浅的状态，被西方人鄙视为粗鲁不堪。由于当时的中国并没有现代意义的学科分类，英语不可能作为一门课程出现在教育体系中。《红毛番话》类英语学习读本，只能视为中国人在英语学习阶段的最初形态，还称不上具有现代意义的英语教科书，它只不过是中国英语教科书发展的雏形。在中国出现的最早的、具有现代意义的英语教科书是以马礼逊来华后英华书院内所采用的英语教科书为标志。

第二节 马礼逊与《英国文语凡例传》

鸦片战争前，对中国传统文化曾产生过影响的不是那些与中国进行对外贸易的外国商人、水手，而是那些西方传教士。在明朝末年，以利玛窦为代表的天主教传教士来到中国。他们在中国所进行的一系列活动、所宣扬的宗教内容、所传播的西方文化，对中国上层统治阶级产生过一定的影响。但随着1723年雍正皇帝禁教令的下达，在中国的传教士逐渐被驱逐出去。到1807年之前，在中国没有一个新教传教士，天主教传教士也只有30人左右①。

1807年，第一位新教传教士马礼逊来到中国。1818年他在马六甲创办了英华书院，招收了一些中国学生，并为这些中国学生开设了英语语言的学习课程。在英华书院的英语学习中，传教士作为教师，所传授的是标准的英语语言知识，而非洋泾浜英语。借由教会学校的兴办，由传教士们专为中国人学习正规英语而编写的教科书开始出现了。

一　马礼逊与英华书院

1807年英国伦敦会的新教传教士马礼逊来到中国，标志着基督新教在中国的传播。在来华之前，马礼逊及其伦敦会（London Missionary Society）就认识到在当时的中国传播基督教义，必然会遇到很大的阻力，因此，在马礼逊来中国之前，伦敦会向他下达了可以在中国讲授英语的指令②，借以减轻传教所带来的阻力。

1807年马礼逊来华之时，中国尚处于闭关状态，马礼逊的传教活动受到了极大的限制。为了在中国开展传教活动，1818年马礼逊在马六甲创办了英华书院，意图以传播教育的方式，减轻中国人对基督教的敌对之情。之所以选择马六甲是因为那里华侨人数多，传教环境较广州或澳门都更为安全。毫无疑问，传播基督福音的课程是每天的必修课。同时英华书院还开设了双向的语言课程，即西方人学习汉语，中国人学习英语③。

英华书院是西方传教士为中国人开办的第一所教会学校，也是中国人接受正规英语教育的开端。

---

① ［美］卢茨：《中国教会大学史：1850—1950》，曾钜生译，浙江教育出版社1987年版，第5页。

② ［英］艾莉莎·马礼逊：《马礼逊回忆录》（上卷），北京外国语大学中国海外汉学研究中心翻译组译，大象出版社2008年版，第51页。

③ ［英］艾莉莎·马礼逊：《马礼逊回忆录》（下卷），北京外国语大学中国海外汉学研究中心翻译组译，大象出版社2008年版，第29页。

英华书院的教学采取了与中国传统教育完全不同的模式。其中非常重要的一点是开展中英双语教学。在马礼逊起草并公之于众的《英华书院总规划书》中，他提到了开设中英双语课程的学习①。

英华书院的办学宗旨在《英华书院约书》中明确表示了出来：

"该书院旨在养成汉语、英语文学学识，以期传播耶稣基督的福音。如前所述，培养中英文学学养并非书院的最终目标，而是作为实现目标的一种途径，在圣灵的赐福下，让恒河域外国家和地区使用汉语的民族最终改变信仰，归信基督"②。

关于英华书院的英语教学，我们可以从《马礼逊回忆录》中零星提到的一些内容得以了解。

"由于英华书院的首要目标是交互培养中英文学，因此学习也相应地按照这两门知识划分，且所用的时间大致相同。高级班使用地球仪学习了地理学，目前正在学习天文学原理；他们班有一些人学习数学，已经学到欧几里得数学的第三本；高级班学生还翻译了一部教义问答，内容包括天文学、地理学、道德等主题；还有一名已经离校的学生曾经学习过通史。这个班目前正在翻译部分乔伊斯（Jeremiah Joyce）的《科学对话集》（*Scientific Dialogues*）。学生们经常做口头翻译练习，严格地训练他们分析语法，并且要求他们对每一个词或者词组组出相应的中文，让他们掌握正确的句法知识。他们还用一些时间写作，学习算术。他们背熟默里（Lindley Murray）的《简明英语语法》（*Abridgment of English Grammar*）③后，然后做他书上关于语法规则的练习题。

学生们还将中文著作翻译成英语，还有中国教师指导他们阅读并且解释最优秀的中文著作。

初级班的学生比高级班投入更多的时间学习汉语。他们忙着写字、学算术和汉英口语，还要交替在汉英两种语言之间做翻译练习。

---

① ［英］艾莉莎·马礼逊：《马礼逊回忆录》（上卷），北京外国语大学中国海外汉学研究中心翻译组译，大象出版社2008年版，第266页。

② ［英］艾莉莎·马礼逊：《马礼逊回忆录》（下卷），北京外国语大学中国海外汉学研究中心翻译组译，大象出版社2008年版，第25页。

③ 原书注：默里（Lindley Murray，1745—1826），美国商人和英语语法家，1784年在英国约克郡定居。这里提到的《简要英语语法》是专为年轻学习者编写的，内容包括英语的拼写、语法、句法、标点等内容，该书于1797年出版。

初级班学习基础汉语和基础英语，他们每天都在汉英之间做转换练习，目的是让他们记住一些简单的英语句子和对应的中文意思”[①]。

关于英华书院的办学成就，曾任东印度公司特选委员会大班和珀斯（Perth）议员的马治平曾于1828年或1829年到访马六甲的英华书院，并写过一篇文章，提到英华书院的教学情况，他写道：

“当我到访英华书院时，大约有30名学生。要是书院的经费更充裕些，它的规模一定会更加广泛。听到这些孩子们流畅地用汉语和英语朗读圣经，真是让人欣喜。其中很多人中、英文书写优美，熟练掌握算术、地理学、历史学知识，还会使用地球仪。正是英华书院，才让马六甲农夫的儿子能够接受连中华帝国皇子都难以得到的文明教育。

我曾走进马六甲的一家特别整洁有序的小杂货铺，店主用极地道的英语告诉我，‘我很幸运能够进入英华书院在米怜博士的指导下学习，我很怀念他，我从他的教导中受益良多’”[②]。

从1823年7月28日在柯利牧师写给马礼逊的信中，我们可以看到当时英华书院的教学情况，一般为上午讲授英语语法和地理，下午讲解《圣经》。在学生的英语学习方面，他们可以借助马礼逊所编的汉英字典，将米怜（William Milne）所作的《幼学浅解问答》译成英语，其译文水平达到可以表达原意的程度[③]。

当然，在英华书院开办早期来学习的中国学生，人数还是非常少的，据统计，从1818年到1839年，英华书院的就读学生人数如下：

表1－2　　英华书院1818—1839年学生人数统计

年份	人数	年份	人数
1818	7	1824—1826	26
1819—1820	7	1827—1829	30
1821	10—11	1830—1832	25
1822	15—16	1833	32

① ［英］艾莉莎·马礼逊：《马礼逊回忆录》（下卷），北京外国语大学中国海外汉学研究中心翻译组译，大象出版社2008年版，第29页。

② 同上书，第32页。

③ ［英］艾莉莎·马礼逊：《马礼逊回忆录》（下卷），北京外国语大学中国海外汉学研究中心翻译组译，大象出版社2008年版，第109页。

续表

年份	人数	年份	人数
1823	16—17	1835—1839	70

注：本表格的数据根据李志刚所著《基督教早期在华传教史》，台湾商务印书馆 1985 年版，第 211 页内容所载。

在这段时间里，英华书院所培养的优秀学生并不多，其中比较有名的是袁德辉。袁德辉，小名小德，是清末的翻译工作者，曾任林则徐幕僚，担任译员工作。他曾就读于英华书院，并且曾因学习成绩出众而获得英华书院的奖学金。1830 年被清政府派往广州收集外国书籍，1839 年被聘为林则徐的译员。1879 年 7 月《澳门日报》还刊登了袁德辉所译的具结贸易告示书[①]。

英华书院自 1839 年迁到香港，学院声誉日隆，培养了不少杰出的人才，其中有唐景星（唐廷枢）、何焜山、梁桂臣等[②]。尽管如此，受到当时社会传统意识的限制，英华书院对当时晚清社会的影响是非常小的。正如美国学者赖德烈（Kenneth Scott Latourette）所评价的那样：

"英华书院超越了它的时代，没有实现建立者的期望，很少有英国人在里面学习。中国的官僚和知识阶层对学校提供的这种教育也不需要。很明显，只有那些计划同外国人做生意的中国人或想被他们雇佣的中国人，才觉得学校有用"[③]。

关于英华书院所使用的英语教科书的情况，由于材料收集的困难，我们只能从一些散落的文献中得到些许了解。在上文中，我们已经提到，英华书院的学生曾经使用过默里的 *Abridgment of English Grammar*（《简明英语语法》）作为他们的英语语法教科书[④]；另外，在 1818 年 4 月 10 日斯当东爵士（George Stauton）致马礼逊博士的信中提到马礼逊所编著的《中英语言对话》一书[⑤]。1823 年，马礼逊还特地为中国学习者编著过堪称

① 见 The Chinese Repository，Vol. VI. P. 153，另见王维俭《林则徐翻译西方国际法著作考略》，《中山大学学报》1985 年第 1 期。

② 李志刚：《基督教早期在华传教史》，三联书店（香港）有限公司 2012 年版，第 213 页。

③ 谭树林：《马礼逊与中西文化交流》，中国美术学院出版社 2004 年版，第 215 页。

④ ［英］艾莉莎·马礼逊：《马礼逊回忆录》（下卷），北京外国语大学中国海外汉学研究中心翻译组译，大象出版社 2008 年版，第 29 页。

⑤ ［英］艾莉莎·马礼逊：《马礼逊回忆录》（上卷），北京外国语大学中国海外汉学研究中心翻译组译，大象出版社 2008 年版，第 270 页。

中国历史上第一部英汉对照的英语语法教科书——《英国文语凡例传》。

可以说，作为新教来华传教的先驱者，马礼逊所采用的教育传教策略，尽管在传教方面似乎没有收到什么实质性的成效，但他在中国传播正规的英语语言知识方面所做的努力是不可忽视的。马礼逊在其所开办的学校所教授的英语，与当时口岸地区盛行的洋泾浜英语截然不同。为了纪念马礼逊在传播中西方语言文化的努力，在他去世后，在澳门、广州等地的外国人于1836年9月28日在广州美国商馆筹备“马礼逊教育会”成立一事，于当年11月9日宣布“马礼逊教育会”正式成立，以推进马礼逊生前未竟的事业①。

二　鸦片战争前中国教会学塾的英语教学

自马礼逊后，其他一些新教传教士也不顾清政府的传教禁令，冒险来到中国进行传教。这些传教士，有些通过开设一些小规模的学塾来获得当地中国人对西方传教士及西方宗教的接纳。

1830年裨治文（Elijah Coleman Bridgman）在广州开设了贝满学校。该校学生除了要学习基督教义外，还要学习英文②。传教士郭实猎（Karl Freidrich August Gutzlaff，也译作郭实腊、郭士立等），是近代中国非常有名也非常具有争议性的一位传教士。他的夫人温施梯（Wanstall Gutzlaff）于1835年在澳门开办了一所学塾。该学塾先收女生，后来兼收男生，并开设中、英文课程。除中文课程外，英文课程采用的是英国的小学课本③，并未编写适合中国人学习的教科书。

由于这些早期的教会学校规模极小，学生人数不多，且生源极不稳定，师资力量薄弱（有的学校仅有一两个传教士在授课），其教学成果及社会影响不会太大。以英华书院为例，英华书院实行双语教学，由于它“强调中西方语言及文学的内容，因此为中国和东南亚地区培养了了第一批接受过西学训练，特别是会讲英语的知识分子”④。尽管这样，就读英华书院的学生很少，正式毕业的学生更少，据统计，自1820年英华书院

---

① MACGILLIVARY D. A century of Protestant missions in China（1807—1907）. Shanghai：American Presbyterian Mission Press，1907：653.

② 刘军：《清末民国时期外语教学研究》，苏州大学，2006年第6期。

③ 容闳：《西学东渐记》，中州古籍出版社1998年版，第78—82页。

④ 史静寰：《狄考文与司徒雷登》，珠海出版社1999年版，第12—13页。

正式招生至1834年迁至香港之前的14年间，完成学业的学生仅40人[①]。在这样的情况下，这些教会学校用来教授英语的教科书，大多数是传教士们从本国带来的原版教科书，而只有极少数的传教士会专门为中国学习者编写英语教科书，马礼逊就是这极少数中的一个。他于1823年编著了第一本中英对照的英语语法教科书，这部书的编写极具历史意义。

三 《英国文语凡例传》文本分析

（一）《英国文语凡例传》是第一部专为中国人编写的正规英语教科书

专为中国人而编著的最早的一部堪称具有现代教育意义的英语教科书究竟是哪一本？学术界曾有过不同的看法。

曾有学者，如内田庆市等，经过考证，认为最早的为中国人所编写的英语教科书应为 *The English and Chinese Student's assistant, or Colloquial phrases, letters, &c, in English and Chinese*: The Chinese by SHAOU TIH, a native Chinese student, in the Anglo Chinese College, MALACCA. 1826. [②]。这本书是曾就读英华书院的中国学生袁德辉，即小德为英华书院学生所编写的一本教科书。

但是，随着国内外学术界对晚清英语教科书研究的不断深入，新的史料被不断发掘出来。人们发现，中国新教传教士第一人马礼逊早在1823年就出版了一部专为中国人而著的英语语法著作——《英国文语凡例传》，也叫《英吉利文话之凡例》。该书现藏于英国大英图书馆。

其实，马礼逊曾在其书信中，已然提到过他所编著的《英国文语凡例传》。1823年11月17日，马礼逊曾写信给乔治·斯当东爵士说："《汉英英汉词典》已经出齐了。现在印刷所以很少的开支维持运转，正在印刷一本《英吉利文话之凡例》（*English Grammar*），里面附有中文解释，这是我为英华书院编写的。"[③]

西方传教士伟烈亚力（Alexander Wylie）曾写过一部记录晚清时期传

---

① 顾长声：《从马礼逊到司徒雷登》，上海人民出版社1985年版，第124页。

② ［日］内田庆市：《Pidgin——异语言文化接触的一种现象》，《东亚文化交涉研究》2006年第2期。

③ ［英］艾莉莎·马礼逊：《马礼逊回忆录》（下卷），北京外国语大学中国海外汉学研究中心翻译组译，大象出版社2008年版，第118页。

教士在中国的活动的著作——《1867 年来华基督教传教士列传》。在该书中，伟烈亚力详细记录了 1867 年前，西方传教士在中国传教期间所撰写的与宗教及语言学习等方面的相关著作。在该书中，伟烈亚力就曾介绍过马礼逊所写的这部《英国文语凡例传》，并明确标明马礼逊出版这部著作的时间是 1823 年①。

以上资料都说明，马礼逊所编著的《英国文语凡例传》，要比 1826 年袁德辉所出版的被内田庆市称为“第一本”专为中国人所写的英语教科书在时间上要早 3 年。因此，从目前所收集到的史料来看，我们可以认为，《英国文语凡例传》是中国第一部正规的、非洋泾浜英语教科书。

（二）《英国文语凡例传》的内容及特点

马礼逊学校按照西方的教育模式开办，并不同于我国的古代学校；其学习所用的教科书也不同于我国旧时的学习材料。正如吴研因曾指出的那样，“我国的旧儿童读物大约分两种，一种是启蒙的，例如《三字经》《百家姓》《千字文》等，一种是预备应科举考试的，如四书、五经、史鉴等。这些读物有的没有教育意义，有的陈义过高，不合儿童生活，而且文字艰深，教学时除了死记硬背外，也不能使儿童明白到底读的是什么，只能虚度光阴，耗费精神，有益于国计民生之处寥寥无几”②。

马礼逊所著的《英国文语凡例传》，其英文名为 *A Grammar of the English Language for the use of the Anglo-Chinese College*，由东印度公司于 1823 年出版。其英语学习的内容呈循序渐进的特点，适合启蒙学习。

由于该书出版时代久远，一般人难得一见，因此对该书的研究成果并不多见。本文作者通过在美国学习的朋友，获得了藏于耶鲁大学图书馆的珍贵版本复制本。后来，本文作者发现，中国大象出版社已将该书影印后与马礼逊的另一部语言学著作《通用汉言之法》一起结集出版，书名为《通用汉言之法·英国文语凡例传》。大象出版社所出的这部影印本，为学术界深入研究《英国文语凡例传》做出了贡献。

《英国文语凡例传》全书共 97 页，没有目录页。

---

① ［英］伟烈亚力：《1867 年来华基督教传教士列传》，倪文君译，广西师范大学出版社 2011 年版，第 10—19 页。

② 吴研因：《清末以来我国小学教科书概观》，张静庐：《中国出版史料（补编）》，中华书局 1957 年版，第 149 页。

在这本书中，马礼逊从 14 个方面对英语语法进行简要介绍。这 14 个方面又被整合为四大部分：字头论、字从来论、字成句论、字音韵论。现在的语法界，将这四个术语译为：拼字法、词源学、句法学、音韵学。

接着，马礼逊逐一简要介绍这四种语法知识。

字头论：即英语的 26 个字母和常用的标点符号。

为了使中国学生更好地进行英语单词的发音学习，马礼逊还特意列出了一个正音表，这说明了马礼逊对英语语音学习的重视。

字从来论：这部分是关于英语的 9 种词性的知识简介，即今天我们所说的冠词、名词、代词、动词、小品词、副词、连词、介词和感叹词。

值得指出的是，对于大部分语法术语，马礼逊在其语法著作中并没有给出其相应的汉语释义。有学者指出，这反映了马礼逊的翻译观，即“有现成的汉语术语的话，他就使用，但是汉语中没有恰当的术语时，他也不勉强生造术语，而用原词来表达，就是英语来说明。这正是马礼逊的翻译观的表现之一”①。

在对各种词类的介绍中，有关动词的知识是最全面的。在翻译时态及语态的术语时，马礼逊所用的译名，对今天的语法术语的形成，也有一定的启发。

字成句论：是对于句法的介绍。

该书的最后一节是“论字诗之正音”，表明马礼逊对英语语音学习的重视。语音学习对于任何一门语言的学习都是非常重要的。

纵观全书，马礼逊极力用最简单的语言，对英语语法的主要方面做了简短的介绍，所用的例词和例句浅显易懂，语法知识的介绍也非常明了，没有艰涩的语法术语，非常适合英语学习的初级者。有些学者认为此书“稍为粗陋”②，本文作者对此论断不敢苟同。

《英国文语凡例传》的语法体系适合初学者使用。但是，《英国文语凡例传》也必须在教师的指导下方能学习。

《英国文语凡例传》的受众与中国最早的洋泾浜英语《红毛番话》类

① ［日］内田庆市：《关于马礼逊的语法论及其翻译观》，张西平：《架起东西方交流的桥梁——纪念马礼逊来华 200 周年学术研讨会论文集》，外语教学与研究出版社 2011 年版，第 24 页。

② 黄兴涛：《第一部中英文对照的英语文法书——英国文语凡例传》，《文史知识》2006 年第 3 期。

读本的受众不同。《英国文语凡例传》是第一部正规有中英文对照的英语语法书。该书的读者群是那些就读于英华书院的学生们。

马礼逊本人虽长期居住在以粤语为主要方言的广东、澳门、马六甲等地，但他对于汉语官话的执着[①]，使他的这部语法著作的中文部分采用的是当时的官话口语，而非粤语方言。这与鸦片战争后 1864 年罗存德（Wilhelm Lobscheid，1822—1893）所著的另一部英语语法著作《英话文法小引》所采用的粤语方言有着明显的不同[②]。

本文曾提到，马礼逊所办的英华书院的学生通过背诵默里的《简明英语语法》来学习英语。默里的《简明英语语法》一书是为以英语为母语的学生学习英语语法所使用的教科书。那么，这部《简明英语语法》，与马礼逊所编著的《英国文语凡例传》有没有内在的联系？

为了回答这个疑问，本文作者将马礼逊的《英国文语凡例传》与哈佛大学图书馆所藏的 1819 年第九版的默里所著的 *Abridgment of Murray's English Grammar*（《简明英语语法》）[③] 相对照，发现两部英语语法书在成文结构上存在着明显的共通之处。

马礼逊的语法书与默里的语法书一样，都没有目录页，这可能是 18 世纪末 19 世纪初西方书籍出版印刷的特点。因马礼逊的语法书，其成书时间为 1823 年，而默里的语法书成书于 1797 年初。从时间上来看，马礼逊完全有可能借鉴默里的语法书。

马礼逊的《英国文语凡例传》与默里的语法书在编写体例上几乎完全相同。默里的语法书共 119 页，整部书分为四大部分，即拼字法，词源学，句法学，音韵学。这四部分与《英国文语凡例传》的四个部分完全一致。这说明马礼逊所著《英国文语凡例传》的蓝本是默里的这部《简明英语语法》，这是以往的学者所从未提到的，是本文研究的一个重要发现。

小结

本章探讨了晚清英语教科书发展的萌芽阶段，即鸦片战争前晚清英语

---

① ［英］艾莉莎·马礼逊：《马礼逊回忆录》（上卷），北京外国语大学中国海外汉学研究中心翻译组译，大象出版社 2008 年版，第 229 页。

② 关于罗存德《英话文法小引》，本书将在第二章里予以介绍。

③ MURRAY L. *Abridgment of Murray's English Grammar*. Parker and Bliss，1810.

学习读本的形成与演变的过程。在这个时期，中国社会没有实行对外开放，对中国以外的世界多不屑一顾。且中国在社会文化及政治军事上长期居于亚洲之首，不仅统治阶级，就连广大社会民众，对外来的语言文化大多持鄙夷的态度，因此，晚清中国人的英语语言学习，并不是因为仰慕西方国家的文化，而只是为了商业交通的目的。能够懂得一知半解、半通不通的洋泾浜英语，对居住于广州这样对外开放口岸的中国人来说，就已经足够了。因此，英语语言学习的文本，大多是一些用中文标注英文发音的小册子而已。在当时，只有在西方传教士所开办的学塾里，才有可能教授正规的英语，才会使用传播标准的英语语言知识的教科书。但是，由于传教士在中国的活动受到严格的限制，这样的教会学塾在当时非常少见。同时，社会上所存在的对西方人的排斥之情，使得能够并愿意入读这类教会学塾的中国人还相当少。因此，这类专为中国人学习英语而编写的教科书的发展，因缺乏社会需求的动力而只能处于萌芽状态。

发 展 篇

鸦片战争前，中国人对于外国人一直持鄙视的态度。中国与外商贸易往来仅限广州。广东政府不屑于屈尊直接与外国人进行贸易上的直接交流与洽谈，而只是靠通事和“舌人”与他们联系。这些通事和“舌人”又是文化素养不高、粗俗可鄙之人，在当时的社会上没有什么地位。这一点，我们可以从以下引文中看出来：

“广州的通事是由官府任命的，有四五个人，不领官府的薪水。他们通常很无知，除了能够说广州中国人讲的洋泾浜英语、做翻译之外，一无所长。他们不能阅读英语，也不认识汉字……”①

从上述引文中，我们可以了解鸦片战争前中国人的英语学习状况。中国社会的精英阶层不会降低身份与地位去学习所谓的“鬼话”“夷语”的。而那些能够说英语的通事们，他们的文化程度低，在社会上的地位也低，他们所说的英语，都是文法不通的洋泾浜英语。

但是，中国在鸦片战争中遭到了失败，被迫放弃闭关自守的对外政策，实行五口通商，开始了对外开放。中国对外的政治、经济和文化交流渐趋频繁，英语学习也逐渐受到重视。英语教科书的编写，也随着中国政治、经济形势的发展，而迎来一个虽缓慢但却是不断发展的新时期。

在鸦片战争至甲午战争期间，中国英语教科书的编写分为两个路径，一是西方传教士及外交人员所编写的英语教科书；二是此时期中国人自编

---

① ［英］艾莉莎·马礼逊：《马礼逊回忆录》（下卷），北京外国语大学中国海外汉学研究中心翻译组译，大象出版社 2008 年版，第 290 页。

的英语教科书。这两类作者群所编著的英语教科书，在编写数量上、在文本的质量上，都较鸦片战争前期的英语教科书有很大的提高。尽管如此，本书仍认为，用具有现代意义的英语教科书的标准来看，此阶段中国英语教科书还处于渐进发展时期。

第二章

甲午战争前（1840—1894）西人所编英语教科书

第一次鸦片战争于1840年6月英军统帅义律率军侵犯广州开始，到1842年8月《中英南京条约》缔结为止。《中英南京条约》规定中国开放广州、厦门、福州、宁波、上海五个通商口岸，中英可自由贸易。但第一次鸦片战争的失败，并未使清政府从腐败的统治中警醒。1856—1860年的第二次鸦片战争，以清政府失败并签订不平等的《中英天津条约》《中法天津条约》结束。这两个条约规定，中国不仅要赔款、增开通商口岸，更为重要的是，要允许西方传教士到内地自由传教。这样，第二次鸦片战争后，西方传教士大量涌入中国内地，开始他们的传教事业。因中西文化的极大不同，传教过程必然困难重重。一些传教士为了解决这些困难，采取了教育传教的迂回方式。传教士通过设立教会学校，以此招揽中国学生入校学习，并借机传播基督教。在教会学校中，英语成为比较重要的学科。为使中国学生能更好地学习英语，传教士们通过引入本国原版英语教科书，或通过自编英语教科书，来提高英语学习的质量。因此，本章分为两个部分，第一部分简要介绍当时的教会学校英语教学情况，第二部分研究当时教会学校的英语教科书编纂情况。

第一节　甲午战争前教会学校英语教学

西方传教士在甲午战争前为中国人学习英语所编著的教科书之发展历程，与西方传教士在中国所开办的教会学校的发展、与教会学校英语教学的发展相表里。因此，研究甲午战争前中国教会学校英语教科书的发展，就必然要先了解此阶段中国教会学校的英语教学概况。

一 中国教会学校发展历程简述

鸦片战争打开了中国封闭自守的大门。第一次鸦片战争后《南京条约》的签订使香港对外开放；1842 年更开放广州、厦门、福州、宁波、上海五处为通商口岸，英国可派领事驻扎。第二次鸦片战争所签订的《天津条约》，使西方传教士不仅可以在中国开放口岸地区传教，更可以深入内地传教。传教士又通过建教堂、办学校、设医院等手段，进一步强化基督教在中国社会的影响力。教育传教是大多数传教士所选择的间接传教形式，这在一定程度上促进了中国教育，尤其是英语教育的发展。

晚清基督教会学校发展可以分为以下几个阶段。

第一阶段是从马礼逊来华至第一次鸦片战争前。在这个时期，传教士主要在广州或南洋地区传教。他们人数不多，所办的学校也非常有限。第二阶段是两次鸦片战争期间。在这段时间，中国对外开放的口岸有香港、广州、福州、宁波、上海、厦门共六个城市。传教士们的活动逐渐由南洋地区向中国口岸城市扩展。第三阶段是从第二次鸦片战争到中日甲午战争前。《天津条约》的签订，使传教士可以从沿海口岸城市深入中国内地，其传教范围扩大了许多。第四阶段，从甲午战争后到辛亥革命前。至 20 世纪初，在中国开办的各类教会学校已经形成完整的上至大学，下至初等小学等各级教育体系。下面分述这几个阶段。

第一阶段，即在第一次鸦片战争前，来华传教士所办学校并不多。

1818 年马礼逊英华书院在马六甲建立。1835 年罗便臣（George B. Robinson）与马礼逊之子马儒翰（Robert Morrison）等人筹建马礼逊教育协会（the Morrison Education Society），后来还创办了马礼逊学校（Morrison School）。

鸦片战争前，传教士也为中国人开办了女子学校，中国基督教教育调查会的报告较为详细地介绍了这一阶段为中国女子而开设的教会学校的情况①。

据 1842 年《南京条约》之规定，传教士不仅可以进入香港，还可以在广州、厦门、福州、宁波和上海五处通商口岸进行传教。因此，设在马六甲的英华书院，以及设在澳门的马礼逊学堂利用此机会迁至香港。在中

① 中国基督教教育调查会：《中国基督教教育事业》，商务印书馆 1922 年版，第 232 页。

国内地这五个开放口岸，传教士们也纷纷建立起各类学校，学校数量比起鸦片战争前有明显的增长。据统计，至1860年，传教士在香港、广州、福州、厦门、宁波和上海六个城市所开办的教会学校有50所左右，学生有1000多人①。

第二次鸦片战争后，中国被迫与西方列强缔结更为丧失主权的《天津条约》《北京条约》《瑷珲条约》。条约不仅规定了中国须向西方列强割地赔款、鸦片贸易合法化，更增添了允许西方传教士深入内地进行传教的特权。由此，西方传教士借不平等条约的庇护，得以进入中国自由传教，其传教活动得到空前的发展，而传教士们建立的各种学校也随之大增。到1877年，在中国所建的各种教会学校已达347所，学生人数也攀升到5917人。到19世纪末，新教学堂的学生已上升到16836人②。“到19世纪末，几乎每一个差会中心都有一所小学；许多差会设有中学，少数差会则办有所谓的学院或大学”③。在这众多的学校中，有私塾式的学校，有纯粹西方式的学校，也有中西合璧式的学校；有的学校学生只能走读，有的只能寄宿，有的兼有走读和寄宿；有分男校、女校的，还有男女合校的；有的只收教徒子女，有的兼收非教徒子弟；有的只教授《圣经》及中国古文，有的兼教西方科学文化知识。总之，教会开办的各类学校五花八门，形形色色，没有统一的规格及政策，学校的设置完全依据实际需求以及教会自身财力水平而定④。

二　教会学校英语教学的开展

第二次鸦片战争前，中国人学习英语的热情并不高，只有那些为外国人提供劳动服务的中国人才有兴趣学说英语。卫三畏（Samuel Wells Williams）曾说：“在外国人家里干活的中国人都想学习英语。我们的仆人对

① 田正平：《中国教育史研究》（近代分卷），华东师范大学出版社2001年版，第9页。

② 同上书，第621页。

③ ［美］卢茨：《中国教会大学史》，浙江教育出版社1987年版，第23页。

④ LATOURETTE K. *A History of Christian Missions in China*. The Macmillan Company，New York，1929：442－443. 又见 Kuo Pingwen. The Chinese System of Public Education. Bibliolife，New York，1915：65.

孩子们有时说英语，有时说汉语，对女主人完全说英语，对我则完全说汉语。”①

可是，两次鸦片战争的失败给清王朝以沉重的打击。当时的有识之士看到了中国与西方先进国家的差距。先进的知识分子，如王韬等人，也对中国自古就有的所谓“华”“夷”之分进行了质疑。他说：“华夷之辩不在其地之内外，而系于礼之有无明矣——苟有礼也夷可以进为华，苟无礼也华可变为夷，岂可沾沾自大厚己以薄人哉②。”郭嵩焘则将华夷之辩上升到关涉国家、民族平等的高度③。他们呼吁要向西方学习，“虽使尧舜生于今日，必急取泰西之法推而行之，不能一日缓也”④。

奕䜣作为洋务运动的代表人物，清醒地认识到要想与西方国家对抗，首先要了解对方。1861 年 1 月 13 日上奏朝廷，要求国家选派优秀人员，学习夷情⑤。

冯桂芬深刻认识到西方先进文化知识的重要性，深刻认识到中国落后的根源是封闭自大，因此他写就了著名的《校邠庐抗议》，其中一篇《采西学议》旗帜鲜明地提出要向西方学习⑥。

随着京师同文馆、上海广方言馆、广州同文馆等一系列洋务学堂的建立，中国上层阶级逐渐认识到外语学习尤其是英语学习在国家发展方面的重要性。但是，限于师资等条件，在当时的中国，相对于整个文人阶层，能够进入洋务学堂学习的人数，只占整个清王朝教育体制下的极小的一部分。

那么，对于有着得天独厚的英语学习机会的中国教会学校，其英语教学开展得是否一帆风顺，并卓有成效呢？情况也并不尽然。但是，毫无疑问的是，教会学校英语教学的开展，受到了洋务运动的推动。这是因为，传教士们办学校的根本目的，在于其意图使基督教进入中国社会，并获得

---

① ［美］卫斐列：《卫三畏生平书信》，顾钧、江莉译，广西师范大学出版社 2004 年版，第 106 页。

② 王韬：《华夷辩 》，王韬：《韬园文录外编》，卷十。

③ 郭嵩焘：《光绪五年二月二十人氾 》，郑学益：《走向世界的历史足迹——中国近代对外开放思想研究》，北京大学出版社 1990 年版，第 52 页。

④ 郭嵩焘：《铁路议》，郭嵩焘：《养知书屋文集》（卷 28）。

⑤ 奕䜣：《筹办夷务始末》，咸丰朝七十一卷。

⑥ 冯桂芬：《采西学议》，冯桂芬：《校邠庐抗议》（卷下）。

社会的承认。因此，教会学校的办学方向，也必须满足中国社会自身的发展需要。同文馆的开设、福建造船厂的创办，以及1867年中国派使臣出国等各种大事，要求社会能涌现出不仅懂外文而且懂西学的人才。这种社会当务之需，给教会学校的发展提供了难得的机会，英语教学也成了他们招揽学生，尤其是招揽沿海港口学生的有力手段。

1856年5月，圣保罗书院在《遐尔贯珍》报上登载了一份招生广告，在招生广告里圣保罗书院不仅无需通过免学费来吸引学生入学，相反，还要向学生收取一定的学费①，这皆因其位于香港，是中西贸易活动频繁之地，英语人才需求量大。因此，选择教会学校学习的学生中，富家子弟的比例越来越大，这种情况在沿海口岸尤其突出。这是因为掌握英语知识具有商业价值，可以培养青年使他们能在外国商行里谋职②。

1843年马礼逊学堂迁至香港后，所开的课程即有英文。容闳、黄胜、黄宽、唐廷枢等是马礼逊学堂优秀的毕业生。他们凭借自己的英文知识为中西文化的交流做出了杰出的贡献。

1843年建立的圣保罗书院是香港一所最早的以英文为主要教学语言的学校，其所培养的学生英语水平非常之高，他们可以听懂用英语进行的各科目教学。

在香港创办的香港第一女学、英童学校、英华女学等，也都开设有英文课程。

1846年美国圣公会主教文惠廉在上海创办了一所男子学塾，在这所学塾里也开设有英语课程。

1850年上海的裨治文女塾也开设英语课程。

其他开设英语课程的教会学校有：1865年开办的英华书院，1871年美国圣公会的文氏书院，美国美以美会在北京开设的小学，等等。

圣约翰书院自1880年代创办起便开设英语课程。林乐知（Young John Allen，1836—1907）的中西书院既有西学课程（以英语为主），又强调中文课程。学校所培养出来的中西贯通的学生非常符合洋务派的主张，所以

---

① 李志刚：《基督教与香港早期社会》，三联书店（香港）有限公司2012年版，第50—51页。

② LUMBERTON M. St. John's University, Shanghai, 1879 - 1929. Kelly & Walsh, Shanghai, 1929: 5.

得到当时洋务派代表人物李鸿章等人的大力资助[①]。

以上所列出的开设英语课程的教会学校大多在沿海口岸，而在内地的一些教会学校，有些传教士坚持不开设英语课程。他们认为由于英语知识在经济上能很容易地使人获得利益，因此担心许多中国人会出于经济利益，而非宗教目的进入教会学校学习。例如在宁波著名的教会学校崇信义塾，传教士们就不赞成教授英语，他们认为“教授英语成为一个有争议的问题，因为多年来这一问题一直处于实验阶段，许多人认为学英语是费用高昂而且危险的奢侈行为”[②]。狄考文创办了山东登州文会馆，一直没有开设英语课，理由是一旦开设英语课程，会招引一些富家子弟前来学习，他们所抱有的经商动机会降低学校的宗教氛围，也会影响学校的学术风气。

但是，自1860年洋务运动的兴起，洋务派们力主在中国开设西式学堂，并且在这些西式学堂中推广外语课程的学习，其中英语是大多数学堂都要开设的一门外语课。在这样的大环境下，西方传教士所建立的教会学校，本身有着开设英语课程的便利条件，加之社会上、学校里对英语学习有强烈的要求，在1877年及1890年中国基督教传教士两次大会的讨论后，各教会学校纷纷开展英语教学。

在两次鸦片战争期间，主要的教会学校大概有30所，其中包括香港马礼逊学校（1842年）、香港英华书院（1843年）、香港宏艺书塾（1842年）、上海清心书院（1850年）、福州文山书院（1854年）、福州格致书院（1853年）、福州育英女书院（1859年）等教会学校。在这些教会学校中，所开办的英语教学大多处于低年级段的英语教学。学生的主要学习课程“不过于宣讲圣经之外，教以读、写知识，及算术、字母而已”[③]。

19世纪60年代以后的教会英语教学，较之前有了很大的改善。教会学校虽仍以小学居多，但学科程度有了提高。“学校程度提高，且介绍西方学术；学校愈形发达，未始非因此贫苦之学生影响所以然。人民对教会学校既肯信任，来学者日益增多”[④]。

---

① 顾长声：《从马礼逊到司徒雷登》，上海书店2005年版，第272页。

② 队克勋：《之江大学》，珠海出版社1999年版，第4页。

③ 露懿思：《基督教在中国之情形》，陈学恂：《中国近代教育史教学参考资料》（下册），人民教育出版社1987年版，第60页。

④ 同上。

到中日甲午战争前，中国教会学校中等教育获得了较快的发展，出现一些著名的中等学校，如北京汇文书院、上海中西书院、苏州博习书院、杭州育英书院、广州岭南书院等。另外一些著名的中等教会学校逐渐发展成大学。如济南的齐鲁大学就是由1864年登州蒙养学堂逐渐发展而来，杭州之江大学是由1845年在宁波创办的崇信义塾发展而来；广州岭南大学是由1888年的广州格致书院发展而来；等等。这些都说明了教会学校办学的显著成效。

在开设英语教学的教会学校里，英语课程的设置较为齐备。如中西学院要求学生在校学习八年。在这八年中，学校设置了详细的学习课程①。

在1880—1890年，基督教各差会格外重视中国女子教育，他们认为"赢得中国妇女和母亲的同情可能是传教事业成功的关键"②。这个时期比较著名的女学是上海的中西女塾，创办于1892年。中西女塾课程采取十年制，在这十年的学习里，英文学习贯彻始终③。

小结

从以上的材料可以看到，甲午战争前中国教会学校的发展是呈逐渐上升的趋势的。上升最明显的时间段是第二次鸦片战争结束后。当时的清政府在与英法联军的对抗中遭到惨败，在国内有识之士的倡议下，痛定思痛，决心向西方学习。在这样的政治环境下，教会学校不仅在不平等条约的庇护下得以发展，更借由当时中国自上而下的洋务运动这一历史契机而进一步发展。

在教会学校教育中，尽管当时的西方传教士对于要不要在教会学校开展英语教学，起初曾意见不一。但是，传教士们逐渐认识到，英语课程的开设，是吸引中国人提高对教会学校关注度的一个有力的手段。在中国的各基督教派，为了能够扩大各自教派在中国的影响力，不久就纷纷开设英语学习课程，以此作为在中国传教的有效手段。英语教学的蓬勃开展，使得如何编写适合中国人学习英语的教科书成为西方教会学校教育者的重要

---

① 林乐知：《中西书院规程》，钱钟书：《万国公报文选》，三联书店1998年版，第493页。

② LIU Kwang-Ching，American missionaries in China，Harvard Seminars，Boston：Harvard University Press，1966：100.

③ 李清悚：《帝国主义在上海的教育侵略活动资料简编》，上海教育出版社1982年版，第75页。

任务。

第二节 甲午战争前教会学校英语教科书的编纂

一 中国近代化教科书来自西方

"教科书"一词在中国何时出现的，这是一个很难考证的问题。一般史书都认为1877年来华基督教第一次大会所成立的机构"学校教科书委员会"，是中国有据可考的"教科书"一词出现的时间。汪家熔却认为，此种说法"颠倒了因果。这个组织，原名 The School and Textbook Series Committee。直译只是'学校和教科书委员会'，其中文名叫'益智书会'。中国人将 Textbook 译成'教科书'，因为我国传统女学有'教科'一词，book 是书，教科书正是我们的名称"①。

但是也有学者对于汪家熔的这一说法表示了反对，认为"这里的'教科'一词与今日的'教科书'含义尚有差距，不过它表现出词语转化过程中'教科书'的诞生痕迹"②。

另一种关于教科书一词来源的记载如下：

"光绪二十三年（1897），南洋公学外院使用的《笔算教学科书》《物算教科书》以及张相文所著的《本国中等地理教科书》等，是可考的近代意义的'教科书'第一次在中国出现的时间"③。尽管关于教科书一词的出现时间现在尚无定论，我们期待能够进一步发现更多的史料来解开这个疑问，但是有一点是毋庸置疑的，那就是真正现代意义的教科书是由传教士们引进的。许多学者都持有这样的看法，如"我国普通教育真正能符合教学原理的普及课本，起始于接触西方"④。又如，"中国教科书的近代化首先是由西方教科书的传入而引发的"⑤。

在中国近代教科书发展史上，西方来华传教士们既起了开山的作用，

---

① 汪家熔：《民族魂——教科书变迁》，商务印书馆2008年版，第10页。

② 毕苑：《建造常识：近代教科书的文化价值》，福建教育出版社2010年版，第4页。

③ 中华民国教育部：《教科书之发刊概况》，《第一次中国教育年鉴》（戊编），开明书店1934年版，第116页。又见张静庐《中国近代出版史料初编》（卷5），中华书局1957年版。

④ 汪家熔：《民族魂——教科书变迁》，商务印书馆2008年版，第8页。

⑤ 王建军：《中国近代教科书发展研究》，广东教育出版社1996年版，第3页。

也起了推动作用。传教士狄考文（Calvin Wilson Mateer）就当时中国的教科书问题有着深入的思考，并于1877年10月在*Chinese Record*（《教务杂志》）上发表文章，提出编写教科书的原则。他说，

"首先，我们要编的是学校用的教科书，而不是文词艰涩难懂的条约，或是流行的散文。教科书是用来学的，不是只用来阅读的，也是提供给老师用来学和教的。这一点尤其需要注意。教科书的编写及安排要适应学生和教师的需求。因此，学科内容的安排应具有清晰性和成熟性，有合乎自然的分类。必须有系统性，突出重点内容，以吸引学生的注意力"①。

其次，关于教科书新术语的翻译问题。狄考文认为，在将科学介绍给中国人的时候，不可避免地会产生如何翻译各种新术语的问题。他提出了新名词翻译的三个指导思想：一是简要原则；二是适用性原则；三是准确性原则。

再次，他认为，为中国人而编的教科书，其内容应该具有中国特色，要适应中国人的学习。

再其次，教科书的语言应该采用浅文理，以使更多的学生能够很容易地弄懂，而不是在卖弄文字。

最后，狄考文提出了教科书的趣味性原则。他尤其强调图画在教科书编写中的作用②。

可以说，狄考文关于如何编写教科书的指导思想在当时的中国是有着进步意义的。在当时的中国传统社会，中国所谓的教科书，在编写形式上是简单枯燥的，几乎没有任何的图画。学生在一开始的学习中，就被灌输以名家巨作。孩子们在并不懂得其所读内容为何物的时候，就被要求背诵。这样的学习方式，无异于填鸭。除了那些天资聪颖的孩子以外，其他的学生在面对这样的学习读本的时候，无法保有持久的学习兴趣，自然学习效率也不会高。中国传统的课本，或采自教本，或取材于名家语录，在编排体例上，并未注重其形式的新颖，相反，总是固守传统，认为学习就是要刻苦，就是要苦心孤诣，不可轻浮。所以，教本的编写形式也是非常沉闷的。狄考文关于教科书编写的原则，无疑会给当时中国的教科书编写带来新的风气、新的活力，从而推动中国儿童教育的发展。

---

① MATEER C. School Books for China. Chinese Record，1877（10）.

② Ibid..

二 学校教科书委员会及其所编著的教科书

伴随着教会学校在中国的迅速发展，学校办学中出现的各种问题也随之显现。早期的教会学校，由于受到中国社会普遍存在的敌视外国的情绪之影响，所招收的学生皆为贫家子女，抑或是社会弃儿，学校不成规模，充其量只是读经班而已。那时的教会学校学生，大多学习拼读认字，因此，有没有正规的教科书，对这些教会学校的影响并不严重。不过，即使是这样，教科书问题也引起了一定的关注。比如早在1841年马礼逊教育会的年报中，就提到了教科书缺乏的问题①。

裨治文的女儿贝莉莎（Bliza J. Gillett Bridgman）也提到了19世纪40年代教会学校教科书无法满足学生学习需要的问题，她说：

There exists, among missionaries, a diversity of opinion in regard to the propriety of teaching the English language in Mission schools. The paucity of good simple books for primary instruction in Chinese, is an argument in favor of it. ②

上述引文的大意是，在教会学校里存在着是否教英语的争论。但是由于缺乏适合中国小学教育的又好又简单的中文书籍，这使得一些教会学校倾向于教英语。

教会学校不断发展，教科书缺乏的问题引起了广泛的关注。继马礼逊之后，有些传教士自己开始编译教科书，如杨（William Young）所编的《训蒙日课》（*Daily Lessons for Children*）；理雅各（James Legge）的《智环启蒙塾课》；罗存德（Wilhelm Lobscheid）的《英话文法小引》，麦嘉湖（John MacGowan）的《英字源流》与《英字正音》；等等。

另外，山东登州文会馆的狄考文（Calvin Wilson Mateer）也曾自编教科书，供学生使用③。但是，这种自编自用的教科书无法流通，不能与其他教会学校共享。传教士们认为大家应该合力协作，共同解决这一问题。

正是在这样的历史背景下，1877年5月在上海召开了在华新教传教士第一届大会（the First General Conference of the Protestant Missionaries in

---

① ANONYMOUS. *The third annual report of the Morrison Education Society*. Chinese Repository, 1841 (10).

② BRIDGMAN G. *Daughters of China*. New York: Robert Carter & Brothers, 1835: 136.

③ FORSYTH R. Shantong: The sacred province in some of its aspects. Shanghai: Christian Literature Society, 1912: 38.

China）。大会讨论的问题很多，在此次会议上一个重要的议题是成立学校教科书委员会（School and Textbook Series Committee），即益智书会。

经过教科书委员会的多次商讨，决定在中国编辑两套可供学校使用的教科书，一套供初等学校使用，另一套供高等学校使用。大会结束后，益智书会随即开展工作。至1890年，据傅兰雅（John Fryer）所报告的历年的出版成就可知，截止到1890年，益智书会共出版书籍52种，71册，出版图表40幅。另外，益智书会还审定了适宜用作学校教科书的书籍48种，150册。

益智书会所出书目分为算学类（1种，1册）；科学类（21种，22册）；历史类（4种，15册）；地理类（5种，5册）；道学类（12种，16册）；读本类（3种，3册）；其他类（6种，9册）。其中读本类与拼音类大多是汉语学习教科书，Miss Lillie Happer 编著的 *First Reader*，*Second Reader*，以及由 Dr. Happer（哈巴安德，美国长老会广州差会传教士）所编的 *Third Reader*①是益智书会在1890年前所编写的与英语学习相关的教科书。

三　其他传教士所编著的英语教科书

（一）伟烈亚力对传教士相关语言学著作的统计

为了更好地推行传教事业，传教士们编纂了不少的语言类教科书。西方传教士伟烈亚力（Alexander Wylie）曾编辑过一部非常重要的著作，即《1867年以前来华基督教传教士列传及著作目录》。在书中，伟烈亚力列举了1867年以前来华传教士们所编著的著作，主要有两大部分，其一是关于基督教教义的宣传资料，其二是传教士们所撰写的语言学习材料②。在语言学习材料中，分为两部分，一部分是汉语语言学习文本，这类文本为西方传教士们学习中国语言而用，尤其是一些当地方言，便于传教士很好地融入中国社会，向当地民众宣教。另一部分是西方传教士为中国人学习西方语言（主要是英语）所编写的读本。这类读本的数量，相比于西

---

① 王树槐：《基督教与清季中国的教育与社会》，广西师范大学出版社2011年版，第79—84页。

② ［英］伟烈亚力：《1867年以前来华基督教传教士列传及著作目录》，广西师范大学出版社2011年版。

方传教士用以学习中国语言的教科书读本，则少了很多。

本文以《1867年以前来华基督教传教士列传及著作目录》为基础，将1867年前西方传教士所编著的与中英语言学习有关的著作做一统计，结果发现，从1800年至1867年传教士所出版的与语言学习有关的著作共51部。其中，供西方人学习汉语的材料有35部，供中国人学习英语的著作有8部，另有8部为英汉双语学习读物。

供中国人学习英语的这8部著作是：马礼逊《英国文语凡例传》；杨《训蒙日课》；罗存德《英话文法小引》《英华辞典》；麦嘉湖《英话正音》《英字源流》；卫三畏《英华韵府历阶》《英华分韵撮要》。另外8部著作既可以供讲英语的人学习汉语，也可供讲汉语的人学习英语的著作有理雅各《英语、马来语和汉语词汇》、麦都思《华英语汇》等。

除了伟烈亚力所列出的传教士们在1867年以前所编著的英语教科书以外，当时来华的西方传教士们，以及一些外交人员，曾编有其他英语教科书。本文作者通过各种途径，搜集到了部分英语教科书文本，其中有斯坦尼斯拉（M. D. Stanislas）的《习汉英合话》；露密士（A. W. Loomis）的《英华初学》；兰多特（Benooni Lanctot）的《华英通语》，以及罗伯聃（Robert Thom）的《华英通用杂话》。下面以这些书为例简要介绍该时期英语教科书的特点。

（二）《习汉英合话》

《习汉英合话》①，英文名为：*English and Chinese Languages*，1855年出版于美国波士顿。作者为斯坦尼斯拉（M. D. Stanislas）。

在该书出版前言中，作者用英文介绍了该书出版的目的。由于19世纪后半期中国与西方缔结了条约，又由于中国五口通商，还由于在美国加利福尼亚发现了金矿，这一切都使得中国与美国的贸易往来不断增加，同时也增强了中国人学习英语的热情。该书就是在这样的背景下产生的。这本书一方面可供西方人学习中文，另一方面可供中国人学习英文。

该书的前言特意提到，为帮助中国人学习英语，中文汉字的发音都用英文字母标注出来，作者认为这是一种新颖的学习英语的方法。在标注中文发音时，尽管汉语有许多的方言，但该书采用的是官话标音。如“见”

① STANISLAS M. English and Chinese Languages. Boston：John P. Jewett & Co. 1855.

标注为 kien；“蛇”标注为 shie；等等。

全书正文 179 页，内容分为如下两大部分：

第一部分是关于英语学习的一些基础知识，分为三个小部分：

（一）读英字学习：是关于英语学习的几个简短对话；

（二）英唎喥话二十六字：讲述英字二十六个字母的发音；

（三）数目字：介绍英语的数字表达法。

第二部分：习汉英合话：这部分与前面的部分独立分页，自成一体。此部分是该书的重点内容，分成五个方面，内容如下：

（一）字部，介绍中国的汉字部首的写，并用英文解释其意义，并用英文标注其读音；

（二）第一回：文法：在这一部分中，作者并没有像马礼逊在《英国文语凡例传》或罗存德的《英话文法小引》那样，仔细介绍英语的各个语法项目，而是采用通过英语词语和句子的列举，使学习者形成自觉的英语语法知识；

（三）数目字：在这一部分中，与第一部分中的“数目字”的介绍有些不同。在这一部分中，不仅有英语数字的介绍，还有句子的举例，使数字的学习更有效果；

（四）第二回：这一部分作者并没有列出小的细目，只是通过书中的内容可以看出，这部分仍然是英语语法知识的呈现。也同第一回的文法一样，英语的语法知识是体现在句子实例中的，并没有语法术语及语法规则的阐述；

（五）第三回：问答。在这部分中，作者把英语日常用语分成十一个部分，分别列举一些比较实用的句子，以供学习者掌握。

作者在序言中介绍说，该书的成书，参考了麦都思的《汉英字典》（*Chinese and English Dictionary*）；裨治文的《广东方言撮要》（*Chinese Chrestomathy*）；卫三畏的《官方方言中的英汉用词》（*English and Chinese Vocabulary*），以及中国的《康熙字典》；等等。

《习汉英合话》是一部既可供母语为英语的人学习汉语又可供中国人学习英语的词汇及会话教科书，这为中美两国语言的交流与沟通提供了便利的工具。因为材料的缺乏，我们无法确知这部书在当时中国人学习英语中所起到的作用。但是，无论如何，这部英语会话教科书体现了中英两种语言接触的早期形态，对我们了解当时的中外关系，也有着一定的史料价值。

(三)《华英通语》

另一部在美国出版的，既可供西方人学习汉语又可供中国人学习英语的教科书是《华英通语》，英文名为 *Chinese and English Phrase Book*。该书于 1867 年的旧金山出版，作者为兰考特（Benooni Lanctot）。

这部书的英文名可直译为“汉英短句”，但其书的中文译名为《华英通语》。全书为 88 页①。其实，不止一本英语教科书被冠以“华英通语”之名。在本文作者所收集到的英语教科书中，至少有三部书是以“华英通语”命名的。一部是由署名“子卿”编著的《华英通语》，该书初版时间为 1855 年，后来由日本著名教育家福田谕吉将此书带到日本，把其中的英文部分增加了日语注音，名为《增订华英通语》，于 1860 年在日本出版，成为当时日本人学习英语的重要教科书，在日本产生了很大的影响。第二部即是刚刚提到的 1867 年在旧金山出版的《华英通语》。还有一部是 1882 年在美国纽约出版的《华英通语》，英文名为 *English and Chinese Reader*，作者康迪特（Ira M. Condit）。他于 1901 年又出版了《华英通语》第二卷，英文名为：*English and Chinese Second Reader*。

1867 年的《华英通语》*Chinese and English Phrase Book* 一书，其中文部分采用粤语发音进行标注，全书将日常用语分为 33 类。在这 33 类中，有些是相关的常用单词，有些是常用的英语句子，以供学习者学习和使用。

《华英通语》的读者可能是那些到旧金山进行淘金的中国人，或是在那里靠其他工作得以维生的中国人。这些中国人主要是从广东、福建等地侨迁至美国的，他们以粤语进行沟通交流，因此《华英通语》的中文部分全部采用粤方言进行书写，以适应中国的读者。

该书没有英语语法方面的内容，只有英语的词汇学习和对话练习，这也是为了方便那些侨居美国的中国人，可以通过熟练掌握这些日常用语以便应付在美国的生活。该书的编写方式与编写内容，与同时代的中国人所编写的其他英语词语集，如子卿的《华英通语》（1855 年）、冯泽夫的《英话注解》（1860 年）、唐廷枢的《英语集全》（1862 年）、曹骧的《英

---

① LANCTOT B. *Chinese and English Phrase Book* [M]. San Francisco: A Roman & Company, 1867.

字入门》（1874年）、杨勋的《英字指南》（1879年）等书，均有很大的相似之处。中国人自己编写的英语词语集的内容及特点分析，本文将在第三章进行详细介绍。

（四）《英华初学》

《英华初学》（*English and Chinese Lessons*）由传教士露密士（A. W. Loomis）编写，1872年由上海美华书馆印制。该书现藏于美国加利福尼亚大学图书馆。该书的印刷采用当时先进的铜版印制，因此字迹非常清晰。全书共188页。作者选取1600多个英文单词，遵照循序渐进、由浅入深的编写原则，将这些英语单词按照字母的多少进行排列。并把这些单词融入英语句子中，以使学生在有意义的语言环境中，进一步理解新单词的含义。

《英华初学》一书分为序、字母表、数字表、点书之法（Punctuation）、拼读练习、正式的课文（共68课）、各种书信样本、缩略语用法举例、乘法口诀表、字母歌等项。从内容上看，这部英语教科书对英语的各方面内容做了比较详细的介绍。

在《序》中，作者写中、英文序言各一。

在英文序言中，作者提到该书的目标读者并不是蒙昧无知的孩童，而是有着一定思维能力和领悟能力的学生，年龄在10岁到25岁。在教学中，教师不仅要教学生英语知识，更重要的是教会学生通过阅读认识真理。由于该书的受众主要是教会学校的学生，作者所说的真理，更多情况下指的是基督教的教义。

在中文序言中，作者阐发了其书编写的目的、编写的方式及编写的内容，使学习者一目了然。不过有意思的是，作者在中文序言中并未如英文序言那样，明确提出该书的主要学习者为教会学校的学生，因为在当时的社会下，大多数的民众对于教会学校并没有太多的好感，对于基督教，也是持排斥的态度居多，因此，在中文序言，作者对传教这一目的避而不谈，以免引起中国人的反感。

因当时的中文文章中都没有使用标点符号，这给阅读带来了一些困扰，因为不同的标点符号，可能产生不同的意义。中文没有标点符号，会造成阅读的困难，甚至是误解。英语的书面语有各种符号，以表达不同的含义，这确实是中文书面语应该采纳的一种方式。因此，在《英华初学》一书中，作者特地介绍了英语的标点符号，题为“点书之法”。现将标点符号部分抄录如下：

, Com-ma. Pause long e-nough to count one.

停止可数一之久

; Semi-co-lon. Pause long e-nough to count one, two.

停止可数二之久

: Co-lon. Pause long e-nough to count one, two, three.

停止可数三之久

Period. Pause long e-nough to count one, two, three, four.

停止可数四之久

? In-ter-ro-ga-tion Point

考问之号

! ex-cla-ma-tion Point

惊慌嗟叹之号

“ ” Quo-ta-tion Marks.

引句之号

’ A-pos-tro-phe. Sign of the o-miss-sion of one or more let-ters of a word, and of th epos-ses-sive case.

赖字之号，属之号即之字之意

——Dash. De-notes a sud-den pause of va-ri-a-ble length.

忽然停止声音一息之号

( ) Pa-ren-the-sis. In-clos-es words, which should be read with a low-er parts of the sen-tence.

此号内两头截住的字要读得快而且低声

☞ In-dex. Points to a pas-sage which re-quires at-ten-tion.

此号所指是紧要的①。

从上文可以看出，作者露密士在将西方的标点符号介绍给中国人的时候、也面临着运用何种翻译方法，才能将这些中国语言表达中所没有的符

① ［美］露密士：《English and Chinese Lessons 英华初学》，上海美华书馆 1872 年版，第 16—17 页。

号，以恰当的方式翻译出来的迫切问题。当时他还没有找到更好的方法，只好用解释的办法，将这些符号介绍给中国人。如关于，；：。——，这些符号，作者均没有给出相应的汉语术语来表达，而只是用停顿的时间多少来区别这些符号，如“，”停止可数一之久。并没有将逗号，即“，”翻译成任何术语。现在我们将“，”这个符号译成“逗号”。可见，最初将英文引入汉语，其语法术语的翻译，是最难的部分。这些语法术语的翻译，经过不断的演变，才逐渐被固定下来。标点符号的翻译，也是如此。

关于《英华初学》的标点符号的介绍，孙建军也进行了一定的研究。他的研究所依据的蓝本是留日中国学者陈力卫教授的个人藏书。书后附录中设有 Punctuation（点书之法）专栏，详细介绍了 12 种英文标点符号的意义和作用。孙建军认为“该书充其量是当时众多英文教科书中极为普通的一种，但可以瞭解到这个时期英文教科书中对标点符号介绍的一个侧面”①。孙建军进而推断出《英华初学》是最早的一部向中国介绍标点符号的书籍。其实，西方标点符号引入中国，目前所看到的最早一部书，来自 1823 年由马礼逊所著的《英国文语凡例传》，另一部较早较详细地介绍西式标点符号的著作是 1864 年由罗存德所著的《英话文法小引》。

孙建军又在其论文中提到“书中没有标明作者姓名，不过因为是美华书馆出版，作者很有可能是宣教师”②。孙建军说该书没有标注作者姓名，可能是因为孙建军所见到的《英华初学》的版本有缺页的现象。本文在前面已经提到，在《英华初学》一书中，明确标有作者的名字露密士（Augustus Ward Loomis），出版机构为上海美华书馆，1872 年出版。

不过，正如孙建军所猜测的那样，露密士确实是一位传教士。据熊月之考证，证实露密士来自美国的长老会，曾任华花圣经书房出版委员会委员③。

本文认为，《英华初学》一书的价值，并不单单在于其介绍了当时中国书面语中所没有的标点符号，还可以从该书的版式上看出西方人为中国人所编写的英语教科书的版式与中国人自编英语教科书的版式不同。前者

---

① 孙建军：《汉译西书与汉语新式标点符号的形成》，《西学东渐与近代东亚新词新概念论文集》，北京大学，2008 年。

② 同上。

③ 熊月之：《1842 年至 1860 年西学在中国的传播》，《历史研究》1994 年第 4 期，第 63—81 页。

所采用的版式，其英文部分，均是横排，从左到右书写，而中文部分，有时为了版面的方便，也会采取从左到右的横排方式，当然，遇有大段的中文内容，则采用中文的传统排版方式，从右至左竖排。另外，从《英华初学》的版面设计上看，更突出其趣味性，图文并茂，以增加学生的学习热情，这与教育心理学的理论是相契合的。而中国人自编的英语教科书，却大多没有将图片放入书中，只有1874年由曹骧所著的《英字入门》一书中有几幅关于如何使用西方的硬笔进行书写的图片。从这里也可以看出，西方人所编著的英语教科书所具有的时代进步性。这种进步的教科书编写方式，后来逐渐影响了中国的教科书编写。因此，在某种程度上，《英华初学》一书对中国教科书编写的近代化，也会起到一定的推动作用。

《英华初学》的正文共68课，采用英汉对照的形式，每课内容含量逐步增大，体现循序渐进的原则。书中的内容既有关于自然知识的介绍，也有关于基督教义的宣扬。另外，在教科书的编写体例上，有时采用问答的形式，激发学生的思考，也锻炼学生用英语思维的能力。《英华初学》的另一个优点是教科书附有图画，这些图画都与课文内容密切相关，能够激发学生的兴趣，这些是当时的中国传统教科书所不具备的，因此会给人耳目一新的感觉。

《英华初学》出版于1872年的上海。这时的上海，其对外经济已经有了长足的发展。相对于广州来说，上海对外国人的态度比较温和，不似广州那样强烈排外。这种宽松的氛围，吸引许多外国商人及传教士纷纷落户上海，这也造成了上海地区经济尤其是对外经济的繁荣。英语学习，特别是商业英语的学习，成为在上海的中国人发家致富的快捷手段。为了适应这部分人的英语学习需求，《英华初学》一书中除了进行基督教义的宣扬以及自然知识的传授以外，还增加了商业英语的内容。

从173页开始，作者介绍了几种书信样本，一是家信，二是朋友间来信，三是商业往来信件，另有外贸用的提单、收条等文件的书写样本①。

当然，正如《英华初学》序言中所说，该书是一本入门书，而且是必须在教师的指导下才能学习的教科书。因为传教士等人编写的这类英语教科书，并没有像中国人自编的英语教科书，尤其是词语类的教科书那

① ［美］露密士：《English and Chinese Lessons 英华初学》，上海美华书馆1872年版，第173—183页。

样，用中文标注英文读音，使学生可以在没有教师的指导下，也能对照着中文标注英语发音的书，独自揣摩，从而学会英语。《英华初学》采用西方的教科书编写模式，强调课程的由易到难，强调教师的引领作用，因此，这样的一本书，对没有任何英语基础的中国人来说，并不适合。当时的中国人，并不能人人都上得起学堂。那些想上学堂的人，其读书的目的，大多是考取功名；所学的知识，也还局限在八股知识。具有这样保守思想的读书人，是无论如何不会去西方人所开办的教会学校读书的。这样的社会背景，必然限制了《英华初学》这一类教科书在中国的使用范围。因此，我们可以推测，《英华初学》在中国的使用范围不会太广。

（五）传教士所编著的其他英语教科书

1.《英字源流》

作者麦嘉湖（John Macgowan），伦敦会传教士，于1860年3月23日来到上海，1863年又移居到厦门。

《英字源流》（*Spelling Book of the English Grammar*）于1863年在上海出版，全书共60页。该书是中国人英语学习的基础读物，其中以汉字为媒介详细介绍了用字母组成音节和用音节组成单词的方法。内有两篇序、一篇导言、凡例和目录[①]。

从上文的说明中可以看出，麦嘉湖没有采用罗马拼音的方法标注英语的发音及汉语的发音，他还是采取了中国人初学英语时的方法，即用汉字标注读音。

2.《英话正音》

麦嘉湖还编著了另一部英语教科书——《英话正音》（*Vocabulary of English Language*）。该书于1862年在上海出版，全书共125页，书中每个词都先列出其中文，后写出相应的英文，再用汉字标出英文的读音。第1卷根据常用的汉字分类法分为28个部分，第2卷根据短语的长度排列。三篇序言后是凡例、目录以及4种形式的英文字母表[②]。

《英话正音》对当时学习英语的中国人来说是一个很大的帮助。晚清著名外交家曾纪泽在其学习英语的过程中，曾使用《英话正音》作为纠

① ［英］伟烈亚力：《1867年以前来华基督教传教士列传及著作目录》，广西师范大学出版社2011年版，第268页。

② 同上。

正自己英文发音的参考书①。

另外，西方传教士还利用报纸广告来宣传和推销他们的英语教科书，《英话正音》就在这些被广告所宣传的英语教科书之列。

由英国字林洋行出资创办的上海首家中文报纸《上海新报》于1861年11月创刊。在其创刊后的十年间，一直是上海唯一的一家中文报纸，主要进行商业宣传，兼有新闻及言论等其他内容。麦嘉湖的《英话正音》于1862年刚刚出版，即在《上海新报》上不失时机地做起了售书广告。1862年11月，在《上海新报》的第111号头版上，刊有这部书的广告，内容如下：《新刻英话正音》出售，内称："大英麦先生翻译，语音句读，斟酌尽善。"② 这里的"麦先生"，应当指的就是麦嘉湖。

由此可以看出，《英话正音》是专为中国人学习英语而写作的，并且，作者及出版机构也希望这部书能赢得更多的中国读者。不过，由于史料的难寻，除了曾纪泽在其日记中记录了他曾使用《英话正音》学习英语外，我们尚不能找到其他的材料来说明《英话正音》在中国的传播方式、其受众面如何，以及其对于中国其他英语学习者的影响如何。这些，都将是学术界今后可以继续深入研究之处。

3.《训蒙日课》

另一部由传教士所写的英语教科书是《训蒙日课》，全名为《华英言语撮要训蒙日课》，作者是杨（William Young）。杨是马来西亚浸礼会成员，1828年曾作为麦都思的传教助手，1844年来到厦门担任助理传教士。杨所发表的著作不多，《训蒙日课》（*Daily Lessons for Children*）是其中的一部。该书于1835年出版，总共12页。这本书专门针对中国儿童学习英语而编写，由28篇课文组成，英语和汉语并排排列，采用石印的方式印刷③。

---

① 曾纪泽：《出使英法俄国日记》，岳麓书社1985年版；曾纪泽：《曾纪泽遗集》，岳麓书社1983年版等，均有多处提到其在出使四国期间，利用《英话正音》等英语教科书坚持学习英语。

② 《上海新报》，1862年11月第111号。

③ ［英］伟烈亚力：《1867年以前来华基督教传教士列传及著作目录》，广西师范大学出版社2011年版，第72—74页。

四　教会学校英语教科书的使用

英语教科书的选择对英语教学质量有着重要的影响。在鸦片战争前，一些教会学校虽也教授英语，但是都是非常简单的识字、拼写之类，对正规英语教科书的需求并不特别急迫。鸦片战争后，随着教会学校的发展，以及英语课程的普遍设置，英语教科书也成为教会学校英语教学的重点。马礼逊教育会在创办之时，就明确主张“将采用最好的教科书，中英文悉可”[①]。当时马礼逊学堂所采用的教科书是《初级读本》（*Mother's Primer*）。这是由专门为儿童写作的美国作家编写的。先从字母学起，然后是发音，并学习简单的句型[②]。在学习完 *Mother's Primer* 之后，学生基本掌握了英语的字母功用，并学会了一些简单的词汇和句子。接下来的英语教学材料是《基础词汇》（*Lexilogus*）。在马礼逊学校，学生第一年主要学习这两本教科书。二年级的课程则增加了算术课，以英文原版教科书《算术入门》（*Colburn's First Lessons*）作为教科书[③]。

在教会学校中，英文教科书大多是从欧美国家原版引进的。但是，也有一些学校自编了教科书，如创办于 1882 年的上海中西书院所编著的英语教科书。这所学校学制八年，第一、二年为预备班，所学的英文课程包括文法、句法、翻译、词汇等；第三至第六年为中级阶段，学生不仅要加强英文课程的学习，其他课程如数学、物理、化学等知识也要用英文来授课。第七至第八年则为高级阶段。在此阶段，学生选择中文院、西文院、格致院、算学院等继续学习。在中西书院的课程里，根据学生的不同层次，分班学习。

> 特等的学生分作一个班，可以学习华英通用要语、读念法书、地理启蒙、文法、习字翻译、习字拼法、习字唱诗；
>
> 头等的学生分三班，一班学习读华英要语，并回答白话，读智环启蒙，习学翻译，并用小字典，笔述拼法，用格学字；二班学习读拼

---

① 朱有瓛、高时良：《中国近代学制史料》（第 4 辑下册），华东师范大学出版社 1993 年版，第 151 页。

② 刘军：《清末民国时期外语教学研究》，苏州大学，2006 年，第 14 页。

③ 周岩厦：《国门洞开前后西学传播之路径探索》，浙江大学出版社 2011 年版，第 54 页。

法书，读华英要语，笔述拼法，用格写字；三班读拼法书，笔述拼法，用格写字；

二等学生也分三班，一班读华英要语，并回答白话，读拼法书，笔述拼法，用格写字；二班读拼法书，读华英要语，笔述拼法，用格学字；三班读拼法书，笔述拼法，用格写字；

三等班分为两班，均为认字拼法，笔述拼法，用格写字①。

在上述引文中，我们可以看到，当时的中西书院所采用的英语教科书，至少有《智环启蒙》和《华英通用要语》两种。

（一）《智环启蒙》

《智环启蒙》是1864年香港英华书院曾采用的课本，这是一部中英文对照的教科书，学生可以通过这部教科书，一方面学习英语的语言知识，另一方面还可以学到一些基本的科学知识。全书分24类，共200课，其中包括人类、国政、贸易、居住、饮食等分类。该书的初版时间为1857年，其作者是大名鼎鼎的理雅各（James Legge）。日本学者沈国威曾对该书有过非常深入的研究，涉及该书的内容、版本流变、读者群以及对日本英语学界的深远影响。②

（二）《华英通用要语》

在中西书院课程中还曾提到另一部英语教科书《华英通用要语》。关于《华英通用要语》的初版年份及作者等信息目前尚不可考。已知的最早出版时间可能是1881年。根据是当时上海《申报》所做的广告。1881年1月的上海《申报》刊登了点石斋的售书广告，其中提到了“《华英通用要语》，系将华英日用各语互译成文”“《华英通用要语》一角五分”等内容。那么我们可以推断，《华英通用要语》的出版日期应在1881年或以前，其内容为日常用语的汉英表达。晚清时期曾有四家印刷机构刊行过名为《华英通用要语》的书，它们是商务印书馆、纬文阁、十万卷楼，

① 朱有瓛：《中国近代学制史料》（第四辑），华东师范大学出版社1993年版，第292—293页。

② 沈国威：《理雅各的〈智环启蒙塾课初步〉与早期英语汉语教育》，李向玉、张西平、赵永新：《世界汉语教育史研究第一届世界汉语教育史国际学术研讨会论文集》，澳门理工学院，2005年，第14—21页。

和美华宾记[1]。这四家机构全部都在上海。从这些出版机构来看，当时的《华英通用要语》应该是中国人学习英语的一种较为畅销的教科书读本。

本文作者收集了由商务印书馆所刊行的三种版本的《华英通用要语》，分别为1912年、1919年、1936年版。经过对这三个版本的内容进行比对，发现它们在内容上并无明显的不同。

例如，1919年版与1936年版的《华英通用要语》在正文内容及版式上均无二致。

如在第32页，除了I don't care. 在1912年版中被译成"我不理"，而在1936年版本中译成"我不管"以外，二者几无二致。这说明，《华英通用要语》尽管有多个不同的版本，但版本之间的差别并不大。

因为《华英通用要语》在不同时期的各个版本，在内容上几无差别，本文就以所收集到的1936年的《华英通用要语》为蓝本，对其内容进行简要介绍。

《华英通用要语》一书包括两个部分。第一部分是关于英语字母的书写方式，共3页。第二部分为正文，共61页，是英汉对照的句子翻译。内容如下：

第一部是关于英语26个字母的书写方法。具体为：正楷大体；正楷小体；五体结构；执笔手画；横格步位。

第二部分就是正文了。正文的英汉句子，共收录1160个英汉对译的句子，均为日常口语常用句型。这些日常用语，与当时中国所流行的其他口语类英语教科书，如《无师自通英语录》（1897年，绿竹山房著）等，有着极大的相似度。

《华英通用要语》被商务印书馆归类为"造句类"，其作者为商务印书馆编译所[2]。

这里存在一个疑问，那就是，在19世纪中后期的教会学校所使用的《华英通用要语》是否就是商务印书馆的这部书？因为前文已经提到，1881年的《申报》广告中有点石斋所刊行的《华英通用要语》，而商务印书馆的成立时间为1897年。那么，商务印书馆所编译的《华英通用要语》，是否就是当时的教会学校中西书院所使用的那本同名的《华英通用

① 周振鹤：《晚清营业书目》，上海书店出版社2005年版，第338、431、447、639页。

② 商务印书馆：《商务印书馆图书目录1897—1949》，商务印书馆1981年版，第120页。

要语》呢？从 1881 年的《申报》广告中，我们似乎可以找到答案。因为广告中称《华英通用要语》是将华英日常用语互译而成，而商务印书馆的《华英通用要语》所列的 1160 个句子，无不是英汉互译的日常用语。从这一点上，我们认为，商务印书馆的《华英通用要语》可能就是中西书院所用的《华英通用要语》的再版本。希望学术界在将来能对此书有更进一步的研究，能够找到该书的最初版本。

小结

本节简要介绍了甲午战争前西方传教士专为中国人学习英语所编著的英语教科书的出版时间、内容及其社会影响等。可以说，甲午战争前由西方传教士们所编著的专供中国人学习英语而使用的教科书，对当时中国的教育体系和出版印刷都产生了一定的影响。但是，这种影响的程度与广度如何，我们必须通过具体的文本研究，才能得到确切的回答。本书虽论及其教科书在中国的不同影响，但囿于资料的不足，所论尚显粗浅，留待以后资料收集丰富之后再详加阐述。

第三章

甲午战争前（1840—1894）国人自编英语教科书

自鸦片战争以来，中国被迫五口通商，与西方世界的联系日益增多。在中西经济与贸易的交往中，不可避免地带来中西语言文化的接触与交流。在世界经济中，中国处于弱势地位。面对西方先进的科学、文化，以及强大的经济基础，在中西语言文化交流中，弱势的中国必然要向强势的西方学习，这就是国际间文化交流中的语言帝国主义理论①。生活在弱势语言文化下的种族，只有掌握了强势语言，才有可能去获得与强势语言文化的种族进行平等对话的机会。

面对西方强势经济、军事及文化的入侵，一些思想敏锐的中国人，包括政治界、经济界的人士，在与西方进行政治外交、对外贸易等的活动中认识到了英语学习在提高中国实力方面的重要性。这种对语言学习的认识，为中国人自编英语教科书提供了良好的发展契机。鸦片战争后，中国人才开始真正主动地、认真地对待英语学习，也正式开始了中国人自编正规英语教科书的历程。当然，这一阶段的英语教科书的编写，因其编写者的人群有限、编写教科书的种类有限、所编著的英语教科书的受众有限，我们可以将此阶段称为中国英语教科书编写的初步尝试阶段。这个时期的英语教科书编纂者有两类主要群体，一类是那些在清政府所开办的洋务学堂中受过英语语言教育的中国士人；另一类是曾接受过西方教会学校教育的口岸民众，或与西方人等有过密切往来的中国买办商人等。

在对由这两类人所编著的英语教科书的发展情况做历史性探究之前，有必要回顾一下洋务学堂在中国的开设及其英语教学情况。

---

① PHILLIPSON R. Linguistic Imperialism. Oxford, Oxford University Press, 1992: 27 - 32.

第一节 洋务学堂的建立

一 洋务学堂建立的背景

两次鸦片战争的惨败以及耻辱的城下求和，使清朝统治者中一部分具有前瞻意识的时代领军人物渐渐觉醒，认识到不能再照原来的路子走下去了。在遭受到前所未有的失败之后，这一少部分开明分子开始积极思考中国的出路。在领教了西方强敌的力量之后，开始正视现实。面对中国当时的困境，即“数千年来未有之变局”“数千年来未有之强敌”[①]，他们有针对性地提出了一系列的治国安邦之策。这其中最重要的御敌手段就是有名的“师夷长技以制夷”。以奕䜣、曾国藩、李鸿章、左宗棠、张之洞等为代表的清朝洋务派，深切地认识到，要振兴国家，必须培养人才。因此，他们迫切希望仿照西方，建立新式学堂，以期在较短的时间内，在中国能够培养出精通西学的人才，才不至于在与西方列强的对抗中处于落后地位。为了达到这一目标，培养精通外国语言的人才迫在眉睫。培养精通外语尤其是英语人才，不仅为满足学习西方先进技艺的需要，更是当时屈辱现实的无奈，因为1858年中英《天津条约》规定了以后英国递送给清政府及地方官员的文书，“嗣后英国文书俱用英字书写”、“暂时仍以汉文配送”、“自今以后，遇有文词辩论之处，总以英文为正文。”而法国也采取英国的做法，以后配送的文书等也都用法文书写[②]。清朝面对这样的要求，不得不把培养外语人才放到重点考虑的地位。

因此，奕䜣在其《通筹善后章程》的奏折中，就呼吁朝廷要选派人员学习英、法等语言[③]。

在奕䜣等人的努力下，1862年京师同文馆设立，1863年上海广方言馆、1864年广州同文馆相继设立。这些洋务学堂主要学习的科目就是西方语言。其中，英语的学习显得尤为重要。

---

① 王建军：《中国近代教科书发展研究》，广东教育出版社1996年版，第18页。

② 王铁崖：《中外旧约章汇编》（第1卷），生活·读书·新知三联书店1982年版，第102、105页。

③ 高时良、黄仁贤：《中国近代教育史资料汇编（洋务运动时期教育）》，上海教育出版社2007年版。

二　京师同文馆及其英语教学

京师同文馆的创始人是奕䜣等清廷重臣。为了更好地创办中国自古以来第一个以学习西方语言为主的学堂，奕䜣在上奏《遵议设立同文馆折》中还附有京师同文馆的章程。京师同文馆馆规规定“馆中功课以洋文洋语为要，洋文洋语已通，方许兼习别艺。近来有一人兼习数艺者，难免务广而荒。且有不学洋文洋语，仅习别艺，殊失当日立馆之本意。嗣后诸生务令先学洋文洋语，通后亦只准兼习一艺，其有不能洋文洋语者，即由提调会同总教习分别差等，以示区别”①。从这个章程里，我们可以看到当时同文馆对于西方语言学习的重视。

同文馆的学生，由学习洋文到其他学科，共需在馆学习八年。以1876年的课程表为例，我们可以看到西方语言的学习贯穿始终，由最初的认字写字，逐渐过渡到练习文法、翻译句子，并在第四年要求学生的外语水平能够达到翻译公文。前四年的外语学习要求学生熟练掌握所学习的西方语言，并能将所学的语言运用自如。课程教学的目的是培养可以翻译西方书籍，同时兼修其他西洋技艺，自如运用西方语言，并能充分掌握西方科技知识的通才②。

应该说，同文馆八年的课程表，是一个非常理想化的课程表。在当时的社会，这样高的教学目标，在短短的八年的时间里是无法完成的。不过，这个课程表真实传达了以奕䜣为首的洋务派们求才若渴的情状。他们迫切需要中国能在最短的时间里出现可以满足现实要求的人才。

这八年的课程安排，是针对那些熟练掌握汉文、天资聪颖的学生而设的。对于那些因年纪过大而无暇学习外语的学生，同文馆特地制订了五年期的学习计划，期望这些学生能致力于对算学、格致等方面的学习。课程表如下：

首年：数理启蒙，九章算法，代数学；

二年：学四元解，几何原本，平三角；弧三角；

① 舒新城：《近代中国教育史料》，中国人民大学出版社2012年版，第8页。

② 陈学恂：《中国教育史研究（近代分卷）》，华东师范大学出版社2009年版，第29—30页。

> 三年：格物入门，兼讲化学，重学测算；
> 四年：微分积分，航海测算，天文测算，讲求机器；
> 五年：万国公法，富国策，天文测算，地理金石。①

同文馆初创时期，因当时人们思想还处于非常落后的状态，尽管皇帝下谕建同文馆，可来馆就读的学生少之又少，第一年仅招收到十余人学习英语。1863 年又开设了法文馆和俄文馆。在 1862—1866 年间，京师同文馆的教学内容主要以语言学习为主。1867 年增设了天文算学馆，1871 年开设德文馆，甲午战争后又开设了东文馆（1897）。从 1867 年天文算学馆开办以后，同文馆的教学内容就从单纯的语言教学转到以学习西方技艺为目标的技术性学习。

京师同文馆的教习按其级别与职责的不同，设有总教习、教习和副教习。京师同文馆在 1869 年开始设总教习。从 1869 年到 1901 年共聘任两位总教习：丁韪良（William Alexander Parsons Martin）和欧礼斐（Charles H. Oliver）。担任教习的有洋教习和汉教习。汉教习主要负责同文馆的汉语学习，并稽查洋教习是否向学生传教。洋教习主要负责教授同文馆学生外国语言以及科学课程。洋教习几乎清一色是由西方传教士来担任，因为在那时的中国，只有洋教士们才有可能拥有相当的汉语知识，才能胜任教习的工作。京师同文馆开设之初，担任英文教习的是英国传教士包尔腾（J. S. Burdon），担任法文教习的是法国传教士司默灵（A. E. Smorrenberg），俄文教习则由俄驻华使馆翻译柏林（A. Popoff）担任。

在这些教习中，教学能力及个人的学识肯定有所不同。当时也有人对部分洋教习的教学进行了批评。齐如山回忆当时他就读同文馆时说：

> 有一半以上的学生是天天上课的，虽然天天上课，而真正用功的人，也不过十之二三。因为教授法不好，所以也不容易用功。若想用功，最好是自己想法子，……俟洋文有根基，再任意挑选一门科学……我挑选了化学，上课的头一个月，化学教习只是给我们讲，什么是漏斗，是干什么用的，什么是融锅，什么是火酒灯，什么是试验

① 朱有瓛：《中国近代学制史料》（第一辑），华东师范大学出版社 1983 年版，第 72—73 页。

玻璃管，什么是寒暑表等等，都是干什么用的；如是者讲了两三个月，这种功课，当然用不了多少脑思。……其中洋文功课到现在乜不大适用。最初只是西洋小学的功课，慢慢地学习编译小故事，渐渐的翻译简单的公事文，例如总理衙门与各国交涉的普通公事，多交同文馆学生学着翻译。有时洋译汉，有时汉译洋。最后则读中国与各国订立的各种条约，例如学德文的学生，则读与各国订立的条约，至与他国订的就不用读了，然特别的条经，或也须读。过三几年之后，洋文稍有程度，可以被派到总理衙门旁听，因为国人懂得洋文太少，最初衙门中并不预备翻译人员，后虽添设，然亦很少，且洋文程度多不够，所以遇到与外国使臣会晤（此系彼时的名词），所谈公事无秘密必要者，往往招一两学生去旁听，一便练耳音，只许听不许说话，按章程，学生听了回来，还应记录出来，呈交衙门，俾查验其听的对与不对，但是听了之后，也没有人写过，也没有人问过①。

从齐如山的回忆中，我们可以看出，在齐如山入读同文馆之时，馆内的教师教学与学生的学习，似乎都不尽如人意。

丁韪良也曾对同文馆的教习们做出过评价。他说，京师同文馆英文班最早的教员是包尔腾教士（Rev. J. S. Burdon），后来包尔腾到香港就任维多利亚主教，京师同文馆的教习则由傅兰雅博士（Dr. John Fryer）接任。后来傅兰雅任江南制造总局的翻译。之后由丁韪良博士任京师同文馆的英文教习。1866 年京师同文馆聘了一位德国人任天文教习（丁韪良评介此人为江湖骗子），一位化学讲习。丁韪良称化学讲习毕利干教授（Billequin）是中国化学之父。1871 年又有德贞博士（Dr. Dudgeon）任医学与生理学讲席②。

丁韪良的记述让我们看到，尽管洋教习中有良莠不齐的现象，但是，真正有才能的洋教习还是占大多数的。在这些洋教习的教授下，中国的学生得以学到地道的西方语言及西方文化知识，他们成为沟通中西文化的桥梁。

---

① 齐如山：《齐如山回忆录》，宝文堂书店 1989 年版，第 40—41 页。

② 高时良、黄仁贤：《中国近代教育史资料汇编（洋务运动时期教育）》，上海教育出版社 2007 年版，第 153—155 页。

对于同文馆的办学成就，有诸多不同评价。有人曾批评京师同文馆，“开馆多年，而通晓洋文、汉文人才寥寥无几，殊属有名鲜实”①。

曾朴曾于1895年进入同文馆法文班学习。他谈论起当时同文馆的学习情况时说：

> 我开始学法语，是在光绪乙未年——中日战局刚了的时候——的秋天，那时张樵野在总理衙门，主张在同文馆里设一特班，专选各院的员司，有国学根底的，学习外国语，分了英、法、德、日四班，我恰分在法文班里。这个办法，原是很好的，虽然目的只在养成几个高等翻译官，哪里晓得这些中选的特班生，不是红司官，就是名下士，事情又忙，意气又盛，哪里肯低头伏案做小学生呢？每天到馆，和上衙门一样，来坐一会儿，喝一杯茶，谈谈闲天，就算敷衍了上官作育人才的盛意。弄得外国教授，没有办法，独自个在讲座上每天来演一折独语剧，自管自走了。后来实在演得厌烦，索性不大来了，学生来得也参差错落了。这个特班，也就无形的消灭，前后统共支撑了八个月。这八个月的光阴，在别人呢，我敢说一句话，完全是虚掷的，却单做成了我一个人法文的基础②。

在曾朴的记叙里，他对当时同文馆学生对学习的敷衍之情提出了批评。

在当时，也有一些士大夫，对同文馆的教学情况提出了质疑的。如郑观应曾说，“天文、舆地、算学、化学，直不过粗浅皮毛而已”③。

从同文馆历年的堂谕中，我们也可以看到，当时同文馆的学生，确实有一部分人并不是十分认真地在学习。如光绪二年（1876）十二月的堂谕中说：

> 同文馆之设，原以培养真才归诸实用。该学生等奋勉用功者，固不乏人；玩忽成性者，恐亦不免。风闻近来每逢月课、季考，间有请

---

① 中国史学会：《洋务运动（2）》，上海人民出版社1963年版，第62页。

② 魏绍昌：《孽海花资料（增订本）》，上海古籍出版社1982年版，第192—193页。

③ 陈忠倚：《皇朝经世文三编》，1898（光绪二十四年）。

人代作，或通融抄录，草率了卷，殊非核实之道。现当岁考届期，即仿照考试旧规，先期编立坐号，印于卷面，该生等各坐各号，不准搬移越位。是日派司官八员，会同正副提调等，轮班监场，该学生等务当恪守场规，毋得仍蹈故习，自干咎戾。切切，特谕①。

这说明当时同文馆的学生，确实有如齐如山及曾朴所说的那种学习不学无术、敷衍了事之人。不过，我们不能因为有这些不学无术的学生，就把同文馆的办学成绩全部抹杀掉。其实，从总体来看，同文馆的办学成绩还是非常突出的，培养了不少学贯中西的优秀学生。

根据《同文馆题名录》的记载，在 1879 年，同文馆的学生毕业后随使驻英钦差公署的有 3 人；驻法钦差公署的有 2 人；驻德钦差公署的有 3 人；驻俄 4 人；驻美、日、秘三国钦差公署 2 人；驻日 2 人；另有 4 人升迁；还有 15 人留馆任职②。在 1898 年的题名录中，记载有同文馆的毕业生任纂修官 2 人，翻译官 6 人；在馆任职者 5 人，外差人员 45 人③。这些数字，说明了同文馆的办学取得了一定的成就。

同文馆的学生们，不仅在学业有成之后，充任到政府的各个部门，为加强中国与国际的交往付出努力，他们在同文馆学习期间，也利用所学习的知识与外语水平，编译了一些传递西方文化知识的书籍，推进中国西学的发展。

据统计，同文馆师生辑译的书籍共有 22 种，包括《万国公法》《格物入门》《公法便览》《英文举隅》等④。

我们可以看出，洋务学堂在当时所培养出的学生，已经具有一定的西学知识与外国语言水平。这些学生在学习中、在以后工作中的表现，为晚清社会的近代化发展起到了一定的推动作用。

但是，洋务学堂的招生人数极为有限，京师同文馆最多的时候有 120 人在馆，福建船政学堂鼎盛时期的学生也只有 300 多人。在这种情况下，要想尽快培养出更多的富有西学知识的人才，非常不容易。另外，那些就

① 高时良、黄仁贤：《中国近代教育史资料汇编（洋务运动时期教育）》，上海教育出版社 2007 年版，第 105 页。

② 《同文馆题名录》，1879（光绪五年）。

③ 《同文馆题名录》，1898（光绪二十四年）。

④ 统计资料来自《教育杂志》第二十七卷，第四号。

读洋务学堂的学生，内心是充满矛盾的。他们还未脱离封建思想的束缚，依然追求所谓的“正途出身”，一有机会，就会弃洋学堂而去参加科举考试。如船政学堂毕业的郑守箴、林振峰、游学楷、严复等都曾参加科举考试，有的甚至多次参加考试。京师同文馆的优秀毕业生，曾经担任过光绪皇帝的英文老师的张德彝，曾于1901—1906年出使英、意、比等国，成为一名职业外交官。但这些显赫的成就并没有抹掉张德彝内心因未获得科举功名而产生的自卑感。他在《宝藏集序》中写道：“国家以读书能文为正途……余不学无术，未入正途，愧与正途为伍；而正途亦间藐与为伍”[①]。

这充分说明，当时洋务教育是在一种极为不利的环境下缓慢发展起来的。当时的人们，尚未做好接受西方学术的准备，“以西法可行者不过二三人，以西法不可行者几乎盈廷皆是”[②]。人们的意识被封建教育体系所牢牢地束缚。当洋务派们步履艰辛地将脚步迈向新的世纪，他们的内心也是彷徨的、纠结的。而且，更为重要的是，推行洋务运动的当权派们，他们的主要目的，并不是“用夷变夏”，他们不可能，也根本不会去破坏、革除旧的教育制度。因此，评价洋务学堂的办学成就，不能只流于表面的数据，而应该将当时的社会因素考虑进去，才能给其以正确的评价。

三　上海广方言馆的英语教学

洋务派的另一代表人物李鸿章在京师同文馆开办后第二年，即1863年3月28日，也上奏朝廷，请设外国语言文字学馆[③]。

在奏折中，李鸿章明确表示了奏请设立上海广方言馆（该馆原称为“上海同文馆”，后于1869年改称为“上海广方言馆”[④]）的目的，一是出于中国对外发展的需要。外国人习中文者日益增多，且不少人不仅会说中文，对中国的历史、政治、文学、法律等都有精通，而当时的中国士大夫对外国情况还一片茫然。因此，必须培养懂得西方语言及国情的青年才

① 钟书河：《走向世界》，中华书局1985年版，第91页。

② 中国史学：《洋务运动》，上海人民出版社1961年版，第486页。

③ 高时良、黄仁贤：《中国近代教育史资料汇编（洋务运动时期教育）》，上海教育出版社2007年版，第182—184页。

④ 陈学恂、田正平：《中国教育史研究（近代分卷）》，华东师范大学出版社2009年版，第57页。

俊，将来为国家的对外交流事务效力；二是上海为口岸城市，与外国人相接触的机会很多，不乏有通事之流可以和外国人沟通，但这些通事们外文水平尚属粗浅，人品又极为委琐，难堪重任；三是仅在京师设一同文馆，无法满足中外交涉事件的需要，另外，尽可能让更多的人学习西学，必然会培养出更多的英才，于国家前途大有裨益①。因此，李鸿章所奏请的设立上海同文馆的请求马上得到了朝廷的批准。

上海同文馆甫一建立，就制定了详细的章程。同治二年四月二十九日（1863 年 6 月 15 日），江海关道拟定了上海同文馆的十二条章程②。

上海广方言馆的十二条办学章程表明其建馆目的是培养既懂中国古典的经史词章等国学根基深厚的学生，又要求他们兼学算学、西语西文，要求他们学贯中西。上海广方言馆有着较为严格的学习奖惩制，对于那些学习西文西语没有进步之人，即行淘汰出馆。对于学习有进步的学生，不仅有赏银的奖励，成绩优秀者还可以获得功名。这些机制，对于学生学习西方语言技艺，是一个不小的促进。

担任上海广方言馆的首任英文教习是美国传教士林乐知（Young John Allen）。从林乐知的日记中我们可以知道当时上海广方言馆英语教学的一些情况。林乐知在担任上海广方言馆的英文教习时，针对学生入学时英语程度不一的情况，采取了因材施教的教学方法。他将学生分成三个班，第一班适合英语水平较高、有英语语法知识基础的学生，第二个班招收稍有英语基础的学生，第三个班的学生是几乎没有什么英语基础的。经过这样的分班之后，林乐知对不同的班级采用不同类型的教学材料，这样学生的学习兴趣就有了提高，学习效果也比较明显。

在林乐知的英语教学中，他所采用的教科书有一些短语集（phrase books）及英语读本（readers），还有一些经过改写的基督教宣传小册子，包括一些寓言故事，如《黎明》（*The Peep of Day*）、《亨利与他的轿夫》（*Henry and His Bearer*）、《两个朋友》（*Two Friends*）等③。可见，当时的上海广方言馆的英语学习教科书并没有固定的课本，也没有阶梯性、系统

① 高时良、黄仁贤：《中国近代教育史资料汇编（洋务运动时期教育）》，上海教育出版社 2007 年版，第 182—184 页。

② 同上书，第 184—186 页。

③ 高晓芳：《晚清洋务学堂的外语教育研究》，中国传媒大学，2002 年，第 63 页。

性的学习材料，只是就地取材而已。

关于上海广方言馆的英语教学，张君劢曾在《我的学生时代》中写道：

> 我是在十二岁那一年，考入上海一个学堂——是一个洋学堂……这个学堂是江南制造局所设，名称叫广方言馆。
>
> 那时国人对于外国文视作我们国内任何地方的一种方言一样，并设立有翻译局，专门介绍西洋科学如数学、物理、化学、航海学都有。若干化学命名的译名，都是那时决定的，如一个“金”侧边一个“吕”字，而成为一个“铝”字，就是那时才造的新字。因为如此才使我们知道世界上除了做八股及我国固有国粹之外，还有若干学问。我们那时上课，与现在迥然不同。像诸位现在有功课表，一天就有好几样功课，每科一小时或二小时，而我们当时却是四天读英文，三天读国文。不过还补充数句，在四天读英文的时间，并不完全读英文，而是包括了数学、化学、物理、外国历史等都属于英文。每一科都好象四书五经似的，全要读熟。以上是指的在四天的上午，至于下午，先生就改课本，学生就自修，或者上体操。三天读国文，就由先生指导看三《通考》，弄点掌故，作论文等功课。学堂当局每月津贴学生银子一两，虽然如此，读这个学堂的人，还是很少①。

从张君劢的记述中，我们可以了解当时上海广方言馆的教学情况，尽管教学的内容是中西并重，但是英语的学习还是占了比较大的比重，其教学方法也同中国旧时的教学法一样，强调读熟。学习英文并不是单纯的语言课，而是把英语学习与其他科目的学习，如数学、化学、物理、历史等结合起来学习，使语言的学习更有实际内容，也容易被学生所接受。

上海广方言馆的英文教习，有林乐知、黄胜、严良勋、汪凤藻、朱格仁、沈佑甫、瞿昂来、凤仪、朱敬彝等。这些英文教习中，除了林乐知是外国人外，其余均为中国人。

据熊月之统计，从 1863 年始到 1905 年该校改为工业学堂为止这 42

① 陈学恂：《中国近代教育史教学参考资料》（上册），人民教育出版社 1986 年版，第 58 页。

年的办学时间内，上海广方言馆所共培养了不下560名学生[1]，其中服务于外交界的就有周传经、唐在复、陆征祥、刘境人、刘式训、胡维德、翟青松、戴陈霖等人。还有一些毕业生成为其他行业的佼佼者，如晚清有名的翻译家钟天纬、张坤德、瞿昂来、李景镐等；心理学家陈大齐，就曾就读于上海广方言馆，其所著《心理学大纲》是中国最早的心理学教科书之一。吴蕴初也曾于1901年入上海广方言馆学习，后来成为著名的化工实业家，等等。因此毕乃德（Biggerstaff）曾高度评价上海广方言馆的教学质量，他说，“广方言馆学生较京师同文馆、广州同文馆相比，质量最高”[2]。

上海广方言馆的学生在英语学习上的成绩也体现在他们所出版的著作上。据傅兰雅发表在1880年《格致汇编》一篇题为《江南制造总局翻译西书事略》的文章所记，上海广方言馆所译各书目录中，有舒高第译述、朱格仁笔述的《英话入门》。1879年毕业于上海广方言馆的吴嘉善，在1881年前就完成了英汉对照的教科书《翻译小补》，这书也可能成为当时上海广方言馆的外语教学参考书[3]。并且该书在1907年及1933年都曾被上海商务印书馆一再出版过，足见其受欢迎的程度。杨勋，作为上海广方言馆的毕业生，撰写了六卷本的《英字指南》，于1879年由美华书馆出版。《英字指南》再版多次。1901年，商务印书馆还出版了《英字指南》的增订本，名为《增广英字指南》。《英字指南》的影响很大，近代许多知名人士，都曾把这本书看作学习英语的教科书，如被称为商务印书馆发家书的《华英初阶》和《华英进阶》，其译作者谢洪赉就曾在闲暇时间研习《英字指南》，这件事被记录在《谢庐隐先生传略》中，引文如下：

> 先生既毕业，于英文犹门外，颇以未能承父志为戚。二十二岁春，遇美传教士盖翰伯先生，从之习英文，同学者史拜、李伯莲二君，学课为英文法。初则每星期授课只一次。后增为五次，每次半小

---

① 熊月之：《上海广方言馆史略》，上海地方史资料（四），上海社会科学院出版社1986年版，第88页。

② BIGGERSTAFF K. The Earliest Modern Government Schools in China. New York：Cornell University Press，1961：160.

③ 曾纪泽：《出使英法俄国日记》，岳麓书社1985年版，第476页。

> 时。暇辄研习《英字指南》，朝夕勤奋，至于梦寐中，亦惟课习英语①。

蔡元培在1896年农历四月初六日（即1896年5月18日）的日记中也记载了他曾借阅《英字指南》一事，原文如下："四月初六日，致徐显愍简，还徐评《叶氏临证指南》。致徐以孙简，还《英字指南》6卷杨勋编印"②。

以上这些名人事例都说明了《英字指南》在社会上的影响力，也从另一侧面反映了上海广方言馆的人才培养质量。

四 广州同文馆的英语教学

晚清时期所开办的洋务学堂里，以语言学习为主要课程的除了京师同文馆、上海广方言馆以外，还有广州同文馆。广州同文馆的开办，也是在李鸿章的倡议下建立的。1863年清廷命晏端书、库克吉泰等筹办广州同文馆。同年6月23日，晏端书、黄赞汤奏报广州同文馆的筹办情况③。

经过多方筹备，广州同文馆于1864年7月13日建成开馆。关于中西教习的人选，毛鸿宾说：

> 伏思学馆之高，教育人才，期于晓畅翻译，通澈中外事理，以备缓急之用，洵属及时要务。……查有江西南丰县翰林院编修吴嘉善，品行端洁，文理优长，堪为汉文教习。又美国人谭顺，精熟西文，人亦体面，堪为西文教习。均已延聘在馆，分司训课④。

由此可见，当时广州同文馆的英文教习是美国人谭顺（Theos Sampson），汉文教习是吴嘉善，吴嘉善即为上海广方言馆的毕业生。广州同文馆所培养的学生，其日后所取得的成就虽不似京师同文馆及上海广方言馆的学生那样出色，但也招收了一些较为优秀的人才，并且在这些人才中，

---

① 胡贻谷：《谢庐隐先生传略》，青年协会书报部1917年版，第15页。

② 高平叔：《蔡元培年谱长编》（上册），人民教育出版社1996年版，第86页。

③ 高时良、黄仁贤：《洋务运动时期教育》，上海教育出版社2007年版，第229—230页。

④ 同上书，第231页。

有许多被送往京师同文馆继续深造。根据苏精的统计，广州同文馆从开馆以来到其结束之时（1903），共向京师同文馆选送了五批学生。现列表如下：

表 3-1　　广州同文馆向京师同文馆输送学生名单

次数	入京时间	人数	学生姓名	备注
1	同治六年	6	蔡锡勇；那三；博勒洪武；韩常泰；左秉隆；坤扬	翌年全数回粤
2	同治十年	11	博勒洪武；韩常泰；坤扬；杨枢；马呈忠；沈铎；善桐；叶兆仪；左庚；王镇贤；罗谦和	
3	同治十一年	3	蔡锡勇；那三；左秉隆	上年因故扣送
4	光绪六年	12	茂连；齐海；杨福；丁永焜；周自齐；杨晟；联康；元章；马廷亮；王汝准；李光亨；董鸿钧；	
5	光绪二十二年	8	多兴；蒋俊；爱存；柏锐；国栋；熙臣；薛永年；毛秉科	
6	光绪二十五年	6	李殿章；窦学光；许国桢；许国梁；谢有熊；柏荃	

注：上表统计资料来自苏精《清季同文馆及其师生》，上海印刷厂 1985 年版。

从上表所列的广州同文馆的学生来看，有 40 人因学习成绩优秀，被送往京师同文馆。这从一个侧面说明了广州同文馆的办学成就。另外，广州同文馆的学生在日后的发展中，也都有较出色的表现。据记载，那三、茂连就曾先后担任过京师同文馆、天津电报学堂英文副教习与教习；蔡锡勇、元章、李光亨等曾随大使出洋或任使馆翻译官；左秉隆、杨晟、马廷亮、周自齐等曾任驻外大臣、领事，乃至参赞，杨福、齐海出任知县与县丞；丁永焜、秉志出洋留学；董鸿钧精通英、德两门外语①；等等。沈铎曾因在馆学习表现出色，被送往京师同文馆后，曾与张德彝一同担任光绪皇帝的英文老师②。这些，都证明了广州同文馆的办学成绩。

当然，广州同文馆在英语教学方面，以及在人才培养方面的成就不如京师同文馆那么突出，其所培养的翻译官人数远没有京师同文馆多；广州同文馆师生在编译西方书籍、传播西方文化方面，也未能像京师同文馆那样卓有成绩。但这是由多种原因造成的。一个可能的原因是广州居于对外开放的口岸城市，当地对普通型、实用型英语人才的需求量很大。不少就读广州同文馆的学生，学到了一知半解的英文，就会辍学，转而到社会上

① 高晓芳：《晚清洋务学堂的外语教育研究》，中国传媒大学，2002 年，第 79 页。

② 《同文馆题名录》，1896 年（光绪二十二年）。

从事与外贸有关的获利颇丰的职业。这种急功近利的行为，妨碍了广州同文馆学生的人才培养。这在广州同文馆的相关文件中也有记载[①]。

不可否认的是，京师同文馆、上海广方言馆、广州同文馆洋务学堂的新式教学，是开风气之先，给当时以学习儒家学说为主体的封建式教育带来了一定程度的冲击，对社会的进步产生了一定的影响。在这三个馆的教学中，英语课程的学习是其主要的教学任务。这种对英语学习的重视，使人们认识到优秀的英语教科书对提高英语教学水平的重要性。而当时的英语教学，是在极为仓促的情况下开办的，教育管理者、教学人员（即教习）都没有做好进行英语学科教学的良好准备，也没有这方面的经验。洋务学堂在英语教学中所使用的英语教科书，有些是京师同文馆馆藏书阁所藏的英文原版书，作为教科书分往各馆[②]。另外，在这三个馆的教学实践中，由教师和学生共同编纂的，如京师同文馆汪凤藻所编译的《英文举隅》、张德彝所编的《英文话规》、上海广方言馆的洋教习舒高第与朱格仁合译的《英话入门》、吴嘉善的《翻译小补》等与英语学习有关的著作，都有可能作为当时中国人学习英语的教科书而使用。广州同文馆的英文科还曾用美国人所编的 *The Mother Tongue*：*An Elementary English Grammar*（《初级英语语法》）做教科书[③]。英语教科书 *The Mother Tongue*：*An Elemenatary Egnlish Grammar* 为两册本的英语语法书，作者为 Sarah Louise Arnold、Geroge Lyman 和 John William Adamson。由 Kessinger Publishing 出版，并多次再版，至 1908 年仍有版本发行。商务印书馆于 1909 年出版了该书汉译本，命名为《增广英文法教科书》。上海广方言馆的毕业生杨勋后来还编写了《英字指南》一书，该书成为当时中国人学习英语的流行入门书。

1873 年京师同文馆建立了印刷所（或称出版处），该印刷所备有中文活字和罗马体活字，可以印刷同文馆师生所翻译的书籍及所使用的试卷，这堪称中国最早的高校出版社[④]。由汪凤藻编译、丁韪良鉴定的《英文举隅》初版就是由这个印刷所印刷的。《英文举隅》光绪五年（1879）版的第二页上就标明了“同文馆集珍板”，说明该书是由同文馆印刷处所印

① 高时良、黄仁贤：《洋务运动时期教育》，上海教育出版社 2007 年版。

② 《同文馆题名录》，1896 年（光绪二十二年）。

③ 邹振环：《同文馆外语教科书的编纂与外语教育的成效》，王宏志、梁元生、罗炳良：《中国文化的传承与开拓》，香港中文大学出版社 2009 年版，第 264 页。

④ 同上书，第 274 页。

制。而1899年《英文举隅》再次出版时，承印单位则是京都官书局。

小结

综上所述，在本节中，我们考察了鸦片战争后至甲午战争前中国人开始自觉学习以英语为代表的西方语言的历程。西方势力的强势入侵，促使晚清政府的一些有识之士认识到要想改变积贫积弱的中国社会，必须培养懂西方语言、了解西方文化、掌握西方先进科学技术的中西贯通人才。为了这样的目的，清政府开办了各类洋务学堂，传授西方语言与技艺。这种洋务学堂的建立，无疑是中国三千年历史上闻所未闻的事情，开创了中国在政府层面上主动向西方世界学习的先河，具有开拓性的历史意义。洋务学堂的教育，培养了一批中西学兼修的人才，尤其培养了当时中国社会急需的英语人才。为了在中国扩大英语学习的成效，这些优秀的英语人才，还利用其在洋务学堂所学到的英语知识，参照西方英语教科书的编写方式，开始了中国人自编正规英语教科书的历程。从此以后，中国英语教科书的发展逐渐走上正规化、多样化以及学科化的发展道路。

当然，在中国人自编英语教科书的初期阶段，英语教科书的编著者不单单是那些在洋务学堂受到西式教育的社会精英。生活在沿海开放口岸的城市居民，与东来的西方商人有着频繁的贸易业务往来。一些中国人因为熟练掌握了西方语言，尤其是英语，就可以获得巨大的经济及社会利益。这样的社会现实，极大促进了中国沿海口岸居民对英语的学习热情，也带动了那些具有较高英语水平的口岸民众编写英语教科书的热潮形成。这类由沿海口岸城市民众所编写的英语教科书，大多是专为中英贸易活动而写，其编写的英语教科书，更多的是属于经贸英语之类的读本，有着很强的社会实用性。

第二节 国人自编英语教科书概述

自鸦片战争以后，洋务学堂的建立，使外语教学，尤其是英语教学的重要性得以凸显。作为英语教学的主要载体——英语教科书就成了保证英语教学质量的一个重要方面。在早期的英语教学中，不论是传教士们创办的教会学校，还是清政府自己设立的洋务学堂，英语教科书大多采取“拿来主义”，即采用英美国家的原版教科书。间或有传教士特地为中国人所编写的英语教科书。这些英语教科书在促进中国早期的英语教学中起了启蒙的作用。与此同时，随着英语教学在中国的开展，一些有远见的中国人也开始了自编英语教科书的尝试。这些英语教科书的编写者，有一些是曾在教会学校学习的中国学生，还有一些是毕业于洋务学堂的学生，以及一些曾出国留洋的中国学生。如果说中国人英语教科书的编写历程在鸦片战争前可以称得上是萌芽期的话，那么在从鸦片战争到甲午战争这近半个世纪的时间里，我们可以把这些由中国人自编英语教科书看成晚清英语教科书编写历史中的发展时期。

一 自编英语教科书分类

1840—1894 年中国人自编英语教科书的过程可以分为两个时期：第一个时期是 19 世纪 40 年代到 60 年代，即洋务运动前；第二个时期是 60 年代到 90 年代，即洋务运动实行至甲午战争前的这一段时间。

（一）洋务运动前中国英汉对译词语集的编写与出版

在第一阶段，中国英语教科书的编写还处于初级阶段，中国人所编的英语教科书，就目前学术界所做的研究来看，大多认为这个阶段的中国人自编英语教科书还只是一些英汉词语对译类的书籍。这些书籍的编写，在很大程度上沿袭了鸦片战争前的《红毛番话》类刻本的编纂方式，即将英汉词语进行分类，不过与《红毛番话》类词语集不同的是，鸦片战争后所出版的这些英汉对译词语集，不仅采用以中文标注英文发音，也将英语的书写形式刻印于书上，并且有些词语集还在书中简略提及英语的语法内容，这在以往的《红毛番话》类读本中是绝无仅有的。在这些书籍中，目前能够见到的，且在当时的英语学习中比较有名的英汉词语对译书有：

1. 《华英通语》。1855 年出版，子卿著，该书出版后不久即被日本大教育家福泽谕吉从旧金山买回，带到日本，并于 1860 年译成日文，取名《增订华英通语》；

2. 《英话注解》。1860 年出版，作者冯泽夫；

3. 《英语集全》。1862 年出版，作者唐廷枢；

1867 年王芝在其著作《海客日谭》中也列举了一些英语词汇[①]。

① 王芝：《海客日谭》，1867 年。

上述中英对译的词语集，因其收录的英语词语多而广，受到那些迫切想学习英语的人尤其是对外开放口岸城市的中国人的欢迎。有些书一版再版，甚至到20世纪仍有再版。说明这种中英对译的词语集，因其不需要专门的学校，也不需要专职的教师来辅导，一书在手，学生便可自行研习，是非常方便的学习材料，所以拥有较广泛的读者群。

（二）洋务运动后至甲午战争前英汉词语集的编写与出版

中国19世纪60年代后的洋务运动，以及中国教会学校英语教学水平的逐渐提高，为19世纪60年代至90年代中国人自编的英语教科书之发展提供了难得的契机。这一阶段的英语教科书，从单纯的英语词语类读物渐渐发展到包括英语语法、翻译及会话等细致的分类。

1. 此阶段英汉对译词语集的编写与出版

在这一阶段，英语词语类读物仍然有其存在的市场需求。因此，这类英汉对译类的词语集在洋务运动后仍有新书出版。在这些英语教科书中，有关中汉对译的英语词语集有：

《英字入门》，曹骧于1874年出版；

《英字指南》，杨勋于1880年出版；

《英华字汇》，梁述之于1875年出版；

《英语会话音识》（其著作作者及出版年代不大可考），等等。

2. 此阶段所出版的英语语法类教科书

《文法初阶》，郭赞生于1875年出版；

《英文举隅》，汪凤藻（即汪芝房）于1879年翻译出版。

3. 英汉翻译类教科书的出版

《翻译小补》，作者吴嘉善于1881年前出版。

4. 会语英语教科书

《英话入门》，由洋务学堂教习舒高第、洋务学堂学生朱格仁合著。

5. 其他英语教科书的出版

（1）《华英文字合璧》

由于当时英语教科书的短缺，中国一些印书馆把由传教士所著的供教会学校学生学习，或供西方人学习汉语而用的英汉对照字典进行翻印或缩印，如点石斋于1879年从马礼逊六卷本的《英华字典》中选取一部分翻印而成《华英文字合璧》。

（2）《五车韵府》

另有马礼逊六卷本的《英华字典》中的《五车韵府》被当时的出版

机构重新翻印，仍取名叫《五车韵府》。

(3)《英语汇腋》

在此期间，还出现了由中国人自己编写的初具现代英语教科书模式的英语分级教科书——《英语汇腋》。这是邝其照于1885年陆续出版的英语教科书。他将英语学习的过程分成循序渐进的不同级别，即《英语汇腋》初集至三集。这可以说是中国人自编英语教科书中最早的具有分级教学特点的教科书，也说明了当时人们对于英语作为一门学科体系的认识①。

二 自编英语词语类教科书

鸦片战争到甲午战争期间，在中国人自编的英语教科书中，英语词语教科书的编纂和出版是当时最引人注目的。这是因为，一是这类书的出版作者大多是当时较有影响的西学名人，抑或是商界精英。他们所编著的英语词语教科书，在社会上产生的影响很大。二是因为这些英语词语教科书的出版均有明确的受众群体，这使得英语词语的学习有着广泛的读者。三是随着时间的发展，这些词语教科书的编写水平及编写质量不断提高，日臻完善。

在这些英语词语教科书中，目前学术界所发现的主要有以下几种：

1.《华英通语》，1855年出版，子卿著。该书出版后不久即被日本大教育家福泽谕吉从旧金山买回，带到日本，于1860年译成日文，取名《增订华英通语》；

2.《英话注解》，1860年出版，作者冯泽夫；

3.《英语集全》，1862年出版，作者唐廷枢；

4.《英字入门》，1874年出版，作者曹骧；

5.《英字指南》，1880年出版，作者杨勋；

6.《英华字汇》，1875年出版，作者梁述之。

下文将对此六部英语词语类教科书做简要介绍。

(一)《华英通语》

《华英通语》的作者署名为“子卿”，但是学术界一般都认为这是个笔名，对于谁是这部书的真正作者，目前还没有定论。子卿所著的这部

① 司佳：《邝氏英学丛书与19世纪末上海实用英学的形成》，复旦大学历史系：《中国现代学科的形成》，上海古籍出版社2007年版，第81页。

《华英通语》，在当时的中国英语学习者中，所引起的反响似乎并不强烈，这是因为，在一些比较有名的英语词语教科书的序言中，如《英语集全》《英字入门》等，尽管对当时的一些英语学习读物，如《英语撮要》等进行了评述，但对《华英通语》这部最早的传递正规的英语语言知识教科书却均没有提及。本文认为，有两个可能的原因。一是当时《华英通语》流传的地区不够广，未能引起当时中国学习者的广泛关注。二是从《华英通语》存世的情况来看，现今的中国人之所以了解《华英通语》，全有赖于日本学者福泽谕吉的《增订华英通语》。而福泽谕吉是从美国旧金山买到这部《华英通语》，并将之带回日本，加注日文发音后，改名为《增订华英通语》而出版。所以，本书作者大胆设想，这部中国人编写的《华英通语》可能主要在美国旧金山发行，并为当时侨居美国的中国人学习英语而使用，该书并没有流传到当时中国境内，因此当时中国的英语学习者无法获得该书，也无法对该书的内容做出评价。

《华英通语》采用的是粤语方言标注英语发音，这部书对于广东地区的学习者尤有帮助。当然，当时侨居美国的中国人，大多来自沿海地区，所以，这部《华英通语》之所以采用粤语注音，非常有可能是针对在美国地区生活的讲粤语的中国人。

《华英通语》被福泽谕吉带到日本后，所出版的《增订华英通语》在日本引起了很大的反响，成为当时日本人学习英语的必读书目，被多次再版。正因如此，我们今天可以通过《增订华英通语》来了解当时的《华英通语》的原本内容。

（二）《英话注解》

《英话注解》于1860年由以冯泽夫为首的6位宁波商人集资出版。冯泽夫是当时宁波在上海赫赫有名的大商人。他所出版的《英话注解》是以宁波方言为英文进行注音的，所以该书的目标读者群是那些在上海经商的宁波人。这部书与其他几部英语词语教科书不同之处是，这里所收集的英语会话都是洋泾浜式的英语，这也与作者的商人身份有直接的关系，因为这些商人大多没有接受过正规的英语教育，他们的英语知识，是在洋泾浜英语氛围中学得的。

（三）《英语集全》

《英语集全》的作者是大名鼎鼎的中国买办，也是洋务派集团的重要人物——唐廷枢。这部六卷本的《英语集全》所收录的英语词语种类繁多，词条达到上万条。尤其值得注意的是，唐廷枢为了使中国人能够说出发音正确地道的英语，别开生面地引用了中国自古就有的切音法，用于标注英语发音。通过这样的切音法，中国人能够讲出发音标准的英语。唐廷枢是广东人，因此这部书采用的是粤方言进行英语标音。它的目标读者是讲粤语的中国人。

（四）《英字入门》

《英字入门》于1874年出版。作者曹骧是上海人，他所编写的这部英语词语教科书是用上海方言进行英语注音的。由于曹骧在传教士所开办的西学堂接受过正规的英语教育，在他所著的书中，很明显可以看到西方教科书的编制体例对其产生的影响。在同时期所有的英语词语教科书中，这部书在编排体例上、在英语知识的传递上，更接近西方教科书。

（五）《英字指南》

《英字指南》于1880年出版，作者杨勋是江苏人。他在这部英语词语教科书中采用江浙通用的吴音进行英语词语的发音标注。《英字指南》是六卷本，所收录的词语及短句的数量也在一万条以上，这可以与同样六卷本的《英语集全》相媲美。杨勋对自己所编著的《英字指南》一书的质量非常自信。杨勋是在洋务派所创办的上海广方言馆受教的，林乐知曾是他的老师。这些背景是杨勋编写地道的英语词语教科书的保证。《英字指南》出版后，也受到广泛的欢迎，在社会上产生很大的反响。商务印书馆还多次出版增订本的《增广英字指南》，这足以证明该书的上乘质量及其在英语学习中所起到的作用。

（六）《英华字汇》

1875年梁述之在广州出版了英汉对译的《英华字汇》。这部书可以被看成一部英汉词典，也可以将其看成一部英语词语教科书。

根据黄兴涛的研究，这部书不仅收录了英汉词汇的对译语，还传递了英语的语法知识；不仅简单介绍了英语单词的构词法，也介绍了名词复数的特殊构成之法，以及动词的时态等。还对英语的九种词性进行了翻译，如Adjective译为“分表实字之形样字”；Adverb译为“调论活字之势色字”；Article译为“指件字”；Pronoun译为“替实字”；Conjunction译为“相属字”；Interjection译为“惊讶字”等，这些译法，均体现了梁述之在翻译术语方面的创造性①。

---

① 黄兴涛：《英语语法知识传播的其他一些书籍》，《文史知识》2006年第5期。

（七）同时期其他英语学习材料

同时期中国还曾出版一部游记《海客日谭》。在该书中，以较少的篇幅，列有一些英语词汇。另外还有一本著作者不可考的英语会话教科书——《英语会话音识》。从所发现的文献材料来看，这两部书对中国人的英语学习之影响没有前文所提到的六部英汉对译词语集的影响大，故仅简要介绍如下。

1.《海客日谭》

《海客日谭》成书于1872年，付印于1876年。该书在当时中国的知识界，曾产生了一些影响。关于该书的作者王芝，其真实身份若何，历来没有定论。钱钟书在其《中文笔记》中，曾称《海客日谭》的作者“华阳王芝子石撰，不知何人”①。张治考证了王芝著此书的时间与其在书中所描述的生活经历，认为王芝可能是当时云南少数民族起义领袖杜文秀义子刘道衡的随从人员。当年在起义之时，刘道衡曾经由缅甸，乘船去往伦敦，意欲归顺英国，未果，遂又由伦敦返缅甸，恰逢大理失陷，他只得隐居缅甸。王芝则可能是陪同刘道衡英国之行的随从，会一些英文及缅文，故在回国后，著有《海客日谭》②。

王芝在《海客日谭》一书中，列举了一些英语词汇。他把这部分英语词语学习的内容列入卷首的《英吉利语略》。先介绍了英语的26个字母的汉语发音，然后列举了一些日常英语词汇，并用中文标注了发音。这些发音明显带有粤方言的特点。如“息工天也，格审日也”，即sky天；sun日，等等。但是王芝只在书中以很小的篇幅列出不足一百个英语单词，并且通篇未出现英文的书写形式。用汉语标注英文发音，并不理会英文的书写方式，是当时中国人学习英语的最初级形式，这种形式，与鸦片战争前中国人学习英语所用的《红毛番话》类读本非常相似，甚至在所收词的数量上，《海客日谭》中所列出的英语学习词汇还不如最原始时期的英语词语教科书。

2.《英语会话音识》

另外一本与《海客日谭》相类似的英语词语教科书是年代不大可考的《英语会话音识》。这部书现藏于广东省中山图书馆。《广州日报》在

① 钱钟书：《钱钟书手稿集·中文笔记》（第一册），商务印书馆2011年版，第374页。

② 张治：《钱钟书读过的海外游记》，《东方早报》2012年4月8日。

2009年曾对此书进行过报道。该报道称所发现的这部《英语会话音识》是手抄本的形式，通篇全是中文，一个英文字母也没有。如“天——士鸡、雪——士那、星——士打、雨——运、火——辉亚……”。

对《英语会话音识》一书的历史价值，该报认为：

> 用粤语读破折号后面的词，再看看前面汉字的意思，你会发现其实这是sky、snow、star、rain、fire几个英文单词的读音！这就是100多年前广东人学习英语的土办法。记者看到，这本100多年前手抄本《英语会话音识》虽为英语教科书，但全书却没有一个英文字母，所有的英文均以汉字的粤语读音代替。这本书以常见中文词组的字数为顺序，分为“一字门”、“二字门”、“三字门”以至更多。在每一门内，均用上下行的格式来注释汉英对照，上面一行为汉字，下面为该汉字对应的英语读音，足见百年前中国人学英语多么费心费力①。

从前述报道的内容，我们可以看出，这部书与中国人学习英语最早时期的番话类读本一样，用粤语标注读音，词语按“门”分类，通篇没有英文，内容与日常生活与贸易密切相关。这种以手抄本的形式流传的英语词语教科书，在当时的口岸城市，仍然有着一定的读者群，这表明了当时英语学习者的不同学习层次和不同的需求。

三　自编英语语法类教科书

和英语词语类教科书相比，这一阶段中国人自编的英语语法类教科书无论在数量上还是在内容上，都有一定的差距。据当前的研究发现，在这一阶段中国人自编的英语语法教科书中，只有两部，即郭赞生的《文法初阶》和汪凤藻的《英文举隅》。这两部语法书有一个共同点，都是由英语国家所出版的原版英语语法著作编译而成。

郭赞生于1878年出版的《文法初阶》译自艾伦（Allen）和康威尔（Cornwell）合著的*English School Grammar*（《学校英语语法》）一书；汪凤藻（汪芝房）于1879年出版的《英文举隅》译自喀尔氏（Simon Kerl）

---

① 齐华伟、肖成：《百年前“英语会话书”》，《广州日报》2009年11月30日。

的 *A Common-school English Grammar*（《普通学校英语语法》）的第21版。

（一）郭赞生与《文法初阶》

郭赞生，又名郭罗贵。当前学术界对此人的研究并不多。本书作者只发现一篇相关的研究，即黄兴涛所著的《〈文学书官话〉与〈文法初阶〉》。据黄兴涛的研究，他说这部《文法初阶》出版于1878年，署名“羊城郭赞生译”，由王韬等人所创办的中华印务总局承印。他认为，这部书拉开了中国人独立翻译和系统传播英文语法知识的序幕①。

据黄兴涛的介绍，郭赞生曾于1875年校阅过谭达轩的《英汉字典》，还曾于1899年出版过中英文对照的《通商须知》一书。由此看来，郭赞生的英文水平在当时的中国人中还是属于比较优秀的。

不过，由于材料收集所限，本书作者未能亲见郭赞生于1878年出版的《文法初阶》，幸运的是，通过不懈努力，本书作者终于找到于1896年在香港出版的《文法初阶》。该书现藏于英国伦敦大英图书馆。虽然《文法初阶》的初版本与本文作者所收集到的版本，其出版时间相差18年，但是相信这两个版本之间的差异应该不大。下面以1896年版的《文法初阶》作为研究蓝本，以此来探究甲午战争前中国人编译自西方语法教科书的特点。

在1896年版的《文法初阶》的封面上，有中英文的书名，格式如下：

文法初阶

CHINESE & ENGLISH GRAMMAR

FOR

BEGINNERS:

BEING

AN INTRODUCTION

TO

ALLEN AND CORNWELLS

ENGLISH SCHOOL GRAMMAR

TRANSLATED BY

KWOK CHAN SANG

---

① 黄兴涛：《〈文学书官话〉与〈文法初阶〉》，《文史知识》2006年第4期。

SECOND EDITION
PRINTED BY MAN YU TONG, 95, 97, HOLLYWOOD ROAD, HONNGKONG
1896

从书的封面我们可以清楚看出，这部《文法初阶》是第二版。其书译自 Allen 和 Cornwells 的 *English School Grammar*，译者为 KWOK CHAN SANG，即郭赞生。

该书共分三卷。

第一卷：论语篇：介绍英语九种词性的大致用法；

第二卷：论语分次，详细介绍英语这九类词的语法规则；

第三卷：文法（连字之法也）：介绍一些相关的语法条例及应注重的问题；

最后是“问答章”，针对语法内容，设计一些练习，让学生通过进一步的练习来加深对英语语法知识体系的认识。

在《文法初阶》中，郭赞生对英语九类词汇的翻译也有自己的尝试。1879 年，汪凤藻在翻译《英文举隅》时，并没有将英语的语法术语译成中文，不能不说是一种缺憾。

郭赞生的《文法初阶》与西方传教士罗存德的《英话文法小引》一样，均译自 Allen 和 Cornwell 合著的 *English School Grammar*《学校英语语法》一书。通过《文法初阶》和《英话文法小引》这两部书相比对，可以看出二者在内容上与 Allen 和 Cornwell 合著的《学校英语语法》一书所阐述的英语语法知识别无二致，这三者的练习都是一样的。这可以说明，郭氏的语法书与罗存德的语法书来源相同。但是罗存德的《英话文法小引》中列有如何用粤语来读英语这一章节，且其书的中文部分都是采用粤方言。郭赞生虽然是广东人，在他的《文法初阶》中，他没有介绍如何用中文标注英文的发音。这大概是因为当时在广东，英语学习者已经具备了一定的初级英语知识，掌握了如何正确进行英语发音的方法之缘故。郭赞生用中国的浅文理翻译该书，而没有采用广东粤方言，这说明其目标读者并未局限在广东一隅，而是面向中国广大地区的民众。从这一点来看，郭赞生比罗存德更具时代前瞻性。当然，这也和当时中国对外开放的程度日益提高有密切的关系。

因郭赞生的《文法初阶》一书编自《学校英语语法》，该书专为英语国家小学阶段的学生学习英语语法而用，所以，郭赞生这部《文法初阶》的语法内容并不艰深难懂，语法体系也比较清楚明了，易于初学。

（二）汪凤藻与《英文举隅》

汪凤藻，又名汪芝房，原是上海广方言馆的学生。曾国藩在同治六年十一月十五日（1867 年 12 月 10 日）的“送学生咨文”曾记载，“当经由道督同该馆董事叶承铣选定附监生严良勋、席淦、王宗福、汪凤藻、汪远焜、王文秀等六名，均系肄业有年，翻译洋文已属通顺，外国语言亦能领会，堪以给咨赴京，听候考试”[①]。

同治七年（1868），汪凤藻与严良勋、席淦、汪远焜、王文秀等人一同被送往京师同文馆学习。在京师同文馆就读期间，翻译了《公法便览》（此书是他同凤仪二人合译）、《英文举隅》、《富国策》和《新加坡律例》。可以说，在当时的京师同文馆的学生里面，汪凤藻是非常出色的一位[②]。

汪凤藻因其在京师同文馆学习期间表现优秀，曾受到朝廷的嘉奖。奕䜣等于 1868 年 7 月 12 日（同治七年五月二十三日）发布了准予学正职衔折。文中说：

> 臣等公同商酌，该生严良勋等于经书文艺讲贯有年，复能兼习西文，学有成效，均堪造就，拟请准如所请，将附生严良勋、席淦二名给予内阁中书职衔，并作为附监生，俾得就近于北闱应试；监生汪凤藻、汪远焜、王文秀三名，给予国子监学正职衔。臣等仍随时考察，令于汉洋文艺加意讲求，益图精进，庶仰副国家造就人才因时制宜之至意[③]。

汪凤藻后来曾出任上海广方言馆的英文教习，足见其英文程度之高。据《同文馆题名录》关于历年科甲人员的记载，有关汪凤藻的一条是：

---

① 高时良、黄仁贤：《中国近代教育史资料汇编（洋务运动时期教育）》，上海教育出版社 2007 年版，第 211—212 页。

② 同上书，第 182—184 页。

③ 《筹办夷务始末》，同治朝卷五十九。

二品顶戴记名知府翰林院编修前出使日本大臣汪凤藻（癸未联捷翰林）。

《英文举隅》出版时间为1879年。根据该书的《凡例》，可知该书所编译的蓝本为美国喀尔氏文法第21次刊本。《英文举隅》1879年由同文馆印刷出版。20年后，即1899年该书由京都官书局石印再版。中国国家图书馆藏有《英文举隅》1879年同文馆集珍版，及1899年京都官书局的石印版。

《英文举隅》的篇章结构包括《序》《凡例》《总论》及正文。其中正文部分不仅介绍了英语的9种词类，还介绍了英语的句法功能，包括倒装和省略。另外，作者又通过辨误的形式，加深读者对英语语法的理解。

汪芝房在他的《英文举隅》里，尽力将英语的语法术语译成能被中国人所理解的中文。汪芝房在《凡例》中曾说，“命名之义者，戛戛乎其难之”。

本文作者通过比对喀尔的 *A Common-school English Grammar* 之后，证实汪芝房的《英文举隅》全书的编写体例确实是沿袭喀尔语法书的体例，如第四节“论系静字”就是一个明显的例证，可以说明汪芝房的《英文举隅》与其蓝本——喀尔的文法书的渊源关系。

但是，汪凤藻在对英语语法进行具体的阐述过程中，又适当地做了删改，以适应当时中国读者的英语水平及接受能力。正如汪芝房在《凡例》里所说：“原书条分缕析，篇帙较繁，兹特节其大纲，以归简约，要未敢取粕遗精，致贻买椟还珠之诮。”

喀尔在其书中对形容词还分了以下几个小类，即 common、proper、participial、compound、numeral、pronominal 这六类形容词。汪芝房为了简便起见，没有对这六小类形容词进行介绍。另外，汪芝房在为解释英语语法而举例句的时候，并没有采用喀尔的例句，而是自己另外编写的句子。这可能是因为他认为喀尔书中的例句不易于被中国读者所接受之故。

《英文举隅》所依据的蓝本是喀尔的语法书。原书的语法体系十分庞杂，汪芝房在编译过程中，虽也删减部分内容，但是，整个语法体系没有变，所以，《英文举隅》所涉及的语法条目非常多。这样做的好处是，可以把几乎所有的英语语法项目都汇集到一部书中，其涵盖面如此之广，可以作为一本备查的英语语法书来使用。不利的一面是，太多的语法项目，容易使学生在面对这么多的新知识时，短时间内难以全面接受，从而产生焦虑心理，反而不利于英语语法的学习。

四　自编其他类英语教科书

在鸦片战争后到甲午战争前这段时间，中国人自编的英语教科书，除了有英语语法、英语词语方面的教科书以外，还有其他方面的英语教科书问世，比如英语翻译、英语阅读、综合英语系列教科书等。下面就选取部分教科书作一简略介绍。

（一）《华英文字合璧》

在此阶段中国人自编英语阅读教科书有《华英文字合璧》，作者署名是“点石斋主人”，出版时间为1879年。其英文书名为：*Chinese and English Phrases*。在封面页上说明该书内容来自马礼逊的字典，即马礼逊的六卷本英汉字典。

该书写有中文的序言，在序言中作者交代了该书“是书从马理孙[①]字典内选各善句，集为成书，皆中华经书中之至言，不惮琐碎，翻就英文，逐字逐句，无不考究之详且审，非若平常所翻之书，只译其大略者，诚为英文最要之书也”[②]。

《华英文字合璧》正文共84页，采用金属版印刷，字迹清楚，页码编制按现代书目的排版方式。

这部《华英文字合璧》的内容是从马礼逊的六卷本英汉字典中所摘出的中国经书的汉语句子及对应的英语翻译。书中并没有按照“课”或“单元”来分类，没有循序渐进式的内容编排，只是将一些句子摘录出来；也没有关于英语语法、语音及词汇的学习方法。因此，这样的英语学习材料，只可供那些有一定英语语言基础知识的中国学生，作为扩展英语知识的课后阅读材料来使用。

（二）邝其照与《英语汇腋》

邝其照，1843年生，广东新宁人，字容阶。他是早期受清政府选派赴美留学的一员。精通英语，曾编写过不少英语学习材料，包括《华英字典集成》，这部字典曾被许多学者誉为第一本由中国人编著的英语学习字典，在中国的英语学习史上占有很高的地位，该字典后来被商务印书馆重新编订，辑成《商务书馆华英音韵字典集成》，予以发行，受到社会英语

---

① 马理孙即马礼逊。

② 点石斋主人：《华英文字合璧》，《点石斋》1879年。

学习者的极大推崇。邝其照所编著的其他英语学习读本还有：《英语汇腋》系列教科书；《英文成语》《地球说略》《应酬补笈》等。作为中国洋务派集团的成员，1886 年他创办了《广报》，宣传进步思想。

在邝其照所编写的英语学习材料中，《英语汇腋》是按照现代学校教科书的方式编写的。又因王韬为该书所写的《序言》提到邝其照还编有该书的二集和三集，因此，可以把《英语汇腋》看成针对不同程度的英语学习者所编写的系列教科书。

邝其照所编写的《英语汇腋》初集，英文书名为 *The First Conversation-Book*。

对于邝其照其人、其书，在现在的学术界，研究的成果并不多。又由于当前的中国学术界，对晚清英语教科书的研究还处于刚刚起步的阶段，因此对邝其照的《英语汇腋》的研究成果又更加少。针对其所出的《英语汇腋》初集、二集和三集的文本研读，也因其书并不在中国的经史子集之列，故而藏有该书的中国图书馆及个人不多，流传于世的复本也很少见，所以一般人无从研究，已经发表的一些研究成果，也存在因尚未见到该书的庐山真面目而道听途说、人云亦云的问题。甚而关于《英语汇腋》到底出版了几集，还尚未有定论。

在《英语汇腋》序言中，我们得知邝其照的《英语汇腋》有三集。但是有学者认为邝其照只出版了两集，“英语初阶英语汇腋邝容阶氏所编之书，海内著名。《初阶》为《汇腋》之引梯，《汇腋》为习语之锁钥，非读本正宗也。《汇腋序例》言编定三集，今惟二集行世。初集辑常用之字，已称略备，二集分类语言”①。

《英语汇腋》到底出了几集，因本文作者尚未找到相关资料来证明此说的真伪，只在这里存疑。不过，日本学者内田庆市曾对邝其照所著作品进行研究。在他的论文中，只列出了邝其照的《英语汇腋初集》和《英语汇腋二集》②，这说明，关于《英语汇腋》，可以确知的是邝其照完成了《英语汇腋》初集、二集，并予以出版，而第三集尚未出版的可能性较大。

本文研究《英语汇腋》所采用的蓝本是从台湾“中研院”图书馆复

① 宋原放：《中国出版史料：近代部分》（第 2 卷），湖北教育出版社 2004 年版，第 16 页。

② 内田慶市：《鄺其照の玄孫からのメール》，《或问》2010 年第 19 期。

制而来。可惜的是，该馆只藏有《英语汇腋》初集。现就《英语汇腋》初集做一简要介绍，以起到抛砖引玉的作用，期待后来的学者能有更多的发现。

《英语汇腋》初集于1885年前后在上海出版。在书的封面上刻有“光绪十年镌铜”字样，则该书制版的时间是1884年。但是其英文的版权页上标注的出版时间为1885年。这可能是因为书的制版与出版存在一定的时间差，又或是中国当时的农历与西历的差别所致，也未可知。

《英语汇腋》之所以能被中国当代的研究者所知，很大程度上缘于当时的西学名士王韬所作的序言。王韬为《英语汇腋》曾写过一篇序，而这篇序又被收入《韬园文录外编》中，所以后来的学者始知在中国人自编英语教科书的历史上，还有邝其照所编的《英语汇腋》。

王韬的序言写于1884年。在序言中，王韬对邝其照所编的《英语汇腋》给予高度的赞扬。他说，这部书对中国英语学习的作用要强于西方人所编写的英语教科书。西方人所编写的英语教科书，针对的是以英语为母语的西方学童。西方学童对于英语的语音，已经有很好的了解，而中国学童却在英语的语音知识方面，与西方孩童相距甚大。采用西方的原版英语教科书，即重文义的编写方式，并不适合中国的学生。因此，邝其照立志要编写一部适合中国孩童学习的英语教科书，先进行语音的学习，后进入理解文意的阶段，从而实现由易到难、由浅入深这样一个循序渐进的过程。只有这样的教科书，才能对中国孩童的英语学习带来事半功倍的效果。

邝其照这种强调中国人必须自己编写适合本国国情的英语教科书，而不是直接采用英美教科书的认识，在当时的社会无疑是具有先进性的。后来的学者对他这种真知灼见也表达了赞赏之情。汪家熔说：

> 《华英字典》初版当在1875年邝其照去美国以前。在编《华英字典》前，他还编有英语课本《英语汇腋》初、二、三集。他对于当时国人学英语都采用英国人编，供英国人用课本大不以为然。他认为学习同一种语文，非母语的人所用课本不应采用操母语的人所用的课本，所以编写了这部课本①。

---

① 汪家熔：《商务印书馆英语辞书出版简史》，商务印书馆1997年版，第662页。

不过，在这本书里，汪家熔认为邝其照的《英语汇腋》出了三集，这与他同宋原放等人所编著的《中国出版史料：近代部分》第16页上的说法，即《英语汇腋》只出版两集的观点相矛盾。这也说明国内的学者对于《英语汇腋》到底出版过多少集，还不能确知，以致会产生前后矛盾的现象。

在序言中，王韬还以国家的命运为阐发点，提升了邝其照所编的《英语汇腋》在中国对外关系上可能起到的重要作用。他说，若人人依邝氏的英语教科书而学习，则中国人的英语水平会得到极大的提高，西方列强再不能以“我所不知而挟制凌侮我”了，这岂不是一条强国之路吗？

可以说，王韬对邝其照《英语汇腋》一书的评价，尽管有溢美之嫌，但大体上是中肯的，是切合实际的。他所提倡的应该针对中国孩童的特点，编写适合中国人的英语教科书，而不是盲目地照搬西方人的现成书本的主张，是符合中国国情的。中西方在语言体系上有着非常大的不同。因此，必须按照中国人的实际情况，制定切实的学习目标，规范可操作性的学习方式，才能取得良好的学习效果。这也符合教育发展的规律，符合教科书编写的理念，即教科书必须考虑学习者。

当时中国有识之士都在思考如何才能让中国在列强的包围下突破出来，不再受到列强的欺侮，成为一个真正的大国，这是关乎国家存亡的大问题。王韬认为，与列强平等对话的前提条件是用他们的语言与他们进行交流沟通，所以，一本好的英语教科书，可以给无数的英语学习者提供教育的机会，从而使中国人的英语水平有整体性的提高。只有中国人的英语水平提高了，当再度与西方列强对话时，才不致被对方欺蒙，并获得公平的机会。这在中国的对外政治、经济交往方面所起到的作用，不亚于“甲兵战胜者”。可以说，王韬所表达的对强势语言在外交方面的认识，是基于他在当时中外关系中的切身体验所形成的朴素认识，这种朴素认识还是颇具前瞻性的。

在王韬序言之后，是邝其照自己所写的序。其内容与表达的主旨与王韬的序言大体相同。邝其照也认为，中国人学习英语要采用适合的教科书，而不是直接采用西方已有的英语教科书，原因是“西人本通西语，其读塾中之书，自无窒碍。若华人则必先辨音而后识字。其辨音则必先辨之齿舌唇腭之间，故与西童同一诵读是书，而难易分焉，功之迟速巧拙亦遂判焉”①。邝氏进而又批评了当时中国人所编的一些英语教科书，认为“前人所作英语各书，又皆仅见一斑，未能集厥大成。或限于篇幅，记载无多，或隘于见闻，采登未广，或所习非所用，徒费课程，难专应对”。邝其照学西学已有“二十余年矣”，并“爰集群书，遍加考校，谬以屡经，阅历颇识此中秘窔，寒暑几易，乃得掺辑成编”。由此可见邝其照写作该书的功力是深厚的，所写出的英语教科书的质量是经得起检验的。

在邝其照自序的最后落款处，有几行字标明了他写作此序的时间和地点：

> 光绪七年岁次辛巳季秋之月粤东新宁县
> 邝其照容阶氏自序于美国千揑的吉省哈富城中旅舍

从这几行字中，可以知道邝其照写作这篇序言是在光绪七年，即1881年，当时他是在美国的康涅狄格州的首府哈特福得城内写这篇序的。

《英语汇腋》初集所收录的内容，大多与日常用语及贸易相关，学习者能够循序拾级，不仅在英语会话上，在英语写作方面，也能达到一定的程度。《英语汇腋》采用的教学法属于自然法，即邝其照仿照人类学习母语的方式，来学习英语。在书中没有专门列出语法知识，他认为，只要按照书中的内容进行阶段性的学习，则学习者自然可以对英语的语法知识有所领悟，达到水到渠成的目的。

该书的内容及文法，均体现了由浅入深的特点，使学生在学习中，能够明显看到自身学习方面的进步，从而增加学习的自信心，保持学习的兴趣。

在语言知识的呈现方面，该书对每一课重点的单词，都用加粗的字体标出，使学习者一目了然，便于掌握。

《英语汇腋》初集一共收录英语单词3200个左右，在对这3000多个单词的编排上，采取简单易记的词排在前面，复杂难记的词排在后面的方式，并在每课的正文中，将这些词组合成句子，务使学习者能在句子中加深对所学单词意义的理解。

可以说，在鸦片战争后到甲午战争前这段时期中国人自编英语教科书

① 邝其照：《英语汇腋》，1885年。

中，《英语汇腋》是与西方教科书编写体例最为接近的一种。这一方面与该书的作者曾学习英语二十余载，对英语语言及文化的了解非常深入有关，另一方面也与他曾在美国留学多年，对西方教科书的编写体例耳濡目染有关。这种留学美国的经历，使他对如何编写具有现代意义的教科书有着切身的体会。这种体会与领悟会不自觉地渗透到他对英语教科书的编写上。从邝其照的身上，我们可以看到中国知识分子在与西方的不断接触中，眼界渐宽，学识渐增。他们为中国人学习英语所编写的一系列教科书，为当时中国的教科书编写注入了新鲜的活力，极大地促进了中国英语教科书的现代化发展。

（三）吴嘉善和《翻译小补》

吴嘉善，字子登，江西建昌人。据《清代人物大事纪》载，其生于1820年[①]。又据《南丰县志》所记他“卒年六十有六”[②]，可推知其卒年为1885年。吴嘉善出身名门世家。他本人学识渊博，咸丰三年被授予翰林院编修[③]。吴嘉善本人不仅在中国经典学术上有造诣，他还于1852年至1854年在北京师从英法传教士学习英语和法语，精通西学[④]，并于1880年撰写了《翻译小补》，英文名为 *The Translator's Assistant*，这本书成为曾纪泽出使英法等国时的学习参考书[⑤]。

吴嘉善的《翻译小补》一书在当时的社会应该受众面比较广，因为商务印书馆曾于1907年出版发行过该书，此后还再版多次，如1933年及1938年商务印书馆就重新出版过这部书。

因吴嘉善所著的1880年版《翻译小补》可能是手抄本的形式，或是刻本的形式，本文作者搜寻了中国的各大图书馆以及境外的一些知名图书馆，均无法发现这本书的最初版本。本书用以研究的蓝本是商务印书馆1907年出版的《翻译小补》。吴嘉善《翻译小补》的1880年初版本与1907年的商务印书馆版本在内容上应该不会有太大的差异。

这部书被商务印书馆定位为“英语自修丛书”，32开本。下面就其内

---

① 朱彭寿：《清代人物大事纪年》，北京图书馆出版社2005年版，第1156页。

② 黎广润：《南丰县志·吴嘉善传（卷18刻本）》，1924年。

③ 《清实录·文宗显皇帝实录（卷92）》，中华书局1986年版，第253页。

④ 吴宗慈：《吴嘉善刘孚翊合传》，吴宗慈：《江西通志稿》（第70册），江西博物馆1985年版，第27页。

⑤ 曾纪泽：《出使英法俄国日记》，岳麓书社1983年版，第341页。

容进行简要介绍。

1907 年版本的《翻译小补》在开篇照录了 1880 年吴嘉善为此书写就的《翻译小补凡例》。从这里也可以看出，1907 年版与 1880 年版的《翻译小补》在内容上应该相差无几。

《翻译小补凡例》相当于这部书的序言。从《翻译小补凡例》中我们可以知道，吴嘉善所写此书的目标读者不是那些对英语语言一无所知的人，而是为那些已经懂得一些英文知识的人，巩固和增加其对英语的连词及介词用法知识而作。这些连词和介词，在中国被称为“虚字”。也就是说，《翻译小补》的主要内容是以英语句子为范例，用中英对译的形式，讲解英语连词及介词用法的一部教科书。

另外，关于该书的文本出处，吴嘉善明确表示，在该书中，从中文材料而译为英文的，大多来自西方传教士理雅各所译的四书；有些原有的译文未能切合的，则请卫三畏进行改译，以求更符合中文的原意；而从英文译为中文的，都是经过考订的，或直接采用英语的俗语。这可以说明，作者在编写本书的时候，本着非常严肃认真的态度，从而保证了该书所传递的语言知识的正确性。

《翻译小补》正文部分采用英、中对照的形式，一段英文对应一段中文。该书选取了 200 余条英语单词及短语，所选取的英文单词或短语是汉语中的虚字，即连词和介词。这些连词和介词都用英文字母标注了拼音，如 A（*yih* 一）、Aboard（*shang* 上）等。如凡例所示，这些中文的英语注音是由西人 J. Crossett 所做，以方便西方人阅读此书。

吴嘉善的《翻译小补》在当时的英语学习中具有一定的影响力。管理同文馆事务大臣曾纪泽是早期清廷少数几个能说一口流利英文的外交官之一。他在日记中记录了经常使用的英语读本，其中就有吴嘉善的《翻译小补》等①。他曾说，

> 昔年吴子登太史口不能西音，列西字以华音译读，是为奇法，其记悟亦属异禀，非人人所能学也。余能西音，然在湘苦无师友，取英人字典钻研逾年，事倍功半。又年齿渐长，自憾难记而健忘，一知半

① 邹振环：《同文馆外语教科书的编纂与外语教育的成效》，王宏志、梁元生、罗炳良：《中国文化的传承与开拓》，香港中文大学出版社 2009 年版，第 259 页。

解，无可进矣。深愿友朋年富而有志者，相与勉焉①。

《翻译小补》初版时间为1880年，此后商务印书馆又将其重印，直至1938年，商务印书馆还在续印此书。并且该书留存于世的版本颇多，这说明了《翻译小补》在提高中国人的英语知识水平方面所起到的社会影响力。

（四）《无师自通英语录》

《无师自通英语录》也是当时流行较广的一部英语学习教科书。对于《无师自通英语录》，国内已有一些学者对此作过介绍。如薛冰曾说："《无师自通英语录》一册，石印线装本，收各类日常用英语，有汉译，有汉字注音和释义，当系'洋泾浜'英语源头之一。全书正文虽均作横排，但英字左起右行，释义及注音汉字亦左起右行，译文汉字则右起左行，乱得有趣。"②

薛泳将《无师自通英语录》归入"洋泾浜"英语一类，似乎有失偏颇。因为洋泾浜英语的特点，是用有限的英语单词表达更多的意义，同时没有英语的任何时态与语态，没有英语的人称数的变化。英语句子的结构，完全按照中文的模式，将相应的英语单词拼凑起来。而《无师自通英语录》中的英语句子，却是非常地道正规的英语表达，因此，不能将《无师自通英语录》归入洋泾浜英语。

在国内，最先研究《无师自通英语录》的学者是周振鹤。他曾于1996年发表过文章，专文介绍该书。周振鹤称该书版本是1884年点石斋石印本。该版本所收录的英语句子共九百句。

12年后，周振鹤又曾在《逸言殊语》（增订版）中重提该书，并在附记中说他并未亲见这九百句版的《无师自通英语录》。后来他购得于1887年由著易堂仿聚珍版代印版本。在这版的《无师自通英语录》中，英语句子共878句，与点石斋的900句不同，但两个版本的最后两句英语一模一样，有待学术界再探讨③。

本文作者从中国国家图书馆复制了由上洋美华书馆印制的石印本《无

① 曾纪泽：《曾纪泽遗集》，喻岳衡点校，岳麓书社1983年版，第341—342页。

② 薛冰：《金陵书话》，东南大学出版社2002年版，第235—236页。

③ 周振鹤：《逸言殊语（增订版）》，上海人民出版社2008年版，第61—62页。

师自通英语录》。书前有光绪六年（1880）季夏山阴何佳生所作的序，书中又有作者绿竹山房于光绪二十三年（1897）所作的序。

由此可见，该书最早可能成于1880年。其间出现过多个版本。除了上文提到的点石斋1884年版、著易堂1887年版、1897年上洋美华书馆版以外，还有飞鸿阁版、申昌书局版、十万卷楼版和纬文阁版①。这从另一个侧面反映了该书在当时的畅销程度。

下面简要介绍一下《无师自通英语录》的内容。

该书前有何佳生所作的序。序言说到自开埠通商以来，通晓英文英语，“尤为近时要务，然华人学者虽众，究未能得其指归”。何氏“以为其中必有捷径”，这“捷径”就是“深通英文之士”编成的《无师自通英语录》，该书“条分缕析，灿若列眉，见者一览了然，由此熟玩而详记之，以与英人晤对有余矣！其法至简，其事至易，诚哉其可以能自得师也”。

序言高度赞扬了该书在英语学习方面的作用。

全书正文分为七类，

第一部分：相见问答类：32句

第二部分：买卖问答类：60句

第三部分：雇工问答类：61句

第四部分：开船问答类：44句

第五部分：书馆问答类：51句

第六部分：杂话问答类：230句

第七部分：新增杂话问答类：400句

七个部分的英汉对译句子共878句。这一统计数字与前文周振鹤在其自购的1887年由著易堂仿聚珍版代印版本《无师自通英语录》所提到的句子数量相一致。

在七大类言语句型表达之后，还附有在对外贸易中非常实用的“收单格式”“录写荐书”“省笔文字”等内容。最后一部分是英文26个字母的“楷书大写及小写”，各字母下均有汉字注音。值得注意的是，编者考虑到中国方言众多的情况，在此说明了注音汉字的方言发音，有18个字母的注音说明“同宁波音”，8个字母的注音说明“同北京音”，可见此书

① 周振鹤：《晚清营业书目》，上海书店出版社2005年版，第427、5031、447、431页。

系浙东人所编，亦以浙东、上海人为主要读者群。

小结

相比于鸦片战争前，鸦片战争后到甲午战争前这段时间，中国人自编的英语教科书无论在数量上，还是在质量上，抑或是在英语教科书编写的种类上，都有一个比较大的飞跃。

李亦婷曾对晚清上海外语培训班的英语教学进行研究，并在其研究中提到了当时上海外语培训班所使用的英语教科书①。她所列出的英语教科书共 19 种，若将同类书籍的不同版本合并后，计有 12 种。1.《英字入门》，包括《英字入门》《新刻英字入门》《精细英字入门》《原刻英字入门》；2.《英学初阶》；3.《华英通用要语》；4.《华英文字合璧》；5.《华英说部撮要》；6.《英字指南》，包括《（新式）英字指南》；7.《无师自通英语录》；8.《英话注解》；9.《翻译小补》；10.《英文举隅》，包括《英文举隅（新印）》；11.《英语集全（新印）》；12.《英语汇腋初集》《英语汇腋二集》。

以各书发行机构或代售点的数量为标准，可以了解到，在上海培训班中所使用的英语教科书中，最受欢迎的是曹骧的《英字入门》（有 6 家出版机构出版）、杨少坪的《英字指南》（有 3 家出版机构出版），以及汪凤藻的《英文举隅》（有 4 家出版机构出版）。《英字入门》是以上海方言为英语进行注音的，而《英字指南》是以江浙地区通行的吴音进行注音的，这两本书的注音方式对讲上海话的人来说，很容易学习，因此，这两本书在上海能够流行也就不奇怪了。另外一本是英语语法书《英文举隅》。这是中国人汪凤藻据喀尔氏文法第 21 刊本所编译的，并经过了丁韪良的校正，其书内容简明，适合中国人初次学习英语文法，因此也受到中国英语学习者的欢迎。

不过，李亦婷在其硕士论文中所提到的各类英语教科书的出版时间，并不是它们的初版时间。如《英话注解》初版于 1860 年，李亦婷却错误地标示其初版时间为 1881 年。另外，还有几部英语教科书的作者被标注为“不详”，如《英语汇腋》等。其实，《英语汇腋初集》《英语汇腋二集》的作者并非籍籍无名者，而是晚清时期非常有名的报业巨子邝其照，

① 李亦婷：《外语培训班与晚清上海社会（1862—1911）》，上海社会科学院，2007 年。

这在前文已有论述。

尽管如此，李亦婷所做的关于晚清上海英语培训班所使用的英语教科书，仍然具有一定的学术价值，它以上海为研究立足点，从一个侧面反映了在当时的社会形势下，中国人所编写的英语教科书的出版发行，以及与英语学习者的互动关系。

下表为本文作者所收集到的此期间中国人所编写的英语教科书。

表 3-2 甲午战争前中国人编著的英语教科书（1840—1894）

序号	书名	作者	初版时间	类型
1	《华英通语》	子卿	1855	词语类
2	《英话注解》	冯泽夫	1860	词语类
3	《英语集全》	唐廷枢	1862	词语类
4	《英字入门》	曹骧	1874	词语类
5	《英字指南》	杨勋	1880	词语类
6	《英华字汇》	梁述之	1875	词语类
7	《文法初阶》	郭赞生	1878	语法类
8	《英文举隅》	汪凤藻	1879	语法类
9	《华英说部撮要》	点石斋	1880	语句类
10	《无师自通英语录》	绿竹山房	1880	语句类
11	《华英文字合璧》	点石斋	1879	语句类
12	《英语汇腋》	邝其照	1885	英语学习系列丛书
13	《翻译小补》	吴嘉善	1880	翻译类
14	《华英说部撮要》	点石斋	1880	语句类

从统计表中可以明显看出，自 1840 年开始的半个世纪里，中国人所编写的英语教科书的种类、质量，都比鸦片战争前有极大地增加与提高。由于中国人对西学认识的逐渐深入，也随着中国洋务学堂的开办，更多的中国知识分子开始愿意接受西方语言，并积极地学习英语。不仅如此，他们还自主编纂了适合中国人学习英语语言知识的各类教科书。这些英语教科书，已经摒弃了此前的中国洋泾浜英语表达方式，成为正规的、标准的英语语言知识的学习读本，对中国的英语学习起到了一定的促进作用。

但是，由于当时的教育背景，中国人对于西学还不能够完全接纳，还存在着一定的误解和歧视。在社会上，作为知识分子的群体，绝大多数人对于英语学习，抑或是西学知识的学习，都还处于较为蒙昧的状态。

当时在中国致力于英语学习的群体，可以分为三大类。一类是在通商口岸为洋行工作的中国人，或是与外商有业务往来的中国人，还有依靠为外国人提供劳动力服务的仆役等，他们因为生活的需要，有学习英语的意愿。可以说，这些愿意学习英语的中国人，在当时的社会上，其社会地位都比较低。他们的英语学习，并没有给当时的主流社会带来何种影响。

另一类英语学习者是社会的精英阶层，他们就读于清政府所创办的各类洋务学堂。他们英语学习的成效，会对中国当时的上层社会产生一定的影响。洋务运动使中国培养了一批懂外语、会西学的士大夫阶层。

中国境外，留美学生和在美国打工的中国普通劳动者也成为英语教科书的使用者。这些人在美国工作、学习和生活，需要掌握地道的美国英语，因此他们的英语学习动机也很强烈。

因此，针对这三类不同的英语学习者，这个时期的英语教科书的编写，也体现了三种不同的风格。一种是正统的、适合学堂学习使用的英语教科书，如洋务学堂学生汪凤藻所编译的《英文举隅》等。另一种是适合口岸民众所学习的、能够在英语学习中取得立竿见影效果的英语教科书，如李芳春的《英学初阶》、冯泽夫的《英话注解》等。还有一种就是那些留学或生活在海外的中国人，他们有机会接受西方语言文化的正统教育。这些人遵循西方教科书的编写理念，编写了适合中国人学习的英语教科书，如郭赞生的《文法初阶》等。这种吸收了西方近代教育理论成果的教科书编写体系，为甲午战争后的英语教科书的进一步发展，提供了借鉴。

成 熟 篇

纵观历史，我们知道，晚清时期英语教科书的编写与出版的发展历程，与晚清时期的教育改革密切相关。在鸦片战争前，中国闭关自守，其教育体制，一直延续着以科举为目的的教育，读书人所使用的教科书，也与应试科举紧密相连。当时不乏一些带有启蒙意味的学习读物，如《百家姓》《千字文》《三字经》等，但是大多数的读书人，其读书的根本目的是做官。鸦片战争至甲午战争前这段时间，外国传教士所创办的教会学校，以及清政府的官办洋务学堂，给中国以应试教育为目的的传统教育带来了一定程度的冲击。而甲午战争中国败给日本的惨痛经历，更使得中国自上而下痛思中国何以落后于西方，甚而落后于曾经的“蕞尔小国”日本。甲午战争的失败，使中国人更加认识到西学的重要性。在西学方面，不仅派员到欧美各国留学，也派员东渡日本，学习他们快速崛起的先进经验。在西学与东鉴两个潮流下，中国的教育领域发生了极大的变化，英语知识在中国的推广也迎来了更大的发展机会。从 1894 年甲午战争至 1911 年清朝灭亡这段时间，中国英语教科书编写与出版进入了成熟发展的勃兴时期。这个时期中国的英语教科书的编写与出版，受时代的影响，可以分为以下三个路径：

一是国人直接引入或编译自欧美国家学校所使用的英语教科书。这类教科书的主要优点是英语语言地道。所引入的英语教科书，大多在欧美国家的学校使用多年，被证明是有效的语言学习材料。不足之处是英美国家的英语教科书，相当于我国的语文教科书，其读者对象是以母语为英语的英美国民，因此，对于中国人学习英语来说，有些内容并不适合，且有些教科书深奥难懂。

二是译自日本人所编著的学校英语教科书。日本在甲午战争中所表现出来的增强的国力，极大地刺激了中国人，因此当时流行一股“东学热”，只要是日本出版的书籍，不管好与坏，译成中文，大多会受到国人的追捧。因此，汉译日本书籍成为热门。从日本引入的英语教科书，就是在这样的大背景下产生的。日本人所编著的英语教科书，比较充分考虑到学习非本国语的英语所应采用的学习方式。这种学习方式，对于同样是东方国家的中国人，会有一定的借鉴作用。据当前所收集到的史料来看，从日本引入中国的英语教科书，尤其是由那些名家，如斋藤秀三郎、神田乃武、今井信之等所编著的英语教科书，译成中文后，在中国的英语学习史上，也产生了非常大的影响。不过，译自日本的英语教科书，自然也有其不便之处，最为明显的就是在日本所著的英语教科书中，时常可见与日本文化、风俗相关的事例，这些对于中国英语学习者来说，尤其是小学生，可能会造成理解力上的困难。因此，后来的中国学者在翻译日本英语教科书时，将与日本有关的部分内容酌情删改，以适合中国学习者。

三是中国人自己编写的、以体现中国国情的英语教科书的出版热潮渐渐形成。这期间涌现了一批著名的英语学者，如伍光建、邝富灼、严复等。他们利用自身所学，编写了多部优秀的英语教科书。这些教科书的编写，标志着中国的英语教科书发展进入了一个全新的时代，并在新学制教育体系下的各类学堂英语教学中发挥了重要的作用。

第四章

甲午战争后西方英语教科书在中国的流传

中国具有近代教育意义的英语教科书之发展，是从师学欧美等国家的原版英语教科书开始的。英美国家的原版英语教科书，主要是由传教士引入的。为了推行基督教教义在中国的传播，教育传教是传教士在中国活动的一种重要手段。在传教士所开办的各类教会学校中，他们主要使用从本国带来的英语原版教科书，用于教会学校的英语教学。在研究欧美原版英语教科书在中国的使用情况，尤其是在甲午战争后的使用情况之前，我们有必要先对甲午战争后中国英语教科书发展有一个整体的认识。

第一节　甲午战争后中国英语教科书发展概况

一　晚清“英语热”的兴起

（一）晚清沿海地区民众学习英语的热潮

在19世纪末20世纪初，随着中国对外经济、文化交流的进一步扩大，中国社会对外语人才，尤其是英语人才的需求量不断增加，这种学习英语的风气，已经由沿海口岸向内陆地区扩展。学习英语已然成为当时的社会风尚。那些略识一些英语的人，即使是那些只会讲半通不通的洋泾浜英语的人，也会觉得自身高人一等，更遑论那些英学知识丰厚的人，他们在社会上能够得到时人的尊重，能够获得“高尚”的职业。尤其是在沿海对外开放城市，英语能力成为个人在商业领域成功发展的有利条件。据《申报》在1876年11月13日、1879年1月29日、1881年4月20日等刊载的招聘广告所示，英语能力已然成为外国洋行公司招聘人才的一个重要考量依据。现摘录几条如下：

广告一：启者：某行今欲延请一中国司帐之人，须谙别琴英话者，凡欲充此缺之人，请来上海英租界江西路B字第三十九号门牌内商议可也①。

广告二：本公司今欲延请一能写西字之中国人，笔画须极精工，薪俸银每月三十两。英国轮船公司告白②。

第一条广告中的“别琴英语”，即洋泾浜英语。

当然，在《申报》上作广告招聘有英语基础的人从事与外贸有关行业的公司比比皆是，这里就不一一而列。

当时那些凭借粗通几句洋泾浜英语，或称“别琴英语”的中国人，在中国社会上虽并未受到太多来自官绅士族的尊重，但他们在个人的经济收入上还是获利非常，这可以从时人的一些文章、诗句中有所了解。如有人写过这样的诗句：“衣衫华美习以常，抱布贸丝作大商。几句西人言语识，肩舆日日到洋行”③。又有诗云：“偶将音语学西洋，首戴千金意气扬。不识一丁装体面，昂头阔步列官场。”④

尽管当时一些受儒家思想影响的文人墨客，对上海洋场出现的那些凭借英语便会获利的“不识一丁”的低俗之人带有明显的鄙视态度，但对他们仅靠半通不通的英文便能生活得很富裕，也带有不便言明的嫉妒之情。

英语学习不但在19世纪七八十年代风行中国沿海城市，到20世纪初，英语学习的热情仍是方兴未艾。1906年《东方杂志》第13期发表了一篇《论中国教育之弊》中提到，“今科举既废，其所以注重科学者，犹之前此之注重科举文字耳，以科举文字视科学，无论所学之不能专精也。即能专精，然观其所肄各学科，均便于速成者也，均可持以获利禄者也。若其学不便于速成，或不适于获禄，则必视为无足重轻。（如英文算学二门，无论何校之学生均视为重要之科，以他日出为教员，此二科可以获多

① 《申报》，1877年5月26日。

② 《申报》，1879年11月24日。

③ 《申报》，1878年8月12日。

④ 顾炳权：《上海洋场竹枝词》，上海书店出版社1996年版，第87页。

金也……）”[①]。

基于这种现状，晚清的官办英语学校、西方传教士所开办的教会学校，甚至是社会上的英语培训班和夜校，都受到那些意欲改变自身处境的中国人的追捧和青睐。英语在那个时代显现出前所未有的实用价值。中国人，尤其是开放口岸的中国人逐渐转变了对英语的态度，从而使英语成为当时的一门显学，在社会上形成一股学习的浪潮。

关于晚清英语培训班的教学情况，李亦婷对19世纪60年代到辛亥革命结束前的上海英语培训班的情况作了深入的调查和研究。根据李亦婷的研究，认为，最早出现在上海的外语培训班是1862年12月来自英国的一位巴先生所创办的英字话馆[②]。当然，李亦婷所依据的是刊登在上海各大报纸上的广告，但不能就此认为，在上海开办的第一家外语培训班始自1862年，因为，可能有一些英语培训班招揽学生，靠的是口口相传，还有一种可能是上海培训班并未通过在报纸上刊登广告，而通过张贴小广告、散发传单的形式，进行对外宣传的。我们只能说，根据有资料可查的上海开办的英语培训班是始于斯时。李亦婷通过统计当时上海各大报纸所刊载的英语培训班广告，得出上海开办英语培训班所经历的四个阶段：

第一阶段为1862—1869年。在此期间上海所开办的外语培训学校不足10所，可以称为外语培训学校的萌芽期；

第二阶段为1870—1879年，上海新建各类外语培训班48所，可以称为发展期；

第三阶段为1880—1899年，新建各类外语培训机构达138所，可以称为上海外语培训班发展的高峰期；

第四阶段为1900—1911年，新建外语培训班只有25所。李亦婷称之为“低落期”[③]。

但是，对于为什么在1900年以后，上海的外语培训班发展迟缓，文中并没有给出解释。本文作者认为，1900年以后，正是中国近代学制改革的时期，中国的教育，力求向西方学习，向日本学习，清政府逐渐重视

---

① 李桂林、戚名琇、钱曼倩：《近代教育史资料汇编·普通教育》，上海教育出版社2007年版，第415页。

② 李亦婷：《外语培训班与晚清上海社会（1862—1911）》，上海社会科学院，2007年。

③ 同上。

采用西方的学校教育制度，先后颁布了壬寅学制和癸卯学制，建立了各级学校教育体系，并且在初等教育中重视外语科目的教学，使社会上对英语学习的强烈需求能够在国家创办的各类学堂教育中得到很大的满足，这也可能是上海外语培训班在此阶段数目减少的一个原因。

总的来说，英语学习在甲午战争后确实成为晚清时期社会的流行风尚，这在以上海为代表的沿海城市，尤其明显。有两个例证可知当时英语热的程度。一个是在当时《申报》上有一篇文章说到英语学习，是这样评价的："当今之世，无论西学之不能不讲，即一切华洋交涉之事，亦日繁一日，苟其不明洋文，安能周旋于其间哉？"①

另一个值得注意的现象是当时的火车票和火车时刻表也通常附有中英文对照的说明②。

到甲午战争后，英语能力如何，在中国，尤其是在口岸城市，已经成了决定个人在社会上成功与否的重要因素。时人评论道："一洋商之西崽也，而月得数十金，得西文之浅者，已足以糊其口，奚待进而求之深哉？其他为公使译员者，所获功名之捷也由如是。岂非求之学哉？得其文者，而已博富贵如拾芥。"③

（二）光绪皇帝学英语

与鸦片战争前非常不同的是，19 世纪末 20 世纪初，学习英语的主体，不仅是普通民众，连官宦之家的子弟也竞相学习英语，这其中最为人所注目的一件事，要算当时的光绪皇帝学英语了。光绪皇帝学英语一事，不仅在当时的中国，在国际上也引起了轰动。

关于光绪皇帝学英语的时间，据史料所载，"光绪十七年十一月初一日（1891 年 12 月 1 日），本署王大臣面奉谕旨，传翻译官张德彝、沈铎进内备差，每员间日恭讲英文"④。

光绪皇帝学习英语这一举动，朝廷里并不是人人都能理解和接受的。光绪皇帝的老师翁同龢曾在其 1891 年 11 月 26 日的日记中表达了不解，他说："闻欲通泰西字义，此何意也。"⑤ 不过，光绪皇帝学英语，肯定受

---

① 郑观应：《华人宜通西文说》，《申报》1895 年 10 月 30 日。

② 顾卫星：《晚清学校英语教学研究》，苏州大学，2001 年，第 37 页。

③ 项思勋：《西文西学之辨二》，《实学报》1897 年 10 月 21 日。

④《同文馆题名录》，1896 年。

⑤ 翁同龢：《翁同龢日记（第五册）》，中华书局 1997 年版，第 2481 页。

到了当时倡导西学的洋务派大臣李鸿章等人的支持。《万国公报》因光绪帝学英语这件事，还刊登了“天亶聪明”的大幅头条新闻①。

光绪皇帝学英语，也在世界引起了关注。当时的《纽约时报》也对此事进行了报道。原文如下：

> 述评：光绪皇帝学英语，1892 年 2 月 4 日
>
> 清国上海，12 月 18 日讯：
>
> 从去年 12 月份开始，大清国开始发生该国历史上最大的变化。毫无疑问，这种变化将在今后若干年里对整个帝国产生深刻的影响，甚至可能进一步打开保守封闭的枷锁，将大清国带入人类进步历史的前沿。总之，这种进步将超越过去 50 年变化的总和。产生这种变化的根本原因，是清国最高统治阶层最近发生了重大的政策变化。在数万万清国人中，有一个人思想的改变将直接影响国家的每一个人，他就是大清国皇帝陛下。
>
> 今天 20 岁的大清国皇帝陛下（在大清国，人民称他为天子），目前正由两个受过英美教育的北京国子监学生②负责教授英语，而这件事是由光绪皇帝颁布诏书告知全国的。皇帝陛下学习外语这一消息真让此间人士感到意外，他们甚至怀疑这是不是真的。
>
> 光绪皇帝屈尊学习外语，是因为他和他的政治顾问们都认为，死死保住 3000 年前就形成的“老规矩”的时代已经过去了，要应付当今列强，必须相应地改变国家制度。他的政治顾问们在这个问题上显示出了很高的智慧和胆量，而在此之前没有任何人胆敢苟同类似的想法。皇帝陛下周围的一些大臣甚至希望，大清国未来应该在文明国家的行列中占据一个适当的位置③。

其实，光绪帝并不是第一个学习英语的中国皇帝。据丁韪良在《同文馆记》中有一段说：“同治学习英语的时候，他的教师便是同文馆的学

① 苏精：《清季同文馆及其师生》，台北上海印刷厂 1985 年版，第 176 页。

② 注：《纽约时报》此处误将同文馆学生说成国子监学生。

③ 郑曦原：《帝国的回忆：美国人眼中的晚清社会》，当代中国出版社 2007 年版，第 134 页。

生。后来光绪决心设立大学，当然也是因为有感于同文馆的成绩。”[①] 那么中国第一位学习英语的皇帝应该是同治帝，只不过因资料的缺乏，对同治学英语一事几乎未有学者进行相关研究。

光绪皇帝学习英语这件事，因为事件的重大，因此也被其他人记录下来，如丁韪良、德龄公主等人。

丁韪良在其著作《花甲记忆》一书中，比较详细交代了光绪皇帝学习英语的情形。他介绍说，当时同文馆的学生张德彝和沈铎被派出给光绪皇帝教英语。书中记载道：

> 为了对自己的教师表示尊重，光绪允许他们在王爷和大臣们跪见皇上时仍然坐在自己的身边……
>
> 由于每天半小时的英语课程是在清晨四点钟左右开始，老师们必须在半夜刚过就起身入宫，有时候在上课前要等候好几个小时——因为这项工作实在太累人了，他们被获准分担教学任务，轮流给皇帝上课。……
>
> 在很长的一段时间里，他们尊贵的学生上课都很准时，很少会缺一次课，在阅读和写作方面也显示出相当的颖悟。但他的口语却糟糕透顶，试想如果学生犯了错误老师从不敢纠正，又哪能学得好呢？所有的对话练习是预先写下来交我审定，然后再给皇上，让他再抄一遍。……
>
> 皇帝刚开始学习英语时，宫里掀起了一股学习英语的热潮，王爷和大臣们都一窝蜂地去寻找英语课本和教员。可是当各国特使在过年的时候都谢绝前来恭听皇上所准备的一篇英文演讲稿以后，君臣们学习英语的热忱顿时趋向于低落[②]。

但是在德龄公主所写的回忆录中，光绪皇帝的英语学习热情并没有因此事而低落下去，反而一直在学习。书中说：

---

① 丁韪良：《同文馆记》，陈学恂：《中国近代教育史教学参考资料》（上），人民教育出版社1986年版，第42页。

② 丁韪良：《花甲记忆——一位美国传教士眼中的晚清帝国》，沈弘、恽文捷、郝田虎译，广西师范大学出版社2004年版，第214—215页。

> 我每天早晨碰见光绪皇帝。他常常趁我空闲的时候，问我些英文字。我很惊奇他知道的字这样多。……他，在中国实在是一个又聪明又有见识的人，他是一个出色的外交人才，有极丰富的脑力，可惜没有机会让他发挥他的才能①。

（三）王公大臣学英语

还有一些大臣的英语学习热情也没有像丁韪良所说的那样趋于低落，反而有逐步高涨的倾向，这其中最为著名的人物当属曾国藩之子曾纪泽了。

丁韪良在他的著作中记录了曾国藩之子曾纪泽学习英语的情况，他说：

> 1877 年，曾纪泽奉诏到北京等候圣上旨意时，已年近不惑。他已经开始学习英语，目的是为了参加外交工作；……曾纪泽远居于内陆，几乎从未见过白种人，主要靠语法和词典学习英语……曾纪泽对自己的英语水平非常自负，常常向朋友们赠送双语题诗团扇，……中文原诗深得风雅，但其译文则是典型的“巴布英语”② ……
>
> 曾英语口语流畅，但不合语法，阅读、写作总有困难。但他知道的那一点英语使他在社交活动中大占优势（而社交是外交活动的一半），并使他成为中国派驻外国首都最有才干的使者③。

20 世纪初，科举制被废除，除了曾纪泽等，其他一些清朝的王公大臣也开始聘请西人为自己的子女教授西学以及英语等。如德龄公主、李鸿章的长子等，都是当时著名的英语学习者。就连慈禧太后，也曾有意学习英语，也同意在中南海开办英文学习班，并且她还以中国女性能说外国话为骄傲④。

---

① 德龄：《德龄公主文集 清宫二年记》，顾秋心译，江苏教育出版社 2006 年版，第 66 页。

② 原文注：“巴布英语”（Baboo English）即洋泾浜英语。“Baboo”是印度人对男子的尊称，相当于“先生”；贬义即指懂得一点儿英语的印度人。

③ 丁韪良：《花甲记忆——一位美国传教士眼中的晚清帝国》，沈弘、恽文捷、郝田虎译，广西师范大学出版社 2004 年版，第 245—246 页。

④ 德龄：《德龄公主文集 清宫二年记》，顾秋心译，江苏教育出版社 2006 年版，第 19 页。又见穆雷《中国翻译教学研究》，上海外语教育出版社 1999 年版，第 23 页。

（四）英语成为学校教学的重点学科

从19世纪初由外国传教士创办教会学校开始，到19世纪60年代京师同文馆的开办，再发展至20世纪初，英语教学最终得以进入中国正规教育体系中，这期间历时有近一个世纪之久。

甲午战争后，在中国的各类学校教育中，包括洋务学堂和新式学堂，以及壬寅学制和癸卯学制后所成立的新式学校，都开始把外语（主要是英语）作为一门主课来学习。许多学校的招生简章或学校章程中都明确提出了外语教学的内容，以吸引学生。张元济曾创办过北京通艺学堂，他回忆说："（通艺学堂）教授英文和数学，学生有四五十人。"①

湖南时务学堂1897年开办，其招生告示写道："功课：中学……西学，各国语言文字为主，兼算学、格致、操演……由华人教习之精通西文者逐日口授"②。

《交通大学四十周年纪念刊》中曾提到上海南洋公学的课程设置，文中提道："外国文学为英文、法文，旋为留日之预备，又加日文，亦从院生任选。先后教授英文者，为提调李维格、伍光建二人"③。

1896年上海三等公学的功课章程中说："凡作汉文论一篇，必将汉文译作洋文，成华洋合璧……洋文以拼法为始，文法为终，须取各种拼法文法书熟读，然后读书识字，无不谙之拼法矣"④。

上海三等学堂的学馆还规定了英语课程的教学计划：第一年，识英文方字，讲拼法字义；第二年，仍识英文方字，讲文法初阶；第三年，讲解英文文法，读各种英文读本。"以上三年，英文已窥门径，华文亦已通顺，期满不过十三龄耳。或送入南北洋大学堂肄业，或径送出洋肄习专门之学"⑤。

其他教会学校也同样重视英语教学。如在华南女子文理学院的课程设置中，英文科目占了重要的一部分，"英文科目有讲读、写作、英国文学

---

① 张元济：《戊戌政变的回忆》，中国史学会：《戊戌变法》（四），上海人民出版社1957年版，第325页。

② 《时务报》，1897年11月。

③ 《交通大学四十周年纪念刊》，第32页。

④ 陈学恂：《中国近代教育史教学参考资料（上册）》，人民教育出版社1986年版，第300页。

⑤ 同上书，第298页。

史、英文教学法，要求学生用英文诵读剧本、诗文等。规定自第一年起至第四年均需学习英文，除英文专修科必修英国小说、英国戏剧、英国诗歌、英国文学史、英文教学法外，其他系科也将英文的读、写、译作为必修课，增加了很多课时”①。而金陵女子大学的学校课程中，在多数课程的教学中，教师均使用英语授课，其教学参考书也以英文原著为主。不仅如此，学校还要求学生用英文记笔记、写报告。

可以说，甲午战争后，中国的英语学习热潮开始在全国上下各个阶级中形成了。

二　学制的演变

随着人们对西学认识的不断加强，也随着日本教育制度的不断引进，在晚清时期，中国的教育体制也通过一系列的学制变化，最终与世界教育体系相接轨。这种学制方面的演变，给外语教育尤其是英语教育的发展，提供了一个良好的契机。对英语教育的普遍重视，必然会推动各级各类英语教科书的编写及出版发行工作，也必然起到巨大的推动作用。

（一）戊戌变法时期的教育体制

甲午战争前，中国的传统教育还是集中在以科举为目的的人才培养上。甲午战争的失败，使人们认识到旧的科举制度的落后与陈腐。潘克先曾在《中西书院文艺兼肄论》中说：“中西之学本不相同，中国重道而轻艺，故以义理为胜；西国重艺而轻道，故以格致见长，此中西之所由分也。诚欲使中西之学兼综条费，各尽所长，则道艺不可偏废，非推广书院不为功”②。清政府逐步认识到旧书院的教育体制禁锢了人才的培养。1896年，清政府批准对旧书院进行整顿，体现在课程设置上，最为重要的是增加译学。对旧书院的整顿，使西学及西艺得以进入中国的书院教育体系中。

1895年6月以康有为为代表的维新派发起著名的“公车上书”，在社会上产生了极大的反响。1898年6月，光绪帝决心推行改革，并于11日发表《定国是诏》，宣布变法，史称“百日维新”。变法运动中对教育进

① 黄新宪：《基督教教育与中国社会变迁》，福建教育出版社1996年版，第316页。

② 陈元晖：《中国近代教育史资料汇编·洋务运动时期教育》，上海教育出版社1992年版，第681页。

行的改革有：举办学堂，提倡西学，建立译书局，编辑教科书，等等。

（二）壬寅学制

百日维新所颁布的一些法令虽因1898年9月21日慈禧所发动的政变而被废除，但是，推行新式教育，倡导西学，已经成为一批社会精英及具有开明思想的王公大臣们的共识。甲午战争失败，清政府被迫与帝国主义签订《辛丑条约》，使中国社会的半殖民地化进一步加深。为维护其摇摇欲坠的统治，清政府不得不于1901年宣布实行自上而下的“新政”，教育改革是“新政”的重要内容。

1901年9月14日，慈禧太后在西安颁发兴学诏书，称：

> 人才为政事之本……历代学校之隆，皆以躬行道艺为重，而近日士学，或空疏无用，或浮薄不实，如欲革除此弊，自非敬教劝学不可。
>
> 除京师已设大学堂，应行切实整顿外，著各省所有书院，于省城均设大学堂，各府及省隶州则均改设中学堂，各州县均改设小学堂，并多设蒙养学堂①。

兴学诏书颁布以后，全国上下随即出现了一股兴学热潮。根据清学部的统计，到1903年，全国共有官立、公立的大、中、小学堂680所，其中官立516所，公立164所；另有私立学堂89所。各级各类学堂的设立使得建立全国统一的学制，也就显得势在必行。

1902年，管学大臣张百熙拟定了《京师大学堂章程》《考送入学章程》《高等学堂章程》《中学堂章程》《小学堂章程》《蒙学堂章程》等，上呈朝廷后，得到批准，这些章程即为《钦定学堂章程》。

《钦定学堂章程》将整个学校教育系统分为三段七级，学生受教育的年限共20年。这三个阶段分别是：初等教育、中等教育、高等教育。其中初等教育分为三级，即蒙养学堂4年、普通小学堂3年、高等小学堂又3年。中等教育只有一级，即中学堂，学习4年。高等教育分为三级：高等学堂（大学预科，修业3年）、大学堂（修业3年）和大学院（修业年

① 朱有瓛：《中国近代学制史料（第一辑下册）》，华东师范大学出版社1987年版，第776页。

限不限)。同时设有实业学堂和师范学堂。这两个学习体系也分三级。实业学堂分为:简易实业学堂、中等实业学堂、高等实业学堂。师范学堂分为:师范学堂、师范馆、仁学馆。

因1902年为壬寅年,故《钦定学堂章程》又被称为“壬寅学制”。

(三)癸卯学制

1902年的壬寅学制,是仿照日本的学制进行制定的。但由于清政府对张百熙的不信任,以及当时学制本身所存在的一定缺陷,壬寅学制并没有在社会真正推行。1903年,清政府派张之洞会同张百熙及新任管学大臣荣庆,在原《钦定学堂章程》的基础上进行修订,1904年以《奏定学堂章程》的名义在全国正式推行实施。这个学制被称为“癸卯学制”。癸卯学制标志着中国近代学制的最终建立并实行。

癸卯学制分为横纵两大系统。从纵的体系来看,包括了从小学到大学的三个完整阶段。第一阶段即初等教育,也即我们今天所说的小学教育,设立初等小学堂(5年制)、高等小学堂(4年制);第二阶段即中等教育,设立中学堂(5年制);最后一个阶段为高等教育,设立高等学堂或大学预科(3年制)、分科大学(3年或4年制),以及通儒院(5年制)。

从横的体系来看,各阶段都有相平行的教育体系,如设立与高等小学堂相平行的实业普通实习学堂、初等农工商实业学堂和艺徒学堂;与中学堂教育相平行的体系有初级师范学堂、中等农工商实业学堂;在最高阶段的学习,即高等教育体系中,有与之相平行的优级师范学堂、实业教员讲习所、高等农工商实业学堂。

癸卯学制是我国正式实行的第一个学制,也是我国迄今为止规定学习时间最长的一个学制。按照这个学制系统的规定,儿童从开始初等教育到大学毕业,需要20年到21年的时间才能完成,而如果继续学习通儒院课程,则需要24年到25年。

癸卯学制的制定,是仿照日本和欧美国家的学校教育体制而定的,这个学制自1903年颁布使用,到1911年民国政府建立后被废止,时间仅8年。但这个学制对旧中国的教育制度改革影响非常大,并对以后的学校制度的建立,也有很大的参照作用。

癸卯学制,也即《奏定学堂章程》,是由一系列章程组成的。现列表如下:

表 4－1　《奏定学堂章程》细目

序号	章程名称	颁布时间
1	奏定初等小学堂章程	1904 年 1 月 13 日
2	奏定高等小学堂章程	1904 年 1 月 13 日
3	奏定中学堂章程	1904 年 1 月 13 日
4	奏定高等学堂章程	1904 年 1 月 13 日
5	奏定大学堂章程	1904 年 1 月 13 日
6	奏定蒙养院章程及家庭教育法章程	1904 年 1 月 13 日
7	奏定初级师范学堂章程	1904 年 1 月 13 日
8	奏定优级师范学堂章程	1904 年 1 月 13 日
9	奏定任用教员章程	1904 年 1 月 13 日
10	奏定译学馆章程	1904 年 1 月 13 日
11	奏定进士馆章程	1904 年 1 月 13 日
12	奏定初等农工商实业学堂章程	1904 年 1 月 13 日
13	奏定实业补习普通学堂章程	1904 年 1 月 13 日
14	奏定艺徒学堂章程	1904 年 1 月 13 日
15	奏定中等农工商实业学堂章程	1904 年 1 月 13 日
16	奏定高等农工商实业学堂章程	1904 年 1 月 13 日
17	奏定实业教员讲习所章程	1904 年 1 月 13 日
18	奏定实业学堂通则	1904 年 1 月 13 日
19	奏定各学堂管理通则	1904 年 1 月 13 日
20	奏定学务纲要	1904 年 1 月 13 日
21	奏定各学堂考试章程	1904 年 1 月 13 日
22	奏定各学堂奖励章程	1904 年 1 月 13 日

在这些学堂章程中，有很多章程规定了外语学习（尤其是英语学习）的教学任务，规定了英语教学的内容与时间。现列表如下：

表 4－2　癸卯学制中所规定的各类教育体系外语学习内容与时间①

章程名称	英语学习内容	外语课程安排	外语学习时间/每星期钟点	各科目教学总学时数/每星期钟点
奏定中等学堂章程	中学堂科目包括外国语……其教法应由语学教员临时酌定……，当先审发音、习缀字，再进则是习简易文章之读法、译解、书法，再进则讲普通之文章及文法之大要，兼使会话、习字、作文。	第一年：读法、译解、会话、文法、作文、习字	8	36
		第二年：同前学年	8	36
		第三年：同前学年	8	36
		第四年：同前学年	6	36
		第五年：同前学年	6	36
奏定高等学堂章程	第一类学科：经学科、政法科、文学科、商科；	第一学年：英语：讲读、文法、翻译、作文；	9	36
		第二学年：英语：讲读、文法、翻译、作文；	9	36
		第三学年：英语：讲读、文法、翻译、作文；	8	36
	第二类学科：格致科、工科、农科；	第一学年：英语：讲读、文法、翻译、作文；	8	36
		第二学年：英语：讲读、文法、翻译、作文；	7	36
		第三学年：英语：讲读、文法、翻译、作文；	4	36
	第三类为医科。德语为必修课，其后英语、法语可任选。	第一学年：英语：讲读、文法、翻译、作文；	3	36
		第二学年：英语：讲读、文法、翻译、作文；	3	36
		第三学年：英语：讲读、文法、翻译、作文；	3	36
奏定大学堂章程	经学科大学	外语（英、法、德、日、俄任选其一），学习三年	6	24
	政法科大学	无外语课程学习		24
	文学科大学	外语（英、法、德、日、俄任选其一），学习三年	6	24
	医科大学	无外语课程学习		24
	格致科大学	无外语课程学习		24
	农科大学	无外语课程学习		24
	工科大学	无外语课程学习		24
	商科大学	英语必习，兼习俄、法、德、日之一；学习三年	6	

① 璩鑫圭、唐良炎：《中国近代教育史资料汇编·学制演变》，上海教育出版社 2007 年版，第 326—464 页。

续表

<table>
<tr><th>章程名称</th><th colspan="2">英语学习内容</th><th>外语课程安排</th><th>外语学习时间/每星期钟点</th><th>各科目教学总学时数/每星期钟点</th></tr>
<tr><td rowspan="13">奏定优级师范学堂章程</td><td colspan="2">公共科：</td><td>英语：讲读、文法、作文，学习一年</td><td>12</td><td>36</td></tr>
<tr><td rowspan="12">分类科</td><td rowspan="3">第一类系：中国文学、外国语为主</td><td rowspan="3">英语：讲读、文法、作文</td><td>第一学年：每周 12 学时</td><td>36</td></tr>
<tr><td>第二学年：每周 8 学时</td><td>36</td></tr>
<tr><td>第三学年：每周 8 学时</td><td>36</td></tr>
<tr><td rowspan="3">第二类系：以地理、历史为主</td><td rowspan="3">英语：讲读</td><td>第一学年：每周 4 学时</td><td>36</td></tr>
<tr><td>第二学年：每周 2 学时</td><td>36</td></tr>
<tr><td>第三学年：无英语课程</td><td>36</td></tr>
<tr><td rowspan="3">第三类系：以算学、物理学、化学为主</td><td rowspan="3">英语：讲读</td><td>第一学年：每周 3 学时</td><td>36</td></tr>
<tr><td>第二学年：无英语课程</td><td>36</td></tr>
<tr><td>第三学年：无英语课程</td><td>36</td></tr>
<tr><td rowspan="3">第四类系：以植物、动物、矿物、生理学为主</td><td rowspan="3">英语：讲读</td><td>第一学年：每周 3 学时</td><td>36</td></tr>
<tr><td>第二学年：无英语课程</td><td>36</td></tr>
<tr><td>第三学年：无英语课程</td><td>36</td></tr>
<tr><td rowspan="5">奏定译学馆章程</td><td colspan="2" rowspan="5">外国文设英文一科、法文一科、俄文一科、德文一科、日本文一科</td><td rowspan="5">外国文教授之法，先授以缀字、读法、译解、会话、文法、作文诸法，二三年后兼授各国历史及文学大要</td><td>第一学年</td><td>36</td></tr>
<tr><td>第二学年</td><td>36</td></tr>
<tr><td>第三学年</td><td>36</td></tr>
<tr><td>第四学年</td><td>36</td></tr>
<tr><td>第五学年</td><td>36</td></tr>
</table>

从上表中可以看到，在晚清的癸卯学制中，对于外语的学习，尤其是英语的学习，显得极为重视。《奏定中等学堂章程》规定外语课程的学习时数为每周 6—8 学时，占总学时的五分之一；高等学堂的外语学习，特别是第一类学科的经学科、政法科、文学科，英语学习时数约为总时数的四分之一。中等学堂与高等学堂的教育都可纳入基础教育体系。在这些基

础教育体系中，外语教学，尤其是英语教学占有极大的比例，这也反映了当时社会对英语学习的强烈需求。这种需求，对晚清英语教科书的编写有着极大的促进作用。学部在1910年所上表的“实业教育宜择定外国语文并修改课程”的奏折中，对英语教学提出了更高的要求，规定：（1）今后各类高等学校实业学堂乃至大学，英语为必修之外国语；（2）所用之各类实业教科书可直接用英文课本；（3）学生毕业后送京复试也用英文考试①。

正是在这样的社会背景下，晚清英语教科书在出版数量和编写的质量上，都有了极大的进步，晚清英语教科书的编写得到了蓬勃发展的良好契机。

三　英语教科书编写概况

（一）晚清时期对教科书的重视

晚清一些具有先进思想的教育家，已然认识到推行学校教育的重要性，而在学校教育中，教科书的作用不可小视。正如当时的有识之士所阐述的那样：

> 欲使一国之教育日有进步，在多设学校，欲使教育有成效之可睹，在办理学校者之热心，而办理学校者所挟之利器，即教科书是矣。故兴办教育欲收普及之效，必借合用之教科书以维持其间②。

当时的教育家罗振玉③也曾介绍日本教科书的编写及审定制度，并希望将此制度引入我国。他说：

> 日本之教科书，初系翻译欧美书以充用，今则改良进步，相其政体惯习及国民程度而编辑成之。无论官撰民撰，悉须受文部省图书鉴定官之鉴定，然后许其刊行。又无论官撰民撰，数年必加修改，因国

---

① 《大清法规大全》（续编）卷十一，1919年。

② 《申报》，1910年3月11日。

③ 罗振玉：1866—1940，近代江苏淮安人，祖籍浙江上虞，字叔言、叔蕴，号雪堂，晚清时期著名金石家、教育家、农学家。

民之知识程度既增，而课书之程度亦必增进故也。

今中国编定教科书，宜先译日本书为蓝本而后改修之。如算学、理化、体操、图画等可直用东书。若本国之历史、地理，亦必先译东书，师其体例而后自编辑之。至博物等科亦必修改，譬如动、植、矿三者，必就本国所产及儿童所习见者教授之，故不能全用他国成书也。又中国今日编辑教科书，不可草率，亦不可太矜慎。草率则大体多乖，改良不易；太矜慎则旷日过久，误事亦多。宜预定于一年期内，遴选明习此事者，陆续编印成中小学课书，其有未能完善之处，随后逐渐更改。因教科书之善否，不能仅凭理想断定，必征诸实用，乃能明其利弊所在而改良之也①。

晚清时期的癸卯学制，对教科书的编写，特别是中小学教科书的编写，也极为重视，陆续出台了一些文件，用以规范教科书的编写与出版发行。

1906年4月，学部第一次审定了初等小学教科书凡例；同年，又第一次审定高等小学暂用书目凡例；

1910年1月27日，学部奏颁布初等小学堂教科书折；

1910年2月7日，学部奏《简易识字课一》编竣折；

1910年2月7日，学部奏编辑《国民必读课本》分别试行折；

1910年11月2日，学部札各省提学司翻印高初两等小学各书办法文；

1910年12月26日，学部札行各省查禁伪造学部审定教科书文；

1910年12月15日，学部札行各省查禁伪造学部审定教科书文，等等。

在光绪三十二年三月（1906年4月）颁布的《学部第一次审定初等小学教科书凡例》中，第一条内容就是对教科书重要性的阐述。

《凡例》说："本部为全国教育今始萌芽，学制不可不一，宗旨不可不正，故注重于教科书。"② 这说明教科书在教育体系中所起的统领教学的作用。教科书确定了，则教学内容及教学计划就可实现全国的大致

---

① 罗振玉：《日本教育大旨》，《教育世界》1902年第4期，第23页。

② 李桂林、戚名琇、钱曼倩：《中国近代教育史资料汇编·普通教育》，上海教育出版社2007年版，第39页。

统一。

在癸卯学制中，对初等小学堂教育中并未提到英语教学的要求，因此在《学部第一次审定初等小学教科书凡例》所列的“审定初等小学教科书列表”中，并没有出现小学英语教科书目。

另外，在《书目凡例》后还附有一些说明，其中与英语教科书有关的说明如下：“英文一科所列读本固为诵读之用，但英文法必须随时讲明，至于习话习字尤常勤为练习，以期学生适于应用，乃符教授英文之旨”①。

1910年12月15日，清学部颁布了《学部札行各省查禁伪造学部审定教科书文》，内容如下：

> 照得教科书关系教育，至关重要。本部自开部以来，慎选司员任以审定之事，凡私家著述呈请审定者，无论或准或驳，皆几经校阅，然后定稿，指示一秉至公，毫无迁就。乃近有无耻之徒，捏造审定科司员名单，石印成一小册，希图影射，诈取钱财，诚恐无知书坊，受其愚弄，倘经发觉，与受同科，在招摇者难逃诈取之条，各书坊亦应坐行赇之罪。现在编辑书籍，呈请审定者，各省皆有，恐其与本部慎重审定之意未所周知，合亟剀切宣布，仰该省提学使司出示晓谕，俾各呈书人及各书坊，知本部于审定书籍，极为严慎，决非事外之人，所能影射朦混，其所呈图书果能合用，无不批准通行，其不适用者，亦决无所迁就。倘有惑引敲诈之徒，借端撞骗，准各书坊登时扭送各该管地方衙门，按律严惩，以儆奸顽。除查得石印伪造职员名册，咨行民政部转饬内外城巡警总厅严密查拿务获究办外，为此札饬。札到仰该提学使遵照出示晓谕可也。切切此札②。

从学部的札文中，我们可以看出当时清政府对教科书编写与发行的重视程度。通过这份文件，亦可看出，当时教科书的市场需求之大，以至于一些人不惜伪造学部文书，以求其所出版的教科书能在这个巨大的市场中

① 李桂林、戚名琇、钱曼倩：《中国近代教育史资料汇编·普通教育》，上海教育出版社2007年版，第43—44页。

② 章程文牍：《教育杂志》1910年第12期。

分得一杯羹。

（二）甲午战争后英语教科书编写与出版的不同路径

甲午战争后，为满足中国人学习英语的巨大热情，在中国出现了数量大大超过以往的各类英语教科书。

顾卫星曾这样评价甲午战争后的中国英语教科书，他说：

> 中国近代学校英语语言教科书的编写开始于清末的商务印书馆。商务印书馆建立于1897年，当时社会提倡新学，学习西方的呼声正在高涨。要学习西方，首先就要学习西方的语言文字。在沿海通商口岸，学习英语的人使用的英语读本，通常有七八种课本可供选择。这些教科书，无非是那些原来由英国人为印度殖民小学编写的教本，或者是通商口岸的一些教会学校编写的英语读本。这些读本，要么在国外出版，要么未公开发行，全由英美人编写，全是英文，深奥难懂，满足不了社会初学英语的需要①。

本文认为，顾卫星的论点有可商榷之处。首先，“中国近代学校英语语言教科书的编写开始于清末的商务印书馆”这一论断就不确切。中国的英语教科书，最早可追溯到马礼逊于1823年出版的《英国文语凡例传》。如果再把教科书的概念外延扩大的话，那么晚清时期沿海口岸的居民，为了学习英语而使用的那些只用汉语来标注英语发音、通篇看不到一个英语字母的《红毛番话》类读本（以后这类读本有进一步的发展，英文字母也偶有出现），也可以看成当时学习英语的教科书。那样的话，其出现的时间可能会更早一点。日本学术界的学者们也把这类学习读物称作英语教科书，如内田庆市在一些相关著作中对于中国英语教科书的界定也是比较宽泛的，他把中国早期学习洋泾浜英语的《红毛番话》之类的读本也称作“课本”，并把《英话注解》等书称作“教科书”②。其实，“课本”“教科书”与“教材”这三个术语，本无大的差别，即使在当今的教育体系中，不论是教科书的编写者、教科书的使用者（教师和学生），都可能将这三者混用，对此并没有特别严格的概念区分。

① 顾卫星：《晚清学校英语教学研究》，苏州大学，2001年，第73页。

② ［日］内田庆市：《Pidgin——异语言文化接触中的一种现象》，《东亚文化交涉研究》（2）。

至于顾卫星在文章中所提到的当时英美人士所编写的英语教科书“全是英文，深奥难懂”这一点，也并不全部属实。可以说，直接从西方国家引进的英语教科书，肯定是用英文写成的，全篇不见一个汉字。但是，由西方传教士专为中国人所编写的英语教科书，有些采用了中英对译的形式，如马礼逊的《英国文语凡例传》、罗伯聃的《华英通用杂话》、罗存德的《英话文法小引》，还有理雅各的《智环启蒙》、麦嘉湖的《英话正音》等书，无不是英汉对译的教科书。

甲午战争后，中国人学习英语的教科书来源及种类更加丰富。我们可以将甲午战争后中国人所使用的英语教科书，分成三大类：第一类是直接引自或翻译来自英美国家的英语教科书；第二类是翻译日本学者所著的英语教科书；第三类是中国人在引入欧美英语教科书、翻译日本英语教科书的基础上，进行了编著以适应中国人学习的英语教科书的尝试。

第一类英语教科书直接采自欧美国家现成的读本。这样的好处是快捷，而且英语教科书的质量能够得到保证。使用这类英语教科书的学习者，大多是在西方教会学校学习的中国学生。他们所接受的是完全西化的教育。教师也是欧美人士，所以使用这类教科书能够得心应手。通常这类英语教科书都是在欧美国家被较为广泛地使用并有一定的知名度和质量保证的著作。通过这类英语教科书，学生能够学到地道、正规的英语知识。但是这类教科书也有一定的缺点，即顾卫星所说的“全是英文，深奥难懂”。这样的英语原版教科书，必然有其使用的局限性。在19世纪末曾留学美国的邝其照，因其编著过著名的《华英字典集成》而被誉为中国“英汉字典第一人”。在他所编著的《英语汇腋》一书中，也表达了对引入原版英美教科书之不适合中国国情的批评。又如编著过《英语模范读本》的周越然，曾在教会学校学习过英语。他认为，当时教会学校所采用的西洋原本，对那些母语非英语的国家人民来说，并不适宜[①]。不过，在这类英美原版教科书中，也有一些教科书在中国人学习英语的过程中起了很大的作用，这一点，本文将在本章的第二节给予详述。

第二类是译自日本的英语教科书。之所以要转译日本英语教科书，是因为在当时的中国，正在发起一股师学日本的风潮。不少人认为，日本在

① 周越然：《我与商务印书馆》，《商务印书馆九十五年》，商务印书馆1992年版，第164页。

甲午战争中的胜利，其根本原因是它在全国所推行的西学教育。中国人看到在文化及教育方面同宗同源的日本在学习西学之后，不但没有使自身的传统教育丢失，反而增添了旺盛的生命力。这种活生生的现实，振奋了中国人的精神，决心向日本学习。张之洞在其名篇《劝学篇》中指出："各种西学书之要者，日本皆已译之，我取径于东洋，力省效速，则东文之用多"①。

戊戌变法期间，光绪帝在 1898 年 8 月 2 日曾下谕旨："现在讲求新学，风气大开，惟百闻不如一见，自以派人出洋游学为要。到游学之国，西洋不如东洋。诚以路近费省，文字相近，易于通晓。且一切西书均经日本择要翻译，刊有定本，何患不事半功倍"②。因此，中国在当时兴起了一股翻译日文西书的热潮。从日本引入的英语教科书的翻译及出版情况，本文第五章将有详细阐述。

第三类是中国人自己编写的英语教科书。中国人译自日本的英语教科书，确实为中国的英语学习提供了很好的范本，极大地解决了中国人学习英语的入门难题。当时的汉译日本教科书，正如梁启超所说："新思想之输入，如火如荼矣。然皆所谓'梁启超式'的输入，无组织，无选择，本末不具，派别不明，惟以多为贵，而社会亦欢迎之。"③ 当然，这种"梁启超式的输入"，在当时确实解决了人们急切地要了解新思想、掌握新知识的欲望。但是，这种本末不具的方式，也带来了一些问题。在日译教科书方面，也存在着一定的缺陷，如清学部就曾评定说："近日新出之算学书类皆翻自东籍，故不免于钩棘支离。"④ 在选择日本编著的教科书方面，存在着良莠不良、粗制滥造的情况，甚至商务印书馆早期所翻译的日本著作，也因选书不当，再加上翻译不精，致使经济利益受到损失⑤。

① 王建军：《中国近代教科书发展研究》，广东教育出版社 1996 年版，第 63 页。

② 陈学恂、田正平：《中国近代教育史资料汇编·留学教育》，上海教育出版社 1991 年版，第 3 页。

③ 梁启超：《清代学术概论》，上海古籍出版社 1998 年版，第 97—98 页。

④ 丁保书：《蒙学中国历史教科书》，文明书局 1903 年版。

⑤ 蒋维乔：《编辑小学教科书之回忆》，《出版周刊》1935 年，第 156 页；又见章锡琛《漫谈商务书馆》，商务印书馆：《商务印书馆九十年》，商务印书馆 1987 年版，第 106—107 页；又见王绍曾《记张元济先生在商务印书馆办的几件事》，商务印书馆：《商务印书馆九十五年》，商务印书馆 1992 年版，第 24 页。

有些日译西书，其内容专门针对日本国情，与我国国情不符，这也给中国教科书的使用带来一定的不便。

这股翻译日本教科书之风尚，涉及各个学科，甚至连中国历史学科的教科书也不例外。这种过度引译日本教科书用之于我国学堂教育的现象，引起了一些有识之士的警觉，对此现象提出了批评，认为我国的教科书，不应照搬日本，而应“以我国人，述我国事”①。

正是基于这样的原因，中国人开始探索自编英语教科书之路，并取得了不小的成绩。除了中国历史教科书、国文教科书的编纂以外，当时的英语教科书，有一部分虽译自日本，但也注意到为中国学生所编的教科书中，要引用中国的人和事。因此，在翻译这类日本的英语教科书时，会将与中国国情不符的有关日本方面的内容删除，换成有关中国国情的内容。在借鉴英美原版英语教科书，以及日本的汉译英语教科书的同时，中国学者也编著了一些质量较高、适合中国国情的英语教科书。中国人自编英语教科书的较快发展，也与清政府的鼓励与支持有一定的关系。1898 年在总理衙门所拟定的《京师大学堂章程》的第五节中，就对教科书的编写提出了要求：

> 西国学堂皆有一定功课书，由浅入深，条理秩然，有小学堂读本，有中学堂读本……今中国既无此等书，故言中学则《四库》《七略》，浩如烟海，穷年莫殚，望洋而叹；言西学则凌乱无章，顾此失彼，皮毛徒袭，成效终虚。加以师范学堂未立，教习不得其人，一切教法皆不讲求。前者学堂不能成就人才，皆由于此。今宜在上海等处开一翻译局，取各种普通学，尽人所当习者，悉编为功课书，分小学、中学、大学三级。量中人之才所能肄习者，每日定为一课，局中集中西通才，专习纂译。其言中学者，蔡萃经子史之精要，及与时务相关者编成之，取其精华，弃其糟粕。其言西学者，译西人学堂所用之书，加以润色，既勒为定本，除学堂学生每人给一分外，仍请旨颁行各省学堂，悉遵教授，庶可以一趋向而广民智②。

---

① 丁宝书：《蒙学中国历史教科书》，文明书局 1903 年版，序言（编辑大意）。

② 汤志钧、陈祖恩、汤仁泽：《中国近代教育史资料汇编 · 戊戌时期教育》，上海教育出版社 2007 年版，第 229 页。

关于甲午战争后中国人学习英语所使用的教科书的具体书目，已有一些学者进行了一定的研究，如刘军在其博士论文《清末民国时期外语教学研究》中已统计过1902—1911年中国各地所采用的英语教科书书目①；张同冰、丁俊华在《中国外语教育发展史回顾（十二）》中，也列举了当时所出版发行的一些英语教科书，并对其中的一些教科书作了一定程度的评价②；张英对当时在编写与出版英语教科书方面最有名气的商务印书馆所出版的一些英语教科书的情况做了一定的研究③。

可以说，这些研究，为本文在此领域的继续研究建立了良好的基础。但是，前人的研究成果，还存在着可以进一步深化的空间。上述几位学者在其著作中所提到的甲午战争后中国英语教科书的书目，还并不十分完善，有的学者没有把汉译日本英语教科书的书目统计进来，有的学者只列出少数的几本英语教科书，而有的学者只研究某一出版机构所出版的英语教科书。在这些前人的研究中，尚缺少对甲午战争后中国所出现的英语教科书做更为全面的整理。在这些研究中，有的学者可能没有亲见所列的书目，在所收集的资料中没有标注引用来源，也有的学者可能未加考证引用了原本就是错误的资料，造成以讹传讹的现象，这里就不一一列举了。本文作者在前人研究的基础上，力争对此期间中国英语教科书的书目进行扩充与分类，尽力还原当时的出版情况。当然，由于本文作者的能力所限，所收集到的英语教科书的书目肯定还存在着相当的疏漏，期待后来的学者能有更新的发现，以提高本领域的研究水平。在以下各章节本文将分别论述这三类不同来源的英语教科书，及其他们对中国英语教学所产生的影响。

第二节　英美原版教科书的引入与编译

来自英美的原版教科书在促进中国英语教科书发展方面起到了一定的启蒙和促进作用。早在1823年，由传教士马礼逊所著的一些用于教会学

① 刘军：《清末民国时期外语教学研究》，苏州大学，2006年。

② 张同冰、丁俊华：《中国外语教育发展史回顾》（十二），《基础教育外语教学研究》2002年第12期。

③ 张英：《启迪民智的钥匙——商务印书馆前期中学英语教科书》，中国社会福利出版社2004年版。

校英语教学的教科书如《英国文语凡例传》等，就以其与中国传统迥异的教科书编写方式，对中国的传统教科书的编写产生了一定的影响。

鸦片战争后，中国沿海城市对外开放，一批西方传教士进入中国，开始兴办学校。随着洋务运动的开展以及洋务学堂的建立，中国开始了自觉的西学运动。西方教科书的引入，是西学运动得以开展的重要基础。在西方教科书引入中国的过程中，以甲午战争为分界线，可分为前后两个阶段。有学者认为，在前一阶段，从西方传入的教科书的数量较少，适应面较窄，其主要的翻译引介者是欧美国家的传教士，以及少数有着前瞻意识的中国士大夫。当时，中国人接受西方教学知识并非主动的，而是被动的，消极的。在后一阶段，中国人接受西学教育已然是非常的积极与主动，所引入的教科书无论在数量还是质量上，都非前一阶段可比。此阶段的教科书主要从日本转译而来①。

本文赞同上述学者对中国新式教科书引入的时间段的划分，以及对于这两个阶段所引入教科书的不同态度。不过，对于后一阶段中国的教科书主要从日本所引进这一说法，虽赞同，但仍认为此论断尚有不足之处。在许多学者对中国晚清时期的教科书所做的研究中，都只看到日本教科书的编译及引入中国，而几乎没有关注到，在当时中国学堂教科书的使用，还有一部分是来自对英美教科书的直接引入，或编译后发行的。吴小鸥②、毕苑③等，都用较多的篇幅阐述了日本汉译教科书在中国的出版与使用情况，却几乎没有涉及当时仍在使用的一些英美教科书的出版与发行的情形，由此而产生的研究成果及阐发的研究论断，对中国当时教科书使用情况的整体评价无疑是不够完整与客观的。

基于此，根据所收集到当时国内使用的英美国家英语教科书资料，在本节中，本文作者拟对甲午战争后中国从英美国家直接引进的，以及后来编译的英语教科书做一简要概述。

从 1895 年到 1911 年，在中国所出现并使用的英美原版英语教科书，其数量肯定不少，因为当时正是中国教会学校在中国迅速发展的时期。在中国的教会学校，推行的是西式教育，各门课程所使用的教科书，绝大多

① 王建军：《中国近代教科书发展研究》，广东教育出版社 1996 年版，第 12 页。

② 吴小鸥：《中国近代教科书的启蒙价值》，福建教育出版社 2011 年版。

③ 毕苑：《建造常识：教科书与近代中国文化转型》，福建教育出版社 2010 年版。

数（如果不是全部的话）是从英美国家直接引入进来。绝少，也不大可能采用中国人自编的适应中国国情的教科书，而英语教科书更是如此。但是，由于资料收集的困难，以及本文篇幅所限，本文只能关注那些在中国社会产生一定影响的英美原版教科书，其中包括那些根据英美原版教科书进行一定程度的编译并在中国出版的英语教科书。

现将这些对当时中国社会产生一定影响的英语教科书列表如下：

表 4-3　　甲午战争后中国引入的英美原版英语教科书

序号	书名	作者	出版时间（年）	出版社	备注
1	《华英初阶》《华英进阶》	不详	1898	商务印书馆	该书 1898 年由谢洪赉翻译成中文
2	《英华初学》2 册	约翰书院施女士著，颜泳京译	1898	商务印书馆	张英称此书 2 册，共 64 页
3	《华英国学文编》	商务印书馆编译	1900	商务印书馆	全四册
4	The Mother Tongue	George Lyman Kittredge & Sarah Louise Arnold	1900	Ginn & Company	1909 年商务印书馆出版了汉译本，即《增广英文法教科书》
5	《华英通语》第一卷、第二卷	Ira M. Condit，D. D.	1901	美国小书会	
6	《纳氏英文法》1—4 册 English Grammar Series	Nesfield 纳氏菲尔德	1902	商务印书馆	此书一至四册，多次印刷，既有英文原版，又有赵灼等人的汉译版本
7	《英文法程初集》English Lessons	C. D. Tenney	1893 年初版，1902 年第 8 版	上海美华书馆	出版社英文名为：The Presbyterian Mission Press，Shanghai
8	English Grammar	George R. Carpenter	1906	The Macmillan company	
9	增广英文法教科书（附华文释义）	基特里奇·阿诺德原著，徐铣译订	1909	商务印书馆	
10	《英文新读本》（卷二）	Roys Anderson	1909	商务印书馆	安迭生著，邝富灼校订（学部审定）
11	英文法讲义（纳氏）	赵灼评述	1909	群益书社	

续表

序号	书名	作者	出版时间（年）	出版社	备注
12	简要英文法教科书	原著 Newsom，校订：奚若、王蕴章	1910	商务印书馆	1914 年第 7 版，该书内容全部为英文，没有中文注释或翻译
13	English Grammar and Analysis	William Davidson, Joseph Crosby Alcock & E. M. Alcock	1911 年第十版	伦敦 Allman & Son, Ltd.	
14	Science Readers Volume，《英文格致读本》（全 5 册）	［美］祁天锡（Gee Nathaniel Gist）原著，邝富灼校订（学部审定）	1911	商务印书馆	
15	英语锐进	［美］薛思培著	1911	商务印书馆	

从上表可以看出，甲午战争后，在中国发行并使用的英语教科书，有一部分直接引自英美各国的原版书。在这些原版书中，有一些采自供英美本国学生使用的教科书，另有一些是由英美人士在其国家编写，并请在海外的华人学者翻译成中文，专供海外华人在国外学习英语而用，如《华英通语》一、二卷，即是美国传教士为那些漂洋过海到美国去的中国人学习英语而编写的教科书。

还有一些由在中国的外国基督教组织编写的英语教科书，如《英文法程初集》就是由上海美华书馆发行的。该书后来还出现了汉译版本。

除了上述由英美各国直接引入，并由英美国家出版机构所出版的英语教科书以外，中国人也开始较大规模地出版由在华英美人士所编著的英语教科书。商务印书馆是当时的领头羊，其所出版的英语教科书，不论是数量，还是种类，都远远多于同时代其他出版机构。另外值得注意的一点是，这些主要的英语教科书出版机构，几乎全部都在上海。因为当时的上海已成为中国对外贸易最为繁盛的地区，也是来华外国人云集的地区。因此，在上海的中国人学习英语的热情非常之高，这样也带动了英语教科书及英语读物的出版与发行。

一 由英美人士所编著的英语教科书

（一）英美人士所编英语教科书概况

甲午战争后，中国从欧美各国直接引入的原版英语教科书的情况，因为材料收集的困难，目前很难确定其引入的数量及引入的种类，只能根据现在存世的一些当时所使用的英语教科书做一大致的介绍。

此阶段曾在中国使用的由英美人士所编著的英语教科书有以下几种：

第一种 *The Mother Tongue*

作　　者：George Lyman Kittredge and Sarah Louise Arnold

出版时间：1900 年

出版机构：Ginn & Company

备　　注：该书为英语语法教科书。1909 年商务印书馆出版了汉译本，即阿诺德著《增广英文法教科书》。

第二种 *English Grammar Series*

作　　者：Nesfield

出版时间：1902 年

出版机构：商务印书馆

备　　注：该书为英语语法教科书。此书一至四册，多次印刷，既有英文原版，又有赵灼的汉译版本《纳氏英文法》1—4 册。

第三种 *English Lessons*

作　　者：Tenney C. D.

出版时间：1893 年初版

出版机构：上海美华书馆

备　　注：该书为以英语语法知识为主的综合性读物，其汉译名为《英文法程初集》。该书自出版以后，也多次重印。本文作者在中国所搜集到的现存版本是 1902 年第 8 版。

第四种 *English Grammar*

作　　者：George R. Carpenter

出版时间：1906 年

出版机构：The Macmillan company

备　　注：该书为英语语法教科书。

第五种 *New English Readers*《英文新读本》

作　　者：Roys Anderson

出版时间：1909 年

出版机构：商务印书馆

备　　注：该书为英语学习的分级教科书，按照学生的不同学习程度，分为一至四卷，属英语综合性课本，适合正规学校的逐级教学。该书由邝富灼校订，出版后成为学部审定的教科书。

第六种 *Newsom Grammar*《简要英文法教科书》

作　　者：Newsom

出版时间：1910 年

出版机构：商务印书馆

备　　注：此书为英语语法教科书。该书出版后在中国又一版再版，并有了汉译本。本文作者所收集到的版本是该书于 1914 年出版的第 7 版。

第七种 *English Grammar and Analysis*《英语语法与分析》

作　　者：William Davidson，Joseph Crosby Alcock & E. M. Alcock

出版时间：1911 第 10 版

出版机构：伦敦 Allman & Son，Ltd.

备　　注：该书为英语语法教科书。

第八种 *Science Readers Volume*《英文格致读本》（全 5 册）

作　　者：N. Gist Gee［美］祁天锡

出版时间：1911 年

出版机构：商务印书馆

备　　注：该书为英语阅读类教科书，分级课本。作者祁天锡，于 1901 年受美国南监理会派遣，到新成立的东吴大学任格致教习，于 1912 年在该校创办我国第一个生物学系，并首次将生物学研究生教育引进我国。1922—1935 年间，他先后出任洛克菲勒基金会中华医学董事会医预科教育顾问和燕京大学副校长。该书由邝富灼校订，1911 年由商务印书馆出版后，被清学部定为学部审定教科书。

第九种《英语锐进》

作　　者：［美］薛思培著

出版时间：1911 年

出版机构：商务印书馆

备　　注：薛思培，Silsby，John Alfred，曾任美国长老会上海清心书院院长，该书因销路不佳，商务印书馆只是代售该书，并未购买其版权。

第十种《华英通语》第一、二卷

作　　者：Ira M. Condit，D. D.

出版时间：1901 年

出版机构：美国小书会

备　　注：此书为美国小书会在纽约印制，专供在美中国人学习英语之用。

从上述所列的十部引自欧美的原版英语教科书中可以看出，所引入的英语教科书中，有关英语语法方面的教科书有六部，占了总数的大半。这说明了英语语法教科书在英语学习中的重要性，另一方面也说明语法类的教科书，由于其阐释的是关于英语语言方面的系统知识，可以作为语言学习的理论性文本，具有很强的指导性，不会像其他如英语阅读类或会话类教科书那样，随着时代的变化而过时。另外一点是，在编写英语语法教科书方面，自然是英美国家以英语为母语的学者对英语语言本身的特点有更全面的认识，并对其语言细微之处及与其他语言不同之处，有更为独到的见解。他们不仅可以编写为英语初级学习者而用的英语语法教科书，也可以为那些高级英语学习者编写具有更为深奥语言知识的教科书。在这一点上，他们拥有得天独厚的条件。而中国的英语学者，在编写英语语法教科书方面，有能力去编写那些适合较低英语语言水平层次的学习者所用的英语语法书，但是，如果编写具有更深层次及更高水平的英语语法书，相比于英美的语法学家来说，自然有力不从心之感，这就是中国从英美国家所直接引入的英语教科书中，英语语法教科书占有较大的份额的原因。

除了英语语法教科书以外，直接引入欧美各国的教科书还有系列读本，如 1909 年由商务印书馆出版的 *New English Readers*《英文新读本》，其作者是 Roys Anderson。该书由邝富灼校订。这是一套系列教科书，由四册不同级别的英语阅读材料组成，专供晚清新学制下的学校教育所使用。这部教科书因其内容及质量均为上乘，因此被当时的清学部作为审定教科书，予以出版。

（二）《华英通语》之简介

这部《华英通语》，与 19 世纪 50 年代中国人子卿所著的《华英通语》拥有同一个书名，却是完全不同的教科书。该书是由美国传教士所编著的专门用于中国人学习英语的教科书。该书有两卷，但遗憾的是，本书作者虽尽力收集，多方查找，第一卷却终不可得，本书用以研究的是藏于香港浸会大学图书馆的《华英通语》第二卷。

现就《华英通语》第二卷做一简要介绍。

该书的作者为传教士康迪特（Rev. Ira M. Condit，D. D.）。这部书的第二卷于1901年由美国小书会出版。

在该书的前言中，作者用中英文介绍了出书的经过。作者说，因为《华英通语》第一卷的出版，在华人社会上流传很广，故再接再厉，出版该书的第二卷，“意欲俾华人学习者于学英文时可兼学有用之知识。”

从序言中可知该书在美国的华人阶层中很受欢迎。该书采用中英对照的形式，将精选的英语阅读材料译成中文，并配上精美的图画，令人赏心悦目。印刷采用铅版，字迹清晰，阅读方便。

全书共188页，分为两个部分：

第一部分是发音练习。该书第一部分用了6页的篇幅，介绍了英语字母的拼音方法，让学习者对英语的语音知识有大概的了解，以便完成阅读材料。

语音学习分三个部分：（1）举例说明英语的五个元音：A、E、I、O、U的发音方法，并辅以练习；（2）举例说明双元音的发音方法，并辅以练习；（3）练习各种辅音的发音方式。

第二部分是阅读课文，分为72课。在这72篇阅读材料中，一部分来自西方的寓言故事，如“山兔与龟”，就是龟兔赛跑的故事；“狗在马槽”的寓言等；

还有一部分来自汉英俗语，如汉语的“黄金有价，书无价”“善有善报，恶有恶报”“谋事在人，成事在天”；

另有来自英语俗语的“不雨则已，雨则源源而来”“无有盲得过不肯用眼睇之人”“尔于未覆出鸡蛋之先不可数鸡仔”等；

也有关于自然界知识的内容，如狮子、鸵鸟、煤炭等；

另外，关于中国的古典故事，如“孔子与小儿”等，也都有所提及；

当然，也有不少宣扬基督教的内容，如“最要之课”“讲仁爱”“赞美耶和华”“失骆驼”“登山宝训”，等等；

更值得一提的是，该书还加入了一些西方的历史与政治事件及人物，如“盛名之茶党”，讲的就是波士顿倾茶事件；以及著名政治家“佐珠哗盛顿”，即乔治·华盛顿；等等。该书甚至还节选了当时在中国非常流行的有关西学的书籍《地理志》的内容。

从上文所罗列的一些有关英语阅读的材料来看，这部书真的如其序言中所说“不独有益于华人学我等之言语，更有益学识许多紧要真理也”。当然，作者所讲的“真理”，可能更多的是指基督教教义，但是，我们可以看出，这部书也向中国人传播了西方的经典历史与文化，以及一些自然科学知识。英语学习者通过阅读该书，确实可以起到开发智力、增长知识的作用。

当然，在这部书中，由于作者的牧师身份，书里所传播的基督教内容占了不小的比例，这也是该序言所说的“紧要真理”的一部分。

与一般教科书不同的是，这部《华英通语》，虽以课程为单元，但与真正学堂所用的教科书又有些不同。不同之处在于，每课内容为两部分：第一部分为该课文的重点单词，第二部分为课文内容，两者均为英汉对照。不过，该书作为一部英语语言学习的教科书，其重点还是放在阅读方面，书中并没有相关的语法知识内容，也没有设置任何的练习，因此并不适合学校的课堂学习。这部《华英通语》似乎是一部更适合英语学习者自学的英语阅读读本，而非专供学校所使用的课本。

还有一点值得指出的是，这部《华英通语》出版地在美国，那么该书的目标读者应该是那些侨居美国的中国人。不过，和以前曾用粤语方言标注英文读音有所不同的是，在《华英通语》这部书中，英语的发音已不再用汉语来标注英语，并且，全书的中文部分采用文言文的浅文理形式，也并非早期罗存德在《英话文法小引》中所用的粤方言来翻译英文。这说明《华英通语》目标读者群不再局限于讲粤语的广东等地中国人，而是面向来自中国各地的民众。

二　编译欧美各国英语教科书

（一）国人编译欧美各国英语教科书概况

甲午战争后，中国的英语学习进入了一个高潮时期。这一高潮时期，促进了中国英语教科书的出版与发行。上文已提到，为了获得更为丰富多样的英语学习材料，中国人一方面直接引入由英美学者编著、供英美国家的学习者所使用的英语教科书，另一方面，那些意欲借传播西方文化而进行间接传教的传教士们也开始专门为中国人编写更多的英语教科书。这样的两条路径，其主导者都是西方学者或西方传教士。中国的学者，在这样一个时代大趋势下，其主动引介或编译西方英语教科书的热情也被激发出来。在这段时期，中国人所编译的那些英语教科书，其书目名称及数量，我们无法做出精确的统计。但经过本文作者多方搜集与整理，发现目前存世的中国人自己编译的英语教科书大致有以下几种：

第一种《华英初阶》《华英进阶》

作　　者：不详

译　　者：谢洪赉

出版时间：1898 年

出版机构：商务印书馆

备　　注：该书是英国人为印度殖民地学校所编写的英语教科书，1898 年由谢洪赉翻译成中文，用于中国的英语学习，并产生了很大的影响。

第二种《英华初学》2 册

作　　者：约翰书院施女士

译　　者：颜泳京

出版时间：1898 年

出版机构：商务印书馆

备　　注：张英称此书 2 册，共 64 页①。

第三种《纳氏英文法》1—4 册

作　　者：Nesfield

译　　者：赵灼

出版时间：1902 年

出版机构：群益书社

备　　注：该书多次印刷，影响很大。

第四种《增广英文法教科书》

作　　者：基特里奇·阿诺德

译　　者：徐铣

出版时间：1909 年

出版机构：商务印书馆

① 张英：《启迪民智的钥匙》，中国福利会出版社 2004 年版。

第五种《简要英文法教科书》

作　　者：Newsom

译　　者：未详细标明。

出版时间：1910 年

出版机构：商务印书馆

备　　注：本文作者收集到该书于 1914 年出版的第 7 版版本。

下面就上文所提到的两种中国人编译的英语教科书，即《华英初阶·进阶》全集做简要介绍。

(二)《华英初阶》与《华英进阶》

1898 年开始，商务印书馆出版了《华英初阶》，后来又出版了《华英进阶》，作为商务印书馆在近代中国出版印刷业风生水起的第一部系列英语教科书，成就了商务印书馆在编写和发行英语教科书方面在中国的领先地位。

1.《华英初阶》《华英进阶》的出版原因

关于《华英初阶》及《华英进阶》的出版始因，有许多文章对当时的情形做了一定的介绍。对此进行比较详细介绍的是章锡琛，他说：

> 当时维新运动正在蓬勃发展，资产阶级知识分子要求变法自强，热心学习外国语文。上海又是重要商埠，工商界多与洋商有交往，不少职业青年羡慕做洋行买办，学英语的风气尤盛。夏瑞芳他们从教会学校出身，学校里所读的英文课本一向用英国人给印度小学生编的《Primar》[①]，都是从印度输入。他们除承印洋商零件以外，为了适应学习英文的需要，首先把这书翻印出版，果然风行一时。因原书只有英文，使用的人不很方便，不久又请人译成汉文，与英文本对照排列，名为《华英初阶》，接着把高一级的课本也译成汉文，名《华英进阶》。这两种读本经过几次改译，流行到十几种之久。这是商务经营出版事业的开端[②]。

① 此处的《Primar》应为《Primer》，疑为校印错误。

② 章锡琛：《漫谈商务印书馆》，商务印书馆：《商务印书馆九十年》，商务印书馆 1987 年版，第 105 页。

章锡琛关于商务印书馆的发家书《华英初阶》及《华英进阶》的出版始末，介绍得比较详细，但是，关于该书的出版时间以及该书的著作人，章锡琛却并没有点明。

汪家熔对商务印书馆所出版的《华英初阶》《华英进阶》有更为详细的介绍。他说：

> 商务经营出版是从《华英初阶》开始的。当时上海学英文的人不少，通常有七八种课本供人选读，其中有上海教会学校编的，有国外出版的，编者都是英美人。其中采用最广的是供印度人使用的印度课本（谢洪赉：《论英文读本》，载《普通学报》辛丑第二期。）该书全用英文，读者极感不便。1898 年（光绪二十四年）商务出版了对课文单字加注汉文释义的印度课本首册，称为《华英初阶》，大受读者欢迎。接着出版后续各册，即《华英进阶》。这是大家知道的商务发家书，译注者就是谢洪赉先生①。

从汪家熔的记述中，我们可以知道，《华英初阶》和《华英进阶》的出版时间是 1898 年。该书采自英国人为印度人学习英语而编写的教科书，商务印书馆请谢洪赉翻译这部学习英语的入门书。谢洪赉，1872—1916 年，浙江绍兴人，字鬯候，号寄尘，后在其写作中常用“庐隐”为其笔名。谢洪赉所编译的《华英初阶》和《华英进阶》在中国获得极大的成功，为商务印书馆在中国出版英语教科书奠定了良好的基础，所以，称其为商务印书馆的“发家书”，绝非夸大其词。

2.《华英初阶》《华英进阶》的内容

《华英初阶》的内容比较简单。不过，最初的《华英初阶》是译自英国人为印度殖民地人民所编著的初级教科书，后来商务印书馆又对该书进行过多次修订，因此，后来的《华英初阶》可能与其最初版本差别很大。因初版本实在不可得，故本文用以研究的文本是藏于中国国家图书馆的 1946 年版本。

1946 年版的《华英初阶》一共 48 页。第一部分是英文写就的“教学计划”及“写给教师的话”。正文 89 课，最后一页是基督教的祈祷文。

---

① 汪家熔：《记〈华英初阶〉注译者谢洪赉先生》，《出版史料》1988 年（3、4 期合刊）。

在序言的“教学计划”中，作者说：

> 该书旨在通过最简单、最实用的单词学习，使教师能够循序渐进地教授阅读。课文中也包括那些常用的不规则单词，以使所学习的英语句型更具广泛性。这些不规则单词只须认识即可。
>
> 大多数课文包含六个新单词，均以大号字体标注于顶端，便于识记。这些新单词都会在短句中出现。
>
> 学生们能够翻译所给出的句子，但当句子做了点小改动时，他们就不能正确地翻译，这样的情况经常发生。书中大多数页码底端都列有一些练习，以使学生复习已学过的单词。教师应朗读每个句子，要求学生进行翻译。同时教师也应该让学生翻译简单的汉语句子。
>
> 一般来说，每个单词的复现率为四次。这样做是为了符合儿童学习语言的规律。儿童的语言词汇量有限，但他们却可以用有限的词汇量进行很好的语言交际。

在“写给教师的话”中，作者向教师交代了如何使用这本书，包括：一、一定要使学生养成良好的发音习惯。二、关于书后的祈祷文，应该像学习正常课文一样进行学习，而不能只是用作拼写练习来教给学生。三、尽管字母表放在本书的第一部分，但是该书作者强烈建议教师可以从第5页的正式课文开始授课。

在正式课文中，前7课是关于语音知识的学习。其后则是循序渐进地传授英语知识。每课内容都比较简单，先是列出该课重点学习的英语单词，一般都在4个到8个单词的学习量，然后根据所列出的重点单词，辅以简单的例句。在所有的英语单词及句子的旁边，都注有中文译文，方便学习者学习。从第57课到第89课，则是有关基督教的教义宣讲，句子依然很简单。同样将每课的重点单词（这部分每课4个重点单词）列出，并辅以简单的英语句子，同时加注汉语释义。

书中最后一部分是基督教祈祷文，分为主祷文、饭前祷文和饭后祷文。

《华英初阶》只是非常浅显的英语初级学习材料。在《华英初阶》出版后，商务印书馆又发行了《华英进阶》，一共五集，仍然采用汉英对照的形式。关于《华英初阶》及《华英进阶》五集的内容，张英曾有专文作过介绍[①]。

本书作者只购买到《华英进阶》一集（1942 年版）、《华英进阶》三集（1924 年第 29 版）、《华英进阶》五集（1920 年第 20 版），未能集全该书全套本。不过，仅从《华英进阶》这三册不断增加的页数上（《华英进阶》初集 63 页，三集 180 页；五集 347 页，书页总数呈递增的趋势），已经可以看出《华英进阶》五集在传递英语知识方面所体现的递进性。

在书的内容上，《华英初阶》《华英进阶》所选题材来自格言、俗语、先贤教导等，其主导思想正如张英所说，即为“养道德、取知识、助兴趣”[②]。在发挥对学习者的教化作用上，晚清英语教科书与现代的英语教科书有着共通之处。黄恽曾在旧书摊中偶然购得 1899 年商务印书馆出版的《华英初阶》及《华英进阶》全集。他所购得的 1899 年版，应该是商务印书馆的《华英初阶》及《华英进阶》全集最初版。因为 1898 年商务印书馆出版《华英初阶》，以后又陆续出版《华英初阶》及《华英进阶》五集，这六集书的出版需要一定的时间，所以，1899 年的《华英初阶》及《华英进阶》全集肯定是最初版，是非常珍贵的文献资料。他曾撰文简要介绍过这部难得的全本。他所购的《华英初阶·进阶（初集—五集）》合订本，蓝布面精装一册，但页码并不连贯，仍按照每一册分别排页码。《华英初阶》只有 32 页，而《华英进阶》第五集有 322 页之多[③]。

黄恽所发现的这部《华英初阶·进阶》合订本，可能是目前存世的最早的版本，具有非常大的收藏与研究价值。这套书后来被商务印书馆从黄恽手中购走，后被放入机要档案室，成为“死档”，不再对外出借或阅览。对研究《华英初阶·进阶》的学者来说，这是一种极大的损失。

根据黄恽所提到的《华英初阶》《华英进阶》的页数，又根据本文作者所购得的《华英初阶》及《华英进阶》的页数相比照，可以从一个侧面了解不同时期《华英初阶》及《华英进阶》的修订与发展情况。1899 年版的《华英初阶》总页数为 32 页，而到了 1942 年，《华英初阶》的总页数为 48 页，增加了 16 页；1899 年版的《华英进阶》第五集为 322 页，

---

① 张英：《启迪民智的钥匙——商务印书馆前期中学英语教科书》，中国社会福利出版社 2004 年版，第 65—77 页。

② 同上书，第 77 页。

③ 黄恽：《中国最早的英语课本——〈华英初阶〉》（补遗），http://blog.tianya.cn/blogger/post_read.asp?BlogID=629724&PostID=16200046.

而1920年版的《华英进阶》第五集则有347页，增加了23页的内容。当然，单从各版本的书页数量之不同，而断定各版本随着时间的发展进行内容总量上的增加，似乎并不令人信服。因为没有考虑到各版本字体、纸型的大小，这种比较似乎意义不大。不过，因为目前无法获取已收藏在商务印书馆机要档案室里的1899年版全套《华英初阶》及《华英进阶》进行具体的比照，目前能做的，只能是单纯依靠各册书目的总页数这一明显的数据进行对比。这种比照，有一点可以肯定，即《华英初阶》及《华英进阶》确实出版了各个不同的版本，从而可以证明其在社会上的流传广度与受欢迎度。

《华英初阶》及《华英进阶》可以看成中国人自主翻译的英语教科书中的阶梯式系列读本，书本内容因此呈现循序渐进的特点，适合不同阶段的英语学习者。这套丛书的主要内容是词汇及阅读的学习，并没有涉及英语语法知识，表明该套丛书传授英语知识的侧重不在语法，而在乎语言的综合技能训练。

3.《华英初阶》《华英进阶》的社会影响

《华英初阶》和《华英进阶》在语言内容上循序渐进，又配有英汉对译文字，方便了中国的学习者，因此在当时的社会中产生了很大的影响。

绍兴中西学堂在1897年所颁布的英文馆课程中规定：

> 凡习英文，先识字母，次识拼法，合拼法而成字，合数字而成语言。语言之中，文法寓焉，读书时必须口音清切，疾徐轻重，贵合其宜。先读英文启蒙（英语曰泼那马）。已读启蒙者，读英文读本（英语曰而里豆），由第一至第五①。

这里所说的英文启蒙读物“泼那马”，是英语的Primer一词音译，也就是《华英初阶》，而后所读的“而里豆”，即Reader，即“读本”之意，也就是《华英进阶》。只不过，1897年《华英初阶》和《华英进阶》还没有汉译版本出现，学生用的是全英本。

梁漱溟也曾回忆说：

① 陈学恂：《中国近代教育史教学参考资料》（上册），人民教育出版社1986年版，第386页。

“我祖籍广西，先祖时开始在北京做官。1893年我出生在北京。那时北京也开始办起了洋学堂。小学时我进的是当时的中西小学堂。学校的主持人叫陈嵘，是福建人。在中西小学堂，我开始学习ABC，用的就是商务印书馆出版的《华英初阶》和《华英进阶》。至今我还记得清清楚楚”①。

当时的报道也证实了《华英初阶》与《华英进阶》两部书在当时所受的欢迎。

1900年6月19日《申报》有一则《重印〈华英进阶〉》广告，广告说：

是书华英文字并列，句读明显、释解详尽、久已风行宇内。凡中外之书院学堂皆藉以教授生徒，均称受益。并称各报赞扬，不烦赘述。兹将《华英初阶》和《进阶》初、二、三、四、五集合订成一大本。书面用英国顶上蓝色全布，饰以真金字，精致异常。每大本实洋二元二角半。敝馆编辑《华英读本》诸书，早经遐迩流售，咸为有功后进。计《初阶》五分、《进阶》初集一角、二集二角半、三集四角、四集五角半、五集七角半。……②

1905年7月24日，《警钟日报》报道了当时中国出版教科书的情况，文章中说：

“教科书畅销调查。湖北城彩虹场之同文书馆，专售中西书籍，纸张笔墨等物，销售日有起色。其中文教科书中如澄衷学堂，学课图说识字实在易及，普通新历史为最销。英文中以《华英初阶》及《进阶》为最，二集、三集次之，四、五集则甚罕有购者。而英字指南、华英要语类编，尚能日销各数十本云”③。

① 梁漱溟：《我和商务印书馆》，商务印书馆：《商务印书馆九十年》，商务印书馆1987年版，第198页。

② 《申报》，1900年6月19日。

③ 《学界纪闻》，《警钟日报》1905年7月24日。

正因为《华英初阶》以及《华英进阶》在商务印书馆的事业发展史占有如此重要的地位，不少当年曾在商务印书馆工作过，或与商务印书馆有过来往的人士，都曾撰文提及这部有名的书籍在当时的热销情况。

高翰卿曾说：

> 商务印书馆于此时已经出版好几种书籍，销路好的如：《华英字典》、《华英初阶》、《华英进阶》一二三四五集……[①]。
>
> 包天笑也说过：
>
> 商务印书馆可以说是以编辑教科书起家的。最先以三千元的资本开设在北京路的印书馆的时候，便有《华英初阶》、《华英进阶》等，销行于上海各中小学堂，一时颇为流行[②]。

高崧更是盛赞这部《华英初阶》及《华英进阶》系列教科书，他说：

> 提倡新学，学习西学，首先要学习西方语言文字。商务印书馆为了适应社会上学习英语的需求，率先把英国为印度小学生编印的《Primer》翻印出版，一时颇为风行。但这个课本只有英文，初学者有所不便，商务编译所又将有关文字译成汉文，与英文对照排列，定名《华英初阶》。接着，又译印了高一级的课本，名《华英进阶》，销路更广，影响更大。这是商务编印英文读本和对照读物的嚆矢。以后这类图书，成为商务传统出版物，在社会上一直拥有大量读者，享有盛誉。当时，这种读本的出版，不仅满足了上海等通商口岸商界的需要，而且为普及西学，使更多的中小知识分子接触西学打开了通路[③]。

贾平安回忆商务印书馆办馆历程时指出，商务印书馆在印制《华英初阶》和《华英进阶》过程中所取得的成功有其社会性因素。他说：

---

① 高翰卿：《本馆创业史》，商务印书馆：《商务印书馆九十五年》，商务印书馆 1992 年版，第 5 页。

② 包天笑：《钏影楼回忆录 》，大华出版社 1971 年版，第 390 页。

③ 高崧：《商务印书馆今昔》，《出版史料》1982 年第 1 辑。

> 商务印书馆成立初期，正值维新运动蓬勃发展，资产阶级知识分子要求变法图强，热心向西方寻求真理，以求富国强兵。上海是重要商埠，青年学习英语的热情很高。夏瑞芳看准了这个形势，就把教会学校用的英文课本请谢洪赉逐课翻译，加以白话文注释，用中、英对照排版印刷，定名为《华英初阶》，销路甚广，利市十倍。接着又出版了《华英进阶》。这两种课本的出版，几经校译修改，日臻完善，流行了十几年[①]。

正因为商务印书馆的发展与时代潮流相合，所以，张蟾芬曾评价道："商务之成功，半由人事之努力，半由时代之造成"[②]。

那时，《华英初阶》和《华英进阶》已经成了当时英语学习者的首选课本[③]。

从以上所征引的文献可以看出，《华英初阶》《华英进阶》的成功，一半是由于维新运动的风潮，有识之士热心学习西方，急需适合中国人学习的英语教科书；另一方面，《华英初阶》《华英进阶》以英汉对照的形式刊出，汉语翻译采用白话文，极大地便利了初学者的英语学习，扩大了其书的使用范围，作为商务印书馆的发家书，不仅为商务印书馆带来可观的经济利益，也因其适合中国的英语学习者，而在当时的社会风行一时，影响很大。

---

① 贾平安：《记商务印书馆创史人夏瑞芳》，《文史资料选辑》（第二辑），上海人民出版社1982年版。

② 张蟾芬：《余与商务初创时之因缘》，《东方杂志》1935年第1期。

③ 长洲：《商务印书馆的早期股东》，商务印书馆：《商务印书馆九十五年》，商务印书馆1992年版，第646页。

第五章

甲午战争后从日本引进的英语教科书

甲午战争，以中国完全彻底的失败而结束。这次失败，给清朝政府上上下下以沉重的打击。他们怎么也没有预料到，日本这个历来是中国属国的“蕞尔小国”，竟然可以打败曾是世界第一大国的中国！痛定思痛，一些有识之士开始发起了向日本学习的运动。他们认为，日本大量引进西学，因此才会获得长足的发展。所以，他们打算以日本为媒介，通过引介日本所翻译过的西学著作来学习西学。因日文与中文语言相近，中日两国文化价值观相似，借由东学日本，可以快速提高中国的西学知识，从而得到事半功倍的效果。在由日本而引入西学的著作中，日本人所编译的英语教科书，也成为当时中国人竞相学习的对象。

为了更好地了解中国引入日本英语教科书的历程，就有必要了解在鸦片战争后，中日两国是如何看待西方的入侵并做出哪些应对之策。在面对西方传来的学说之时，中日两国的接受度有何不同；这些不同又怎样影响了两国在甲午战争前的国力。这些是中国师学日本的背景所在。

本章分为三个主要部分，第一个部分分析中日两国在甲午战争前对待西学的不同态度。这种不同态度，决定了两国在鸦片战争后的不同发展。第二个部分分析了甲午战争后，中国怎样将日本的教育制度引入中国，这种教育制度的引入，对中国的英语教学产生了何种影响。第三个部分以本文作者所收集到的引自日本英语教科书文本为基础，分析中国师学日本之时，引入了哪些日本英语教科书，以及这些英语教科书对当时的中国社会所带来的影响。

第一节　甲午战争前中日西学发展之比较

一　门户开放前中日对西方语言学习重视程度比较

在日本与西方世界的直接接触历史中，沙勿略（Francisco de Xavier）的名字不应忘记。1549 年西班牙传教士沙勿略进入日本，成为日本第一个西方传教士。他具有超乎寻常的传教热情，一到日本，即致力于“用日语解释世界的起源和耶稣基督一生的全部秘密”，并借此希望能够通过日本这一渠道，向“中国人展示他们懂得的文字书写为他们带来的真理之例证”[①]。当然，沙勿略在日本传教，首先要解决语言问题，同时解决如何对日本的文化进行适应。在掌握日语方面，沙勿略及其跟随者对日语进行数十年之久的系统研究，在 16 世纪后期，日本的传教士出版了词典《落叶集》（1598 年）、《日葡辞典》（1603 年）、《日本文典》（1608 年）及《拉葡日对译辞典》（1594 年）[②]。在日本的西方传教士不仅积极学习日语，也积极传播西方先进的科学知识，以赢得日本人的尊重与欢迎，并赢得日本人对基督教的信任。

16 世纪基督教在日本的传播比较迅速，至 1581 年，日本已有 200 多座教堂，15 万信众[③]。

在传教士学习日语的同时，日本人也在学习西方语言。在 16 世纪后半期的日本，一些皈依天主教的日本信徒学习拉丁语、葡萄牙语。另外，因日本与西方的海外贸易，还出现了一些以传译葡萄牙语为职业的南蛮通词，类似中国的通事。1631 年日本幕府开放长崎为唯一通商口岸，那时的南蛮通词就有 80 余人[④]。

德川时代，因为对荷兰医学的重视，以及出于了解外部世界的渴望，幕府要求这些“通词”有义务学习荷兰语言文字，同时派遣御医、名臣等向荷兰人学习语言。

---

① 张国刚：《明清传教士与欧洲汉学》，中国社会科学出版社 2001 年版，第 232 页。

② ［日］吉田光邦：《日本科学史》，讲谈社 1987 年版，第 127—128 页。

③ 张海香：《天主教在日本的传播与禁绝原因探析》，《商丘师专学报》1999 年第 6 期。

④ ［日］沼田次郎：《洋学》，日本吉川弘文馆 1989 年版，第 8—11 页。

至18世纪后期，日本人的荷兰语水平已达相当高的程度。1783年大槻玄泽编纂《兰学阶梯》，成为日本人学习荷兰语的初级入门书。1796年，稻村三伯等编纂出版了《波留麻和解》，该词典收录荷兰语6万多词条，是一本荷日词典。

19世纪，面对西方大国，如英国、法国的势力侵入，幕府认识到学习英语、法语的重要性，于1809年令通词师从荷兰人而学习英语等其他西方语言。

日本通词们于1808年就跟从荷兰人开始学习法语，1801年2月后又开始学习俄语和英语。并于1811年、1814年分别编写完成《谙厄利亚兴小小筌》和《谙厄利亚语林大成》，这两本由日本人独立编著的英语语法教科书，比中国人最早翻译的英语语法教科书《英文举隅》（1879）早半个多世纪，比中国人最早编写较为正规的英语词汇集《华英通语》（1855）早四十余年。可以说，日本人的英语学习起步时间大大早于中国。

1842年清朝鸦片战争的失败，使日本武士阶级深受震动。他们为不重蹈中国的覆辙，致力于西语的学习。到1853年，日本已能运用荷、法、英语与西方国家交涉①。

正因有这样的语言学习背景，日本人非常关注中国英语学习材料的出版。当年马礼逊耗费巨大心力，历时十五年，于1823年出版了六卷本的《华英字典》。字典甫一出版，立刻得到日本人的注意。在马礼逊写于1828年的日记里，曾提到日本人对英语学习的兴趣。他在11月18日的一封私人信件中说："今天为了见一位从日本来为荷兰人服务的，叫作伯格尔（Burgher）的医生，我在D家用晚餐。他告诉我一则消息，我忍不住要告诉你——事情是这样的。日本翻译者正在把马礼逊词典译成日文！这是一件让人好奇而有趣的事"②。

在1830年马礼逊的友人写给马礼逊的信里，关于《华英字典》在日本的情况，曾说到"日本人非常高兴词典第二部分的字母顺序编排，他们

---

① 李少军：《甲午战争前中日西学比较研究》，湖北人民出版社2007年版，第29—35页。

② ［英］艾莉莎·马礼逊：《马礼逊回忆录》（下卷），北京外国语大学中国海外汉学研究中心翻译组译，大象出版社2008年版，第207页。

已经利用荷兰翻译将它翻译成日语”①。

日本著名的思想家、军事家佐久间象三（1811—1864）在其《增订荷兰语汇题言》中曾说“汉字注以英语、洋语释以汉字者，始于英人莫粟宋。荷兰通词吉雄永保，取莫氏之本书，抉英以荷，以纂一书。今语下往往存汉语者多从吉雄氏本”②。这里所说的“英人莫粟宋”，就是马礼逊。当年翻译马礼逊六卷本《华英字典》的日本翻译中，就有身为荷兰通词的吉雄永保。

1823 年马礼逊出版的供中国人学习英语语法的教科书《英国文语凡例传》（又名《英吉利文话之凡例》），于 1828 年由曾任长崎商馆医师的荷兰人济博尔特（Seibold Philipp Franz von）送给日本同行。长崎商馆的荷兰通词吉雄权之助将《英国文语凡例传》加注了荷兰语的英日荷三语对译本予以出版。1848 年箕作阮甫编撰《改正增补蛮语笺》，1867 年柳河春三编撰《洋学指针英学部》，据樱井豪人考证，认为都参照过吉雄权之助的《英国文语凡例传》③。

迄今发现的最早的中国人自己编写的正规英语读本《华英通语》，出版于 1855 年，其著作人署名“子卿”。此书在当时的中国，可能只见于口岸城市，但是，1860 年日本明治时期著名思想家和教育家福泽谕吉（1835—1901）在造访旧金山期间，将这部书带回，加以日文标注，名为《增订华英通语》。此书为日本的英语学习带来深远影响，这在本文第三章第三节已有论述。

罗存德 1866 年编著的 *Anglo-Chinese Dictionary; with Punti and Mandarin Pronunciation* [《英华辞典（普通话和官话发音）》]，在当时的中国可能并没有引起多大的反响，但是该辞典传到日本后，两次被翻刻成日文版，一次是由津田仙、柳泽信大、大片镰吉于 1897 年以《英华和译字典》之名出版，另一次是井上哲次郎于 1884 年将《英华辞典》改名为《订增英华

① ［英］艾莉莎·马礼逊：《马礼逊回忆录》（下卷），北京外国语大学中国海外汉学研究中心翻译组译，大象出版社 2008 年版，第 223 页。

② 陈力卫：《马礼逊〈华英·英华字典〉在日本的传播和利用》，张西平：《马礼逊研究文献索引》，大象出版社 2008 年版，第 25 页。

③ 陈力卫：《马礼逊〈华英·英华辞典〉在日本的传播和利用》，张西平：《架起东西方交流的桥梁》，外语教学与研究出版社 2011 年版，第 355 页。

字典》予以出版。井上氏的这本《订增英华字典》在 1899 年还再版发行①。

我们可以清楚地看出，同样在闭关锁国的环境下，中国对于英语学习的态度与日本完全不同。中国的统治阶级一向把外国语言看成粗鲁、下贱的语言。在马戛尔尼来华之时，清政府对来华的英使并没有准备可以承担翻译任务的人员。他们固执地认为，既然英国前来修好，就应该自备能够说中文的人才是。至第二次鸦片战争时，在中西交涉过程中，担当中国方面的语言沟通者竟然几乎都是以传教士为主的西方人。在当时的中国并非无人会讲英文，但会讲英文的中国“通事”在中国社会上一直是被鄙夷的对象。如冯桂芬曾这样评价这些通事们：

> 人数甚多，获利甚厚……其人（指通事们）不外两种：一为无业商贾，凡市井游闲跅弛，不齿乡里，无复转移执事之路者，以学习通事为逋逃薮；一为义学生徒，英法两国设立义学，广招贫苦童稚，与以衣食而教习之，市儿标竖流品甚杂，不特易于濡染洋泾习气，且多传习天主教，更出地业商贾之下。……又其人质性中下，识见浅陋，叩其所能，仅通洋语者十之八九，兼习洋字者十之一二，所识洋字，亦不过货目数名与俚浅文理，不特于彼中致治张弛之故懵焉无知，即间有小事交涉，一言一字，轻重缓急，辗转传述，往往影响附会，失之本指，几何不以小嫌酿大衅②。

中国的士大夫不仅看不起当时的中国通事，而且对他们的文化素养、英语水平也持不屑之态。

中国的通事与日本的通词非常明显的不同在于，中国的政府从来没有像日本的政府那样，要求通事们负有研究和提高自身英语水平的责任与义务。大多通事们通常所做的事情，不外乎协助外商做一些简单的事情，如“照料日常事务，如侍候城中出来的官吏、检验出入口的货物，替这些税

---

① 冯天瑜：《新语探源——中西日文化互动与近代汉字术语生成》，中华书局 2004 年版，第 33 页。

② 冯桂芬：《上海设立同文馆议》，郑大华：《采西学议——冯桂芬马建忠集》，辽宁人民出版社 1994 年版，第 109—110 页。

吏们填写税表，呈报海关监督衙门、以备登记，以及后期征税等……并且在任何时候都乐意为全体外国侨民提供方便"①。

而当时流行于中国对外口岸供人们学习英语所用的读本，只是那种洋泾浜式的《红毛番话》，最常见的词汇书收录有大概400个单词，而最多的也只收录有2000—3000个单词，根本不能与日本所出版的6万多词条之巨的《波留麻和解》相比。而且，即使是这样，英语学习材料在清政府那里也是不被允许的，常常面临被禁毁的危险，"嘉庆间，广东人有将汉字夷字对音刊成一书者……而粤吏禁之"就是明证②。

中日政府对待学习西方语言的不同态度，成为西学传播在中日两国间的不同进程与影响因素之一。

二 甲午战争前汉译西书在中国及在日本的出版、传播及不同影响

汉译西书在中国的传播远比在日本要早，可以说，日本的很多西学知识，都是通过汉译西书，由中国传向日本。但是，这些汉译西书在中国所产生的影响，却并没有日本那样广泛，反而造成一种"墙内开花墙外红"的窘况。

19世纪中期，西方传教士借着第一次鸦片战争的机会，纷纷来华传教。为了使基督教义能够影响中国上层统治阶级及知识分子，大部分传教士采取了以出版各种西学知识的书籍、报刊为媒介的传教方式。这些传教士将西方的文化知识翻译成汉语。汉译西书所传播的西学知识涵盖面很广，包括天文、力学、法律、化学、矿学、工业、航海、地理、医学、数学等。

1843年英国伦敦会传教士麦都思、美魏茶（William Charles Milne）等在上海开办墨海书馆，从1844年到1860年，墨海书馆共出版各类书刊171种，属于基督教等宗教类书籍138种，另有西学知识类书籍33种，分为数学、物理学、天文学、地理、历史、植物学、医学等。比较著名的有《数学启蒙》（1853）、《续几何原本》（1857）、《代数学》（1859）、

① ［美］亨特：《广州番鬼录·旧中国记》，冯铁生译，广东人民出版社2010年版，第58页。

② （清）魏源：《魏源集》（下册），中华书局1983年版，第868页。

《代微积拾级》(1859)、《重学浅说》(1859)、《谈天》(1859)、《地理全志》(1853 — 1854 年共二卷)、《植物学》(1859)、《西医略论》(1857)、《妇婴新说》(1858)、《内科新说》(1858)、《全体新论》(1851)、《博物新编》(1853)、《中西通书》(1852)、《格物穷理问答》(1851)、《科学手册》(1856)、《六合丛谈》(1858),等等。

两次鸦片战争的失败使清政府认识到西方国家军事力量的强大,迫切需要掌握西学知识的人才,于 1862 年在北京建立第一所外国语学校——京师同文馆,聘请西方传教士作教习,并着手翻译一批西方自然科学著作。当时传教士丁韪良任总教习。他组织中外教习,翻译了一批西书。据《同文馆题名录》记载,同文馆历年来翻译的西方书籍有《万国公法》(1864)、《化学指南》(1873)、《英文举隅》(1879)、《富国策》(1880)、《格物测算》(1889)、《增订格物入门》(1899)等 25 种。

江南制造总局翻译馆在英国传教士傅兰雅的主持下,采用“以西书之义,逐句读成华语”,然“若有难言处,则与华士斟酌何法可明”[①]。在译出初稿后,再由中国学者润色,以求符合中国的文法。

在江南制造总局,通过这种由传教士口译,再由中国学者笔译的方式,出版了 95 种西学书刊。其中,数学有 9 种,物理书有 4 种,化学书有 12 种,矿物学书有 10 种,机械工程类书目有 9 种,医学类书籍有 4 种,农学类书籍有 3 种,测绘类书目 5 种,军事类书目 15 种,其他 10 种。

这些数目众多、种类齐全的译著,有些是首次对某种学科进行系统的介绍,如《决疑数学》便是第一个介绍概率论的中译本;有些是对中国已有翻译介绍过的学科提供更好的新译本,如《代数学》和《微积溯源》,相比于伟烈亚力和李善兰的相关译著来说,傅兰雅的译作内容更丰富、译文更流畅优雅[②]。

林乐知所办的广学会(1887—1956)也在传播西学方面起了很大的

---

① 傅兰雅:《江南制造总局翻译西书事略》,罗新章:《翻译论集》,商务印书馆 1984 年版。

② 见马祖毅《中国翻译简史》,中国对外翻译出版公司 2007 年版;另见黎难秋《中国科学文献翻译史稿》,中国科学技术大学出版社 1993 年版;又见熊月之《西学东渐与晚清社会》,上海人民出版社 1995 年版;又见宋原放、李白坚《中国出版史》,中国书籍出版社 1991 年版;又见王立新《美国传教士与晚清中国现代化》,天津人民出版社 2008 年版;又见顾长声《传教士与近代中国》,上海人民出版社 2013 年版;又见邹振环《慕维廉与中文版西方地理学百科全书〈地理全志〉》,《复旦大学学报》(社会科学版)2000 年第 3 期。

作用。广学会先后出版了韦廉臣（Alexander Williamson）的《格物探原》，李提摩太（Timothy Richard）的《七国新学备要》、马恳西（Robert Machenzie）的《泰西新史揽要》、林乐知的《中东战纪本末》等书籍。广学会所出版的书籍，对清末维新运动和清末新政产生了很大的促进作用。

这些汉译西书作为中国人了解西方科技文化的重要参考，在当时的中国社会传播西学、开启中国民智方面，产生了一定的影响。但是，这些汉译西书在中国的传播并不是一帆风顺的，在西书传播之初，并未得到社会的广泛赞同。鸦片战争期间，国人对西学的认识还不够。王韬曾于1848年至上海墨海书馆，与当时的创办人麦都思（Walter Henry Medhurst）等合作编译多种西文书籍，宣传西方科技文化。在编译的过程中，他认识到了“西洋奇器，俱因天地自然之理创立新法，巧不可阶”①。尽管王韬认识到西方科技文化的先进性，可当时的中国人，对西洋人，仍怀有很大的鄙夷之态。他们不仅不屑于学习西方科技，认为这些是“淫技奇巧”，而且，对那些为西洋人工作的中国人，也倍加嘲笑。王韬曾在他的日记中感叹当时翻译西书时承受的来自中国人的巨大压力，“我知援手者无人，而姗笑者蜂起矣。且目论之士，以此为获罪名教，有玷清操，或扰杂之形”②。

而广学会所出版的书籍，因时间已近甲午战争，时人对西学知识的渴求逐渐升温，所以广学会的书籍在后来受到民众的欢迎，甚至有不少被翻刻或盗印。到1898年，它的销售书款已达13886.23元，1902年更激增到43548.92元③。这些数字还未包括在科举试场外和传教布道分赠的书籍。但是这些书也曾经过早期的被冷落，“初印时，人鲜顾问，往往随处分赠，既而渐有乐购者，近三年内几于四海风行”④。

由此两例可以看出，至少在第二次鸦片战争结束之前，在中国出版的各种西书并未受到民众的广泛重视，甚至可以说受到了强烈的抑制。只是在洋务运动开始后，国人逐渐了解西学，汉译西书在中国才慢慢受到重视。

---

① 王韬：《瀛环杂志》（卷二），岳麓书社1988年版，第36页。

② 王韬：《王韬日记》，中华书局1987年版，第65页。

③ 梁元生：《林乐知在华事业与〈万国公报〉》，香港中文大学出版社1987年版，第105页。

④ 林乐知：《中东战纪本末》（第4卷），上海广学会1896年版，第82—85页。

在中国出版的这些汉译西书，有一部分同时流传到日本，成为日本了解西方文化、学习西方先进科学技术知识的启蒙读物。只不过，这些汉译西书传到日本后，其所受到的欢迎与重视程度，远远超过中国。

前文已述，日本对于西语的学习之重视来自幕府时代，是自上而下地推行西语的学习。19世纪中期以来，日本迫切地需要学习西方的先进知识。当时他们学习西学知识主要来自荷兰文书籍。但是荷兰语比较难学，即使是荷兰学专家也很难把荷兰文翻译成清晰明了的日文。由于中日两国长期的文化交流，日本学者中精通汉文的不在少数。因此，一些日本人来到中国，通过各种途径收集汉译西书，以此作为学习西学的便利途径。当时的日本人对于西学知识极其渴求，他们“不仅中国新出版书籍被立即带回日本，即使尚未出版的，也时常传述消息，使日本学者急切盼待”[1]。

柳河春三是日本幕府时期著名的洋学家，他在其出版的《横滨繁昌记》中就曾记录当时汉译西书在日本的流传。他说：“近今，英美两国人士，务修汉文，在香港、上海等处所刊汉文著书颇多[2]。”在这些书中，有《谈天》《内科新说》《地理全志》等书目，还有一些传教士们所办的报刊，如《六和丛谈》《遐迩贯珍》等。

另一部在日本引起广泛关注的汉译西书是美国传教士、同文馆总教习丁韪良所译的《万国公法》。美国学者惠顿（Henry Wheaton）于1836年写作了一部《国际法要义》（*Elements of International Law*，或译为《国际法原理》），丁韪良将其译成中文，书名改为《万国公法》。这部书稿译毕，由恭亲王奕䜣亲自委派总理衙门的四位章京予以润色，于1864年在北京刊印。同年，这部书就传入日本。1865年由日本幕府开成所翻印，到1868年，《万国公法》在日本已经有三个译本出现。到1870年，《万国公法》的各种节译本、全译本已有不下数十种之多。当时社会上流传着“长剑不如手枪，手枪不如《万国公法》”[3] 的说法。由此可见该书在日本流行的程度。

---

① ［日］吉野作造：《日本近代史上政治意识的产生》，吉野作造：《政治学研究》（第2卷），日本东京：岩波书店1927年版，第48页。

② ［日］增田涉：《西学东渐与中国事情》，由其民、周启乾译，江苏人民出版社2011年版，第23页。

③ 王晓秋：《墙内开花墙外香——晚清汉译西书在日本的传播》，黄爱平、黄兴涛：《西学与清代文化》，中华书局2008年版，第746—750页。

通过以上所举的汉译西书在当时日本的出版与传播的事例，我们可以看出，在同样面临西方帝国主义侵略的威胁之下，中国与日本在对待西方学术、推广西方科技文化方面却表现出了非常的不同。在中国方面，接受西学知识和文化的进程是不自主的、被迫的。如果没有第二次鸦片战争的失败，曾作为“天朝上国”的中国政府，是不会屈尊俯就，去学习所谓的“蛮夷”文化的。而日本方面则不同，日本对待西学的态度是积极的、热情的。从幕府时代，政府就下令要加快对西方语言的学习，到了明治时期，社会上普遍形成了向西学的热潮。他们利用中国翻译出版的有关西学文化的书籍，了解西方世界，增强本国实力，因此，才有明治时期日本的发展壮大，才有甲午海战日本打败中国这一看似不可能的结局。

第二节　甲午战争后日本教育制度对中国的影响

在本章的第一节，我们讨论了中日在甲午战争前对西方学术的不同态度，这种不同态度，影响了中日两国的力量对比，尤其是军事力量的对比。甲午海战，中国惨败，这对中华民族来说是巨大而沉痛的打击。痛定思痛，决心师学日本，由此在全国上下掀起了一股向日本学习的热潮。在这样的东学热潮中，日本的教育制度对中国产生了相当大的影响。日本人所编写的英语教科书，也在一定程度上影响了中国的英语教学。本节探讨甲午海战后中国从日本学习了哪些教育制度；这些制度对中国的教育带来怎样的影响；这些影响，在中国英语教科书发展的历史上，又起了什么样的作用。

一　中国师学日本的历史背景

中国与日本是一衣带水的关系，两国互通往来已有悠久的历史。在中国人眼中，日本一向是中国的属国，处于文化低劣的地位。但是，日本却是一个善于从中国失败中获得经验和教训的国家。自鸦片战争中国失败起，日本就非常关注中国的命运，并努力不再重蹈中国的覆辙。1863 年，日本第一艘轮船“千岁”号驶入上海港，对中国进行考察。1874 年日本国力渐强，断然用武力侵犯台湾，琉球划归日本所有。这时，一些有识之士对日本的崛起有了比较明确的认识。郭嵩焘曾在《伦敦致李傅相》中说，“日本在英国学习技艺二百余人，各海口皆有之”，他希望中国也能像日本那样多派留学生学习西方科技[1]。

1894年的甲午战争，中国出人意料地惨败，开启了中国民族的觉醒之路。正如梁启超所说："昔日本当安政间，受浦贺米舰一言之挫辱，而国民蜂起，遂成维新。吾国一经庚申圆明园之变，再经甲申马江之变，而十八行省之民，犹不如痛痒，未尝稍改其顽固嚣张之习，直待台湾既割，二百兆之偿款既输，而鼾睡之声，乃渐惊起"[2]。

其实，在明治维新之前，已有一些先知先觉的中国人认识到日本的潜在力量。洪仁玕于1859年就曾说："日本邦近与花旗邦通商，得有各项技艺以为法则，将来亦必出于巧焉"[3]。

李鸿章早在1864年就看出日本对中国怀有的野心，以及日本的快速发展，他说：

> 夫今之日本即明之倭寇也。距西国远而距中国近。我有以自立，则将附丽于我，窥伺西人之短长。我无以自强，则并效尤于彼，分西人之利薮。日本以海外区区小男，尚能及时改辙，知所取法，然则我中国深维穷极而通之故，夫亦可以皇然变计矣[4]。

日本打败中国对中国人所带来的震惊，远比西方列强打败中国带来的震惊大得多。因此，中国维新派的领袖人物充分利用日本的经验，要求变法，要求向日本学习。向日本学习，首要的是学习日本的国民教育经验。黄遵宪在其《日本国志》中曾说，到明治九年（1876），日本全国人口34333840人，学龄儿童为5251807人，其中就学的就达2094298人。政府财政拨给教育经费5363870元[5]。

日本的崛起，也激励人们到日本去学习游历，深切了解日本快速发展的秘密。张之洞在其著名的《劝学篇》中写道：

---

① 陈旭麓：《近代中国社会的新陈代谢》，上海社会科学院出版社2006年版，第161页。

② 梁启超：《戊戌政变记》，中华书局1954年版，第133页。

③ 洪仁玕：《资政新篇》，中国史学会：《太平天国》（二），神州国光社，出版时间不详，第532页。

④ 陈旭麓：《近代中国社会的新陈代谢》，上海社会科学院出版社2006年版，第170页。

⑤ 黄遵宪：《日本国志》（第15卷），上海古籍出版社2001年版，第181、348页。

出洋一年，胜于读西书五年，此赵营平百闻不如一见之说也。……日本小国耳，何兴之暴也！伊藤、山县、榎木、陆奥诸人，皆二十年前出洋之学生也，愤其国为西洋所胁，率其徒百余人，分诣德法英诸国，或学政治工商，或学水陆兵法，学成而归用为将相，政事一变，雄视东方。……至游学之国，西洋不如东洋：一、路近省费，可多遣；一、去华近，易考察；一、东文近于中文，易通晓；一、西书甚繁，凡西学不切要者，东人已删书而酌改之。中东情势，风俗相近易仿行，事半功倍，无过于此①。

为了使清朝统治阶级下决心改革，以向欧美学习，向日本学习，1898年康有为发表了洋洋洒洒的《日本变政考》，他说：

人徒知泰西之强，弗知其强由于学也。……日本之创版权，广书藏，开博览会，毫末新学，皆有重赏，故其工艺之盛，将夺英美，盖有由也。……日本变法，欲与外国并驰，皆力矫之，务令国民一体，皆通婚姻，皆修士农工商之业，皆游外国，并携妻女，俾开其知识，此最要之事也。又泰西各国，无男女皆教，凡男女八岁不入学者，即罪其父母。其女学则于闺范教育修身女红诸学皆学焉。……泰西之强，由于人才，人才出于学校，日人变法，注意于是……日本之骤强，由兴学之极盛。其道有学制，有书器，有译书，有游学，有学会，五者皆以智其民者也。五者缺一不可……（日本）以区区三岛地，当吾国十一，而大学堂七区，盖不以京城限也。若以吾国地论，则大学堂应有七十区矣②。

在维新派的大力呼号下，清王朝终于决定发展教育。光绪二十四年五月十七日（1898年7月5日）至光绪二十四年七月二十七日，清王朝连续下发了一系列诏谕，包括《能独立创立学堂者予特赏谕》，鼓励私人办

---

① 张之洞：《张文襄公全集》（卷二百零三），高时良、黄仁贤：《中国近代教育史资料汇编》（洋务运动时期教育），上海教育出版社2007年版，第894—895页。

② 汤志钧、陈祖恩、汤仁泽：《中国近代教育史资料汇编》（戊戌时期教育），上海教育出版社2007年版，第117—120页。

学；《书院改学校谕》，要求各省府厅州县现在书院，皆改为学校；省会大书院改为高等学堂，郡城书院改为中等学堂，州县书院改为小学堂，希望在全国能够形成“人无不学，学无不实”的社会氛围。其中发布于1898年8月18日的《派遣日本游学谕》，要求各省督抚“就学堂中挑选聪颖学生，有志上进，略谙东文英文者，酌定人数，克日电咨总署核办”①。

1896年清朝首次选派13名国学生到日本留学，揭开了中国向日本学习的序幕。到1906年，中国留日的学生达到8000名之多②。这样，大批的中国学生前往日本学习，也带来了有关日本教育方面的新理论和新做法。

二　近代日本教育及对中国的影响

（一）日本近代教育体制的建立

1862年，日本明治政府成立，在教育政策上实行开明主义。明治政府一开始成立，即要求日本学者对西方教育情况作调查。这些学者在调查研究的基础上，于1870年3月制定《大学规则》及《中小学规则》③。这些教育规则均采用欧洲式的科目编制，1872年8月日本政府颁布《学制》。为更好地贯彻《学制》的执行，政府特地公布了“学制布告”。“学制布告”宣明新教育方针下的教育新理念：

> 人人之所以自立其身、治其产、昌其业而遂其一生，别无他由，而在于修身、开智、长才艺；而修身、开智、长才艺则不能不学，此为设立学校之缘由……人无有不学者……望自今以后一般人民（华族、士族、农、工、商及女子），必邑无不学这户，家无不学之人……使幼童子弟不分男女就于小学……④

① 汤志钧、陈祖恩、汤仁泽：《中国近代教育史资料汇编》（戊戌时期教育），上海教育出版社2007年版，第120—124页。

② ［日］实藤秀惠：《中国人留学日本史》，生活·读书·新知三联书店1983年版，第1页。

③ 教育史编纂会：《明治以后教育制度发展史》（第1卷），龙吟社1938年版，第140—142页。

④ 同上。

《学制》颁布后，日本逐步确立了义务教育制度，并开始进行中等教育与高等教育。同时，师范教育与职业教育也逐渐开展起来，取得了一定的成效。但是，由于《学制》在实行过程中也存在一定的问题，尤其是教育经费缺乏的问题，1879 年 9 月日本政府废除《学制》，颁布《教育令》，并在其后的一段时间里，对教育体制进行不断的修改。1886 年颁布《学校令》，标志着日本近代学制的确立，1889 年颁布的《大日本帝国宪法》、1890 年的《教育敕语》标志着日本近代教育体制的确立。从此，日本义务教育法制化，并确立了多轨制的学校升学机制，同时更为注重职业教育，日本近代学校教育制度趋于成型。这些教育措施有利于日本更快更好地培养出国家在发展经济方面所需要的各级人才。

与此同时，日本政府延长了义务教育的实施年限。“1886 年，日本开始实行四年制义务教育，1907 年又将义务教育年限延至六年”①。这充分体现了明治政府欲提高教育的发展速度，并由此来带动经济的发展这一战略理念。

（二）日本的教科书审定制度

教育的发展离不开好的教科书。在日本明治时期的教育改革中，政府认识到教科书的重要性，因此，针对教科书的编写，也制定了一系列的法令。

可以说，日本的教育科书审定制度最早可追溯到 1872 年，即明治初期。

1872—1880 年为明治前期的学制期；

1881—1885 年为明治前期的教育令改正期；

1886—1892 年为明治审定期第一期；

1893—1900 年为明治审定期第二期；

1901—1902 年为明治审定期第三期；

从 1903 年开始到 1945 年止，为国定期。

学制期起始于 1872 年日本《学制》的颁布，止于 1879 年《学制》被废除之日。

1872 年的《学制》是仿照欧洲各国的教育制度而确立起来的。《学制》所表现的教育目的是结束日本江户时代只有少数上层社会人士才能接

① 刘敬文：《试论近代日本教育改革》，《日本研究》1988 年第 3 期，第 90—94 页。

受教育的状况，使教育走向普通民众。这在日本是具有划时代意义的大举措。为了推行《学制》，1873 年出台了《小学教则》，不仅规范了小学就读的年限为四年，还规定了所设立学科及各年级的教学要求，并由官方列出可供学校选择的教科书等。对这些教科书的编写者，日本政府没有特别严格的规定，文部省、官立师范类学校、公立师范学校、民间出版机构等都可以进行教科书的编写和出版。日本政府既没有对教科书的出版作出统一的严格规划，也没有对教科书的使用作出严格的限制，所以这段时期的教科书编审制度相对来说还是比较宽松的。

由于《学制》在实行的过程中所表现出来的一些不符合社会发展的问题，1879 年日本废除《学制》，颁布《教育令》。《教育令》尽管放松了教育的中央集权制，将教育权下放到地方，迎合了当时高涨的民权思潮，但是，一个令人难以预料的结局是由于政府的财力不振，学生入学数量减少，学校的数量也在减少，这引起了人们的强烈批评。于是 1880 年又出台了《改正教育令》。《改正教育令》加强了对教科书的管理。文部省不仅设置了编辑局，还设有专门调查各地教科书使用情况的机构，1881 年进一步实施了教科书申报制度，这样，日本政府对教科书的管理更加严格了。

1886 年明治政府又开始了教科书的审定制度。同年制定的《小学校令》中第 13 条明确规定："小学使用的教科书必须经由文部大臣审定"①。至 1892 年，日本政府实行《教科用图书审定规则》，不仅对教科书的形式进行审定，也开始对教科书的内容进行干预，表现了日本近代教育制度中加强国家统治的意识。

日本教科书制度的形成与发展，以及其体现的特点，对于中国清末新政下的壬寅学制和癸卯学制的建立，以及对清政府后来所推行的教科书审定制度，都有着重要的影响。

（三）近代日本教育对中国的影响

近代日本在教育制度改革上的成功经验对中国的近代教育产生了很大的影响。正如有的学者所指出的那样："中国教育近代化从产生到出现高潮，受到了各种因素的影响，其中日本的影响尤为直接和突出。近代中国

① 唐磊：《走近日本教科书制度》，人民教育出版社 2006 年版，第 22 页。

对日本教育近代化成果的吸收和借鉴，是全方位的，涉及面很广”[①]。中国教育近代化受日本的影响体现在以下几个方面。

1. 吸收和移植日本的教育制度

为了更好地了解日本的教育制度及其运作模式，清政府派遣了一部分官员去东洋学习考察。以姚锡光[②]为代表的赴日考察团从日本归来后，1898年完成了一部全面介绍日本教育体制的著作《东瀛学校举概》，这部著作亦是姚锡光赴日考察的报告。该书分别介绍了日本普通学校、陆军学校、特殊学校、专门学校等教育体制。《东瀛学校举概》在其出版后的两年内又再版、三版，可见当时人们渴望师从日本，进行教育改革的心态。

1901年，罗振玉[③]到日本进行为期两个月的考察，返回中国后写成了《日本教育大旨》，对日本教育体系的完备性、层次分明性以及各教育阶段的彼此严密衔接等做了介绍，以期中国能够效仿日本在教育方面的做法。

自1900年至1902年，光绪帝连续发布变法诏令，其中关于教育的诏令有“开经济特科”“停乡试、会试”“建立武备学堂”“谕于各省、府、直隶州及各州、县分别将书院改设大、中、小学堂”“派学生出洋肄业”“举办京师大学堂”等。从这些谕令中，我们可以看到日本教育制度对当时中国的影响。

光绪二十七年五月二十七日（1901年7月12日），张之洞与刘坤一联名上奏变法，他们在奏折中提到要师从日本进行教育改革，奏折中称要“设文武学堂……其习武者专设一武备学校，择普通毕业之廪生愿习武者送入。‘四书’、中国历史、策论，人人兼习。其余翻依外国教课之法，并专习一国语言文字，或仿日本并设一炮工学校，专学制造枪炮之法，均三年而毕业。”[④]

1902年清政府颁布了《钦定学堂章程》（即壬寅学制）。次年又颁布

---

① 黄新宪：《简论近代中国对日本教育近代化成果的吸收和借鉴》，《教育理论与实践》1995年第4期，第15—17页。

② 姚锡光（1857—1921），江苏丹徒人，清末政治家，军事理论家。

③ 罗振玉（1866—1940），祖籍浙江上虞人，出生于江苏淮安，清末农学家、教育家、考古学家。

④ 张之洞、刘坤一：《会奏变法自强第一疏》，璩鑫圭、唐良炎：《中国近代教育史资料汇编》（学制演变），上海教育出版社2007年版，第14—15页。

《奏定学堂章程》（即癸卯学制）。清朝所颁布的这两个学制，尤其是癸卯学制，与日本1900年颁布的学制相比，可以看到二者在划分学校教育阶段以及名称上有着非常大的相似度。另外，关于学生的入学年龄、学习年限、培养目标等学制方面的规定，二者也基本相同。这可以说明清政府在学校教育方面师学日本的成果。

法国思想家傅立叶（Charles Fourier，1772—1837）曾说："在任何社会中，妇女解放的程度是衡量普遍解放的天然尺度"[①]。女子教育也成为当时留学日本及游历日本的开明人士所关注的重点问题。吴汝纶在游历日本之后强调女子教育的重要性。在吴汝纶游历日本期间，望月兴三郎关于女子教育的言论给了吴汝纶很大的启发，他在日记里记录了望月兴三郎的观点，他说：

> 欲永持独立，期隆昌，莫若固国础；固国础之道，在于育英；育英之方法不一，大设学堂，虽谓良法，抑亦末也。欲获人才，须造良家庭。欲得良家庭，须造贤母，贤母养成之道，在教育女子而已。故曰：国家百年之大计，在女子教育。无他，是效有之根本，而实巩固国础之法也[②]。

吴汝纶认为，女子教育为改变中国教育状况的急务。他考察了东京女子职业学校，认为女子职业教育可在中国推行，他说，"此校乃私立，贫家女子不能入官立学校者入此学中，学成各艺，所得之利，以半归学校，半与本生，其退学亦可自由，又可在家制成物事，交学校评骘高下，寄售得价。其课程以裁缝、编物、绘画、剪彩、作花数者为主"[③]。这种女子职业学校解决了政府财政问题，也为贫家女子上学提供了一条两全的出路。

康有为也在为女子教育而大声疾呼，他认为女子应享有与男子同样的教育权利。他在《大同书》中说：

---

① ［德］恩格斯：《马克思恩格斯选集》（第三卷），中共中央马克思恩格斯列宁斯大林著作编译局，人民出版社1995年版，第727页。

② 吴汝纶：《吴汝纶全集》（三），黄山书社2002年版，第747页。

③ 同上。

既得为人，其聪明睿哲同，其性情气质同，其德义嗜欲同，其身首手足同，其耳目口鼻同，其能行坐执持同，其能视听语默同，其能饮食衣服同，其能游观作止同，其能执事穷理同，女子未有异于男子也，男子未有异于女子也。是故以女子执农工商贾之业，其胜任与男子同。今乡曲之农妇无不助耕，各国之工商既多用女子矣。以女子为文学仕官之业，其胜任亦与男子同。今著作文词之事，中国之闺秀既多，若夫任职治事，明决果敏，见于史传者不可胜数矣。故以公理言之，女子当与男子一切同之；以实效征之，女子当与男子一切同之①。

1903 年清政府颁布的《女子师范学堂章程》，把女子教育包括于家庭教育之中，这是官方首次将女子教育提到法律层面。原折说：

穷维中国女学，本于经训。故《周南》、《召南》，首言文王后妃之德，一时诸侯夫人大夫妻，莫不属秉后妃之教，风化所被，普及民间。《江汉》诸篇，言之尤备。孔子曰：人而不为《周南》、《召南》，其犹正墙面而立也与！盖言王化始于正家，倘使女教不立，妇学不修，则是有妻而不能相夫，有母而不能训子，家庭之教不讲，蒙养之本不端，教育所关，实非浅鲜，此先圣先生化民成俗所由，必以妇学为先务也②。

1907 年《女子小学堂章程》颁布，确立其宗旨是“养成女子之德操与必须之知识技能，并留意使身体发育”③。从清政府对女子教育的关注，可以明显看出日本女子教育对中国的影响。

2. 积极翻译、引介日本教科书

中国自 1898 年开始掀起的留日学习热潮，促使大量的中国人东渡日本。这些中国留日学生在面临国破家亡的危急时刻，非常留意收集本现日本先进科学知识与文化的书籍，并将这些书籍尽快译成中文，以发展中国

① 康有为：《大同书》，中华书局 1956 年版，第 126—127 页。

② 舒新城：《近代中国思想史》，福建教育出版社 2007 年版，第 285 页。

③ 商务印书馆编译所：《大清光绪新法令》（第 13 册），商务印书馆 1909 年版，第 40 页。

的教育和文化，改变中国积弱积贫的状况。据谭汝谦的统计，1896—1911年间，中国人翻译的日本著作约有958种，分别如下[①]：

表5-1　1896—1911年间中译日著统计

分类	总类	哲学	宗教	政法	军事	经济	社会	教育	史地	语文	艺术	科学	技术	合计
数量	8	32	6	194	45	44	7	76	238	133	3	249	243	958

从上表中我们可以看到，当时中国人对于西学，或者说经过日本转口而输入的西学科目中，最感兴趣的是科学、技术、史地和政法方面的书籍。从门类上来看，引进的日本书籍的范围和覆盖面还是比较广的。

当然，上述这些统计数字还不完全，陈应年经过与谭汝谦的书目对照，发现还有一些书目并未收录，他估计总数目当在1000多部[②]。

付立波则对近代这些日译书目提供了一个具体的数字，他认为，这些译书当在1014种[③]。

据熊月之统计，自1900—1911年以来，中国共翻译各种西书至少有1599种，其中大部分通过日本转译过来[④]。

随着学术界对中国日译书目研究的不断深入，相信上述的统计数据会被不断刷新。

在这1000多种日本著作的汉译工作中，当时有许多著名的学者都投身其中。如王国维翻译了《日本地理志》《西洋伦理学史要》等；章太炎翻译了《社会学》；蔡元培翻译了《哲学要领》；鲁迅翻译了《月界旅行》；等等。这些学者倾注自己的一腔爱国热情，希望能通过翻译日本书籍，来宣传先进的西方文化，来唤起民众的求知欲和自强图存的民族心。

在翻译日文书籍的过程中，日本学校教科书的翻译和引介之所以受到

① 该表统计数据参考陈应年《近代日本思想家著作在清末中国的介绍和传播》，北京市中日文化交流史研究会：《中国文化交流史论文集》，人民出版社1982年版，第262—282页。

② 陈应年：《近代日本思想家著作在清末中国的介绍和传播》，北京市中日文化交流史研究会：《中国文化交流史论文集》，人民出版社1982年版，第262—282页。

③ 付立波：《近代日文书籍的引进及其影响》，《晋图学刊》2006年第3期，第72—75页。

④ 熊月之：《西学东渐与晚清社会》，中国人民大学出版社2010年版，第13页。

甲午战争后的中国人的热烈欢迎，是因为，“国人因知识之饥荒，多喜购阅，故极畅销”①。

据统计，从1890年到1911年，中国翻译日本中小学用教科书共计6类462种②。在这些教科书中，数量最多的是教育类，共84种，约占教科书总数的五分之一。在这些教育类教科书中，有教育学的理论著作，如《教育学》《教育学教科书》《教育新论》《普通教育学要义》《大教育学》《新教育学》等；有教育学史方面的著作，如《新译日本明治教育史》《支那教育史略》等；有针对女子教育的著作，如《女子教育论》《女子师范教育学》；也有针对儿童教育的《新编童蒙养正教育学》等；有教学法的著作，如《教授学》《算术条目及教授法》《小学教授法》等；有教学实践解疑，如《教育学问答》等，还有关于如何管理学校的《学校管理法》等书籍。这些教育类教科书可以说涵盖了教育体系的各个方面，为当时的中国人进行教育体制改革提供了从理论到实践的多方面指导。

正如郭沫若所说：

> 中国就是这样地倾力向日本学习，更通过日本学西洋的文化。由于当时受到某种客观的条件的限制，中国的资本主义阶段的革命并未成功。但向日本学习的结果，却有巨大的收获，这个收获既有助于打破中国古代的封建因袭，同时又有促进中国近代化过程的作用，换言之，近代中国的文化，是在很多方面受了日本的影响的③。

翻译、引介日本教科书，对于中国学校教育体系的建立与完善、开启广大中国民众的智力及普及基础教育，确实有着不可埋没的功劳。

---

① 蒋维乔：《编辑小学教科书之回忆》，陈学恂：《中国近代教育史教学参考资料》（上册），人民教育出版社1986年版，第648页。

② 数字统计根据毕苑在其著作《建造常识：教科书与近代中国文化转型》附录五：“清末民初的汉译中小学用日本教科书（1890—1915）”所提供的数据，剔除1911年以后翻译出版的日本教科书，得到上述数据。详见毕苑《建造常识：教科书与近代中国文化转型》，福建教育出版社2010年版，第246—302页。

③ 郭沫若：《沫若新著》，北新书局1937年版，第141页。

第三节 英语教科书引自日本

一 引自日本的英语教科书概述

甲午战争后为了满足新式学堂的需要，中国主要以日本为媒介，大量引进新式教科书。中国师学日本的直接原因，是清政府在甲午战争中败给了日本，这不仅严重挫败了当时清政府普遍存在的虚骄自大之心，而且使人们认识到要吸取日本在鸦片战争后的发展经验。日本在教育方面的成功，为中国以后的发展提供了可资借鉴的样本。因此，这一阶段，从日本引进的教科书，在学科种类上比西方传教士所传过来的要广泛得多，分科也更为细致，更能体现近代教育的理念。根据毕苑的统计，从 1890 年到 1911 年，在引进的日本教科书中，教育类为最多，共 84 种。根据有关学者的研究统计，中国翻译引介日本外文类教科书共有 18 种，其中英语类教科书 4 种，日语类 12 种，俄语类 1 种①。这 4 种英语类教科书列表如下：

表 5－2　毕苑所统计的译自日本的英语教科书（1890—1911 年）

书名	原著者/译者	出版时间	出版机构	备注
正则英文教科书 *English Language Primer*	斋藤秀三郎/湖北中学教科书社纂译，R. H. Andison 校	光绪二十九年（1903）	上海昌明公司	5 册。中学校用
英文法教科书	斋藤秀三郎/杨啟瑞译	光绪三十年（1904）	赤城学社	中学用书
最近英文法教科书	斋藤秀三郎/藐姑射山人编译	光绪三十三年（1907）	赤城学社	195 页。中学及师范学校用
Higher English Grammar	神田乃武	1909 年前	上海商务印书馆	原文参以日文，引用日本事实，经商务印书馆细心改订，使之合于学堂之用

不过，毕苑所统计的从日本翻译引进的英语教科书之数量，还并不完

① 毕苑：《建造常识：教科书与近代中国文化转型》，福建教育出版社 2010 年版，第 246—247 页。

备，1890—1911 年间中国译自日本的英语教科书，应该不只这些。

根据本文作者所收集到的资料，这段时期中国从日本直接引进的英语教科书除上述几种以外，还有今井信之的《中学英文教科书》，以及神田乃武的《初等英文典》《中等英文典》和《高等英文典》等。现列表如下：

表 5－3　　本文作者所收集甲午战争后从日本引入的英语教科书

序号	书名	原著者/译者	出版时间	出版机构	备注
1	正则英文教科书 English Language Primer No. 1	H. Saito 斋藤秀三郎/湖北省同乡会中学教科书社	光绪二十七年初版，光绪三十三年第九版	上海昌明公司	五册本；寻常师范学校用；高等女子学校用；寻常中学校用本
2	正则英文教科书 English LanguageP-rimer No. 2	H. Saito 斋藤秀三郎/湖北省同乡会中学教科书社	光绪二十九年初版，光绪三十年第二版	上海昌明公司	
3	正则英文教科书 English Language Primer No. 3	H. Saito 斋藤秀三郎/湖北省同乡会中学教科书社		上海昌明公司	
4	正则英文教科书 English Language Primer No. 4	H. Saito 斋藤秀三郎/湖北省同乡会中学教科书社		上海昌明公司	
5	正则英文教科书 English Language Primer No. 5	H. Saito 斋藤秀三郎/湖北省同乡会中学教科书社		上海昌明公司	
6	英语捷径	斋藤秀三郎	1908 年	商务印书馆	英语文法类教科书
7	最近英文法教科书	斋藤秀三郎/藐姑射山人编译	光绪三十一年（1905）	赤城学社	寻常中学校用；寻常师范学校用；高等女校用
8	初等英文典	神田乃武/商务印书馆编译			
9	中等英文典	神田乃武/商务印书馆编译所	光绪三十四年（1908）初版	商务印书馆	
10	高等英文典	神田乃武/商务印书馆编译			
11	中学英文教科书 Lessons in English for Middle School	今井信之/王蕴章译	宣统三年（1911）	商务印书馆	

二 斋藤秀三郎与《正则英文教科书》

（一）斋藤秀三郎其人

《正则英文教科书》的作者斋藤秀三郎（1866—1929）是日本有名的英语学家、日本帝国文科大学讲师、正则英语学校校长。他出版了不少英语学习著作，尤其是英语语法方面的著作。所出版的英语著作有：

1.《代名词用法详解：英文法研究》
2.《副词·接続词详解：英文法研究》
3.《准动词用法详解：不定词·分词·动名词》
4.《冠词用法详解》
5.《名词用法详解》
6.《初等英文典：改新版》
7.《前置词用法详解》
8.《正则英文教科书》等。

这些书在中国出版后受到普遍的欢迎，并一版再版，有些书直到20世纪60年代仍有出版。

当今21世纪的人们，对斋藤秀三郎可能比较陌生，可是，对近代中国英语学习者来说，斋藤秀三郎还是很有名气的。李敖曾在他的文章中提到过斋藤的事迹。他说：

> 论到吸收洋鬼子的文明，日本鬼子真有他们一套。他们对西方文明，一直有什么就学什么，学什么就像什么，明治天皇学会了西方的船坚炮利，斋藤秀三郎学通了英文的文法，原田康子也学到了法国的微笑与晨愁①。

戴镏龄在一篇文章中也盛赞斋藤秀三郎，他说：

> 日本明治维新后130年左右努力教英语学英语的实践也曾给予后人很多可贵的经验，主要体现于教科书及工具书，斋藤的词典是其中的佼佼者。斋藤以习语及句子结构为重点，对于外国学生，尤其对于

① 李敖：《中国小姐论》，《人间世》1961年第1期。

> 那些翻译英语的日本人，可能帮助很大。而就一般外国人说，解决上述问题也是学好英语的一个关键[①]。

何金生曾回忆其当年留学日本时说，“考上早稻田第一高等学院文科后……星期日晚上明钦兄常约我出去喝茶，一坐都是两三个钟头……也谈国际形势，也谈斋藤秀三郎英语前置词的研究，及伊藤丰守英语动词的研究，也谈马克斯思想。我一直都热心地听”[②]。

（二）何为“正则”

福田谕吉曾对“正则”一词做过解释。福泽谕吉在 1883 年写就的《要提高洋学的地位》一文中说：

> 我国洋学的沿革已有百年，百年前的事姑且不论，仅就明治维新以来的情况加以考察。明治初年建立的大学南校是沿革的开始，自设立文部省时起，洋学之道在全国逐渐打通，呈兴旺发展之势。但不知当时出自何人的想法，要求请洋人，直接从洋人那里学习洋学，其教授方法完全根据西洋方式。从前我国的洋学家向学生传授洋学的东西则称之为“变则”，而洋人直接传授的东西则称之为“正则”。因此，雇用西洋人，设立所谓“正则学校”受到勉励[③]。

从福泽谕吉这段话中，我们可以知道，所谓“正则”，即是由洋人直接教授的知识。那么“正则英文教科书”，也就是由洋人所传授的正规地道的英语知识的教科书。斋藤秀三郎将其英语教科书命名为《正则英文教科书》，是为了强调该书在传播英语知识方面的标准性、正规性，而并不是说该书是由西洋人所编。

（三）《正则英文教科书》内容

正因《正则英文教科书》在编写体例及内容安排上符合当时的英语

---

① 戴镏龄：《陈永培主编〈实用英语学习词典〉序》，《中山大学学报论丛》1996 年第 3 期，第 274—250 页。

② 许雪姬：《日治时期在满洲的台湾人》，《台湾中央研究院近代史研究所》2002 年，第 162 页。

③ ［日］福泽谕吉：《福泽谕吉教育论著选》，王桂译，人民教育出版社 2005 年版，第 49—50 页。

教育理念与儿童的认知规律，在日本的学校，大多选择《正则英文教科书》作为学习英语的系列读本。正因如此，光绪二十八年（1902），中国留美学生刘成禹及留日学生但焘将该书的日文部分译成中文，在上海的昌明公司寄售。该书一共五册，内容如下：

《正则英文教科书》：*Graduated Conversation-Grammar*
English Language Primers：

第一学年用　No. 1—First Year Course
第二学年用　No. 2—Second Year Course
Practical English Lessons：
第三学年用　No. 3—Third Year Course
第四学年用　No. 4—Fourth Year Course
第五学年用　No. 5—Fifth Year Course

昌明公司除了发行《正则英文教科书》，也配有该书的习题答案，即《正则英文教科书五册问题之答》，分为“第一、二册问题之答合本”；《第三、四、五册问题之答合本》，以供教师作为教学的参考。

（四）《正则英文教科书》在中国的影响

因为文献资料的关系，目前很难找到当时《正则英文教科书》在中国的具体使用情况，不过，我们可以从当时一些人所写的零星的回忆录里，一窥此书在中国英语学习者心中的地位。陆殿舆在《清末重庆府中学堂》一文中介绍了当时的英语教科书：

> 清末学制，外语以英语为主。我们初学英语以日本人编的《正则英语》为教本。此书前列拼音，对拼音规则讲得很详，用符号标音，如 A 字七个音，E 字五个音，I 字六个音等等。我们学了两个月的拼音，只读字音，不讲字义，颇觉枯燥沉闷，但经过这番笨拙工夫，对所有生字凭标音符号，大致都发得正确的音。以后读正课就很顺利了。《正则英语》的编法，在我的学习中，我感到很好。每课首列生字，次列正文，开始用对话体，如 What is this? This is a book. What's that? That is a pen。这些对话，要求学生牢记烂熟。再次是文法，由名词、代名词等由浅入深地慢慢地讲解。最后是汉译英练习。练习的句式和正文一样。此外每堂课都规定抽拼生字；先背字母，次拼音，次说字义。生字逐渐记多了，各种句式用熟了，

造句写短文自渐容易了①。

陆殿舆所说的《正则英语》，就是这部《正则英文教科书》。从陆殿舆的这段话中，我们可以看出《正则英文教科书》在编写体例上的长处以及它在为学生建立巩固的英语学习基础方面所做的努力和所取得的成效。

陈独秀曾评价说，"吾国英文教科书，若斯之类，有《英文法程及译本》《正则英文教科书》二种。顾《法程》解释文法过程过略，《正则》书又失之繁破碎。兹据《正则》最近改编之本，就吾国教学英文之习惯而损益之"②。

（五）《正则英文教科书》的一段版权公案

《正则英文教科书》在当时的中国一定是销路极佳的，这可以从当时的一段有关《正则英文教科书》的版权公案中得知一二。

上文已经提到，《正则英文教科书》的中文版是由留日学生刘成禹和但焘二人合译而成的。但是后来刘成禹与但焘意见不合，另与马华甫到至诚书局销售此书。该书在中国销售量甚大，引起斋藤秀三郎的注意和不满。他因此控告至诚书局盗印其书。

1909年，斋藤秀三郎状告至诚书局马华甫翻译其《正则英文教科书》，斋藤秀三郎状告至诚书局在日本印制，胜诉。但是在中国上诉马华甫，却败诉。判决如下：

> 中国新学书籍，半由或西各籍译印而来，不啻汗牛充栋，向无控告之事。翻译者固不必论，即翻印而并非华文者，中国未入版权同盟，按照条约，斋藤秀三郎亦无控告之权。此事关系我中国全体教育，前途甚大，本分府断难稍社迁就。相应照抄原禀函致，即祈贵总依赖，将案注销为荷③。

从《正则英文教科书》这一段讼案，我们可以看出这部书在当时中

① 朱有瓛：《中国近代学制史料》（第二辑上册），华东师范大学出版社1987年版，第536页。

② 王余光：《中国新国科书出版业的文化贡献》，武汉大学出版社1998年版，第112页。

③ 周林、李明山：《中国版权史研究文献》，中国方正出版社1999年版，第192页。

国的热销程度，以及获利的程度。这也从另一个侧面反映了这部《正则英文教科书》的编写质量。

三 《最近英文法教科书》和《英语捷径》

《最近英文法教科书》和《英语捷径》都是斋藤秀三郎的著作。

（一）《最近英文法教科书》

《最近英文法教科书》由署名为“藐姑射山人”编译，光绪三十一年（1905）由赤城学社出版。书的封面标示有“寻常中学校用、寻常师范学校用、高等女学校用”等字样。

该书共195页。第一部分是《序》，交代写作该书的经过和主旨。作者重申了中国的英语教科书为何要译自日本的原因，是“我与日本，地同洲，书同文，研究英文学难易之情状，亦无以异。日本学者，得此不啻有事半功倍之效。饷诸我国，则英学界不复如身者之濡滞，可断言也”。

《序》之后，作者又交代了《译例》。《译例》说明该书作者为“英文法大家斋藤氏之近著，日本全国学校靡不采用”。另外，《译例》说明为何引入日本学者所著的英语语法教科书，其原因是“严辑英文汉诂乃最善文法，书惜无练习，不合教科之用，读者当以是书为课本而参考汉诂，更佐以英美读本，则于英言语一道通之易矣”。

《最近英文法教科书》被译成中文是在1905年，《译例》中提到，严复的《英文汉诂》写作于1904年。严复的《英文汉诂》作为中国人独立完成的一部英语语法著作，在当时的社会上反响非常大。在《译例》中译者说明，翻译这本《最近英文法教科书》，一是因为这本书在日本广为学校所采用，足以可见其作为学校英语教科书的适用性。二是因为严复的《英文汉诂》的语法虽最为详细，但书中并没有练习，不适合作为学校的教科书来使用。

另外，关于英语语法中的术语翻译问题，《最近英文法教科书》也没有沿用严复的翻译，而是大多采用日本的译法。

《译例》后是教科书的正文。

正文共分八个部分：

第一部分：The sentence and the parts of speech（句子和词性）

第二部分：Nouns（名词）

第三部分：Pronoun（代名词）

第四部分：Adjective（形容词）

第五部分：Verb（动词）

第六部分：Adverb（副词）

第七部分：Preposition（前置词）

第八部分：Conjunction（接续词）

英语的词性共分九种，在《最近英文法教科书》中介绍了八种，另一种 Article（冠词），在这本书中没有提及。在上述这八种词性的中文译名中，我们可以看到，除了 Pronoun、Preposition 和 Conjunction 这三个词性的译名与现今通行的译名稍有差别以外，其他词性的译名完全相同。这从一个侧面可以说明，中国的英语语法术语翻译深受日本的影响。

表 5－4　日译英语语法术语与现今中国通用英语语法术语对照

英语词性	《最近英文法教科书》中的译名	现今通行的译名
Noun	名词	名词
Verb	动词	动词
Pronoun	代名词	代词
Adjective	形容词	形容词
Adverb	副词	副词
Preposition	前置词	介词
Conjunction	接续词	连词
Interjection	感叹词	感叹词

（二）《英语捷径》

《英语捷径》由商务印书馆于 1908 年出版，分为前编和后编。在 1909 年商务印书馆出版的《英文范详解》书后的售书广告页上，有关于该书的内容。现抄录如下：

《英语捷径》，前编四角，后编四角。是书以日本斋藤秀三郎所著改译，其中有会话，有文法，有翻译，洵为学英语者之捷径。凡中学堂初级英文学生用之，获益匪浅。诚英语教科书中空前之杰作也。”

《英文范详解》在当时的销售情况一定也非常之不错，因而多次再版。在 1924 年在商务印书馆所出第十三版的《高级英文范》中，还能看到《英语捷径前后编》售书广告。

在 1925 年出版的《英语捷径》前编的书末，有一份文字，告知该书于清宣统三年四月初三日申报注册，五月十四日领到执照。这充分说明当时人们对于版权意识的加强。

从前后编的序言中我们可以知道，这部书也是来自斋藤秀三郎的著作。

在《英语捷径》（English Conversation — Grammar）一书的封面上，标有“学部审订”字样。在商务印书馆的教科书目录上，这本书被归入“英文文法”类。因《英语捷径》前·后编的译者序是一致的。

从中文序言，我们可以知道，这部《英语捷径》是日本英语学界的名人斋藤秀三郎所编著的英语教科书。日本与中国语言相同，采用日本人所编著的英语教科书，要比从英美等国家直接引进他们的学校教科书，要更适合中国学生的学习情况。且这部书为日本文部省所审定，其著作的质量及对学生的适用性得到了检验，必然也会给中国的英语学习带来良好的效果。

斋藤秀三郎在编写这部《英语捷径》时，也附有他自己所写的一篇序言，对这部英语语法教科书作了简要的介绍。

在斋藤秀三郎自己所作的序言中，我们可以清楚地明了这部书的写作对象是就读初等学堂那些未曾学习过英语语法的学生。斋藤秀三郎认为，初次学习英语语法，应从翻译及写作入手，这样才可以“合体用而为一”，弥补初等英语语法教学原先存在的缺陷，并使学生能在应用英语的过程中，渐渐领会英语语法的规则。所以，在斋藤秀三郎的这部《英语捷径》语法教科书的练习中，清一色是以翻译句子的形式出现的，并没有我们现在语法练习所常见的选择填空或改错等题型，这是因为，原书作者斋藤认为，提高英语语法能力，唯有在“用中学”，其实这和现代英语教学理论中的交际教学法是不谋而合的。

《英语捷径》的编排体例是以课为单位，每一课包含三个部分：会话、语法讲解、练习。之所以把会话安排在第一个部分，是让学生通过语言现象的学习，对所要学习的英语语法知识有直观的印象。在此基础之上，再教以语法内容，学生必然会领悟得更为深刻。最后的练习部分，是加强学生对所学习的英语语法的认识程度，达到心领神会的目的。

不过，斋藤秀三郎在这部《英语捷径》前·后编两册英语语法教科书中，并没有把英语的语法术语，包括最基本的九大词类，翻译成日文，因此，在这个中文版本的《英语捷径》一书中，也就没有这九大词类的汉译。这是该书的一个遗憾之处。

《英语捷径》前、后编被商务印书馆译成中文后，也在社会上取得较好的反响。至20世纪30年代，商务印书馆多次重印这部英语教科书。如1934年商务印书馆出版了国难后二版的《英语捷径后编》等。

在1925年修订的《英语捷径》版中，书的前言部分有大翻译家方豪所作的《修订〈英语捷径〉序》。在序里，他对这部原出版于1908年的《英语捷径》也做了一番评价。他认为，该书1908年版本的汉译本有一定的缺陷，比如：当时翻译《英语捷径》的时候，因为还没有新文学运动的发起，所以将英语部分译成汉译时，用的是古文，即他所说的“用古文强合英语”了；第二个缺陷实际上是和第一个缺陷合在一起的，即“句读不明……我国的文字向来不很讲究文法，所以点句的符号是往往不够用的”①。

方豪同时也肯定了这部英语教科书的优点，他认为，《英语捷径》的主要优点有二，一是“能将‘文法’、‘会话’、‘读本’，陶镕在一炉……这确是编书的人有见到的地方”。二是该书“采取‘会话式的教授法’（Conversational Method）”，这比“诵读式的教授法”（Reading Method）要好的地方是，“前者学了之后，就可以将他所得的拿来‘实验’，拿来‘应用’……后者则只知诵读，而不知实用”②。

当然，方豪还列举了其他的一些优点，但那些优点是针对1925年修订版的《英语捷径》在翻译方面的长处，诸如采用了新文学的话语来翻译、点句明了等；另外，对于英语第三人称单数的阴性she译成“她”，这在当时的文化中，是非常大的进步。关于“她”字的创造，黄兴涛曾有过专门的论著③。从他的论著中，可以看出由“她”字所展现的中国时代的变迁，以及中英文化的相互接触所产生的影响。

综上所述，《英语捷径》在当时的中国英语语法学习教科书中，当属非常受欢迎的一部，这从商务印书馆所出版的各种修订版即可见一斑。从当前的英语语法教学来看，《英语捷径》这种将语法项目的传播寓于实际的英语语言实践中的做法，也具有非常现实的指导意义，并且，这种寓对

① 方豪：《英语捷径·序言》，斋藤秀三郎：《英语捷径》，商务印书馆1925年版。

② 同上。

③ 黄兴涛：《她字的文化史》，福建教育出版社2009年版。

话、语法、练习于一体的英语教科书的编写方式，一直应用到21世纪的中国小学及中学英语教育，说明这种通过语言文本的先行输入，再讲解英语语法的教学方式，有着很强的可操作性和实用价值。这种做法，值得继承和发扬。

四 神田乃武和《英文典》

（一）神田乃武其人

神田乃武（1857—1923）也是日本一位非常有名的英学家。他编著了不少有关英语学习方面的书，并在日本出版。其中有：

《模范新英和大辞典》；

First Book of English composition for Japanese student《学生用英语作文：第一册》，1906年出版；

《新译英和辞典》，1917年；

《英和双解熟语大辞典》，1909年版，1914年版；

English Grammar for Beginners《初等英文典》，1900年；

Intermediate English Grammar《中等英文典》，1900年；

Higher English Grammar《高等英文典》，1900年；等等。

由于神田乃武在英语教科书编写方面的显著成就，商务印书馆曾把他的这套《初等英文典》《中等英文典》《高等英文典》中的日文部分翻译成中文，并在中国出版发行。

（二）《英文典》内容简介

因晚清所出版的一些英文教科书，大多进行一版再版，所以，最初版本的英语教科书都很难找到。目前本书作者经过多方努力，收集到了民国时期再版的《初等英文典》《高等英文典》，以及晚清出版的《中等英文典》的1908年最初版本。下面对这三册英语语法教科书分别进行介绍。

1. 各册《英文典》序言

三部《英文典》的序言大体都是相同的。但是，因本书研究所采用的《英文典》中，只有《中等英文典》出版于晚清，其他两部《英文典》均是民国时期的再版，因此在序言中，相对于晚清时期的序言，民国时期出版的序言有一些文字上的小改动。现将两类序言分录如下：

商务印书馆在晚清时期所出版的《中等英文典》中的序言：

《中等英文典叙》

吾国学子之习英文亦有年矣，而未得为盛，兹者钦定学堂章程中学堂例有英言语一科，高等小学堂之居口岸者，亦准兼习，由此以往，习之者当日益众，自不待言，盖观世界之大势，英文英语诚有普及各国之气象，凡考外情求学术者，胥有藉于此也，顾吾国学校所用之英文教科书，枝节凌乱，罕得善本，大率取材于英美人所编辑者，其未能切东亚之情事，而施教术，不待智者而后见也，文典一门，因其取径每过艰深，尤为学者所病，是不可不亟求合式之书，以惠来者。本馆有鉴于此，因广为蒐采，得日本英文学大学神田子爵所撰初等中等高等英文典各一册，层级井然，叙述明畅，洵为一时之冠，论言语时纯用国文，更便初学，以作吾国高等小学堂中学堂英文典教科之用，最为合宜，惟书内既插日语，所用材料，间有采诸日本者，因细为斟酌，一一改译，务使原书条理，丝毫不走，而后刊行问世，吾知是编一出，而乡者习英文典之艰苦，可以尽去，而区区输纳文明之忱，亦得稍慰也，校印既毕，述此数语，以冠其首。

商务印书馆在民国时期所出版的《初等英文典》（1940 年版）及《高等英文典》（1932 年版）的序言是相同的。现抄录如下：

吾国学子之习英文亦有年矣，而未得为盛，近者世界大通，吾国教育，亦不能不与世界大势相应，各学堂于是以英文为必修科。由此以往，习之者当日益众，自不待言，顾吾国学校所用之英文教科书，枝节凌乱，罕得善本，大率取材于英美人所编辑者，智者而后见也。文典一门，取径艰深，尤为学者所病，是不可不亟求适宜之书，以惠来者。日本英文学大家神田子爵有初等中等高等英文典各一册，层级井然，叙述明畅，洵为一时之冠，论文时纯用国文，更便初学。惟原书为日本人所作，所选材料，不合我国之用，因一一改译之，而于原书美善之点，则丝毫不失。吾知是编一出，而乡者习英文典之艰苦，可以尽去。而区区输纳文明之忱，亦得稍慰也。校印既毕，述此数语，以冠卷端。

译者识。

可以看到，晚清时期及民国时期商务印书馆所出版及再版的各级《英文典》，除引文中画线部分在文字表述上略有不同外，其余序言内容均无二致。

在晚清所出版的《英文典》序言中，译者指出，由于清朝政府下令进行改革新政，随着《钦定学堂章程》的发布，中学英语教学已成必修的一门学科，但当时中国学堂所采用的教科书，大多从英美国家引入，不适合中国的国情。日本神田乃武的这套《英文典》丛书，层级分明，作为中国高等小学堂及中等学堂的英语语法教科书，是非常适合的。而书中有关日本的一些材料，编译者也进行了斟酌和改译，以使其更加适合中国的学生。

在民国时期所出版的《英文典》中，只不过去掉了有关清政府下令改革新政的字样，其他内容与晚清时期所出版的序言基本相同。不同之处，在上述引文中已经用下划线标示出来。

从所标示出来的两个时期《英文典》序言的细微差别之处，我们还可以了解到英语学习在中国的变化。晚清时期，“中学堂例有英言语一科，高等小学堂之居口岸者，亦准兼习，由此以往，习之者当日益众，自不待言”，而到了民国时期，“各学堂于是以英文为必修科”。这说明英语学习在民国时期更得到进一步的重视。

2. 各册《英文典》语法知识的讲授重点

《初等英文典》《中等英文典》与《高等英文典》各册在讲授英语语法知识时，都将教科书的内容分为两大部分，第一部分是英语的词类知识的介绍，第二部分是英语的句子结构的介绍。唯在《初等英文典》中，还加入了 Modifications of the Parts of Speech 的部分，是关于英语九大词类中有关名词的数、人称、性、格的知识，以及动词的时态、语态和数的变化。这部分内容仍可归并为词类介绍中。

在这三个《英文典》中，各层级所传递的语法内容虽然相同，但深度和广度却有着不同的递进，这从每册书的容量即可看出。在《初等英文典》中，正文部分共 80 页，《中等英文典》正文部分为 139 页，而《高等英文典》为 169 页，三种级别的英语语法教科书的知识容量逐渐加大，这也反映了这三册语法书逐级深入的特点。

与斋藤秀三郎所著《英语捷径》不同的是，这三册英语语法教科书是按章节来划分学习进度，而不是以“课”为学习的单元。另外一点是，《英文典》这三册书是纯粹的语法教科书，全篇没有对话，只是将各个语法项目分门别类地进行介绍。但是，和其他西方教科书一样，这本书的每个语法项目讲解之后，都附有一定数量的练习，帮助学生巩固已经学到的英语语法内容。

与斋藤秀三郎在《英语捷径》一书中所做的一样，在这三册《英文典》中，作者神田乃武也都没有把英语的语法术语，包括 Noun 等九大词性译成汉字。此书译成并出版的时间是 1908 年。在此之前的英语语法著作中，除了马礼逊在《英国文语凡例传》中没有对英语的术语给出相应的汉译以外，其他语法著作的译者，不论是西方传教士，还是当时精通英语的中国学者，都尽力将这些术语译成汉文。但是神田乃武在自己的英语语法著作中，就没有对这些英语术语给出相应的汉语译文。不过，前文已提到，在 1905 年翻译的《最近英文法教科书》中，斋藤秀三郎对英语的九大词性进行了翻译，且据前文介绍，以后中国的英语教科书大多沿用斋藤秀三郎的英语语法术语翻译。

3.《英文典》系列语法教科书的社会影响

神田乃武专为日本学校英语语法教学所编写的英语语法教科书《初等英文典》《中等英文典》及《高等英文典》，1900 年在日本出版后，反响热烈。商务印书馆作为当时中国英语读物最大的出版机构，于 1908 年将神田乃武的这套《英文典》翻译出版。这套《英文典》丛书，由于其内容循序渐进，符合中学生的认识水平，因此，在中国学校的英语教学中也被广泛采用。四川著名中学树德中学的学生熊习礼曾这样回忆当时树德中学的英语教学：

> 英语分为英语（Reader）、英文即文法（Grammar）两门学科，初中的文法课采用日本人神田乃武所编《初等英文典》和《中等英文典》为教科书。初三还要加英作文课（Writing）。每一个星期六下午有两个学时写作文，单周中作文，双周英作文，高中的英文教科书是《实验高级英文法 Experimental English Grammar》和《纳氏英文法》。二年级以上还要请美国人徐达，徐松林来教会话课（Conversation）①。

① 熊习礼：《记忆中，少年时代我的母校》，http：//scnews. newssc. org/system/2009/03/26/011725059_ 01. shtml。

这一套《初等英文典》《中等英文典》及《高等英文典》，在中国的英语学习教科书中一直是比较经典的著作，商务印书馆也屡次将该书出版，作为中国当时中学堂及高等小学堂的英语教学用书。根据本文作者所收集到的资料，到20世纪30年代至40年代，商务印书馆还在出版这套丛书。如1940年再版了《初等英文典》，1935年出版了国难后第四版《高等英文典》。

五 今井信之与《中学英文教科书》

（一）今井信之著作

今井信之也是日本比较有名的英语学家，他曾出版过多部有关英语学习的著作，据日本小川图书2011年藏书目录，本文作者整理如下与英语学习有关的著作：

1. The ABC Weekly，第11卷第1号（大正10年9月4日）—第15号（大正10年12月12日）；第12卷第1号（大正11年1月9日）—第10号（大正11年3月13日）；

2. The Middle School Weekly：The Primer's Edition 第13卷第1号（大正11年4月3日）—第15号（大正11年7月10日）；第14卷第1号（大正11年9月4日）—第15号（大正11年12月11日）；第15卷第1号（大正12年1月8日）—第10号（大正12年3月12日）；

3. The Middle School Weekly：The Junior Edition：第11卷第1号（大正10年9月4日）、第13卷第4号（大正11年4月24日）、第16卷第1号（大正12年4月2日）—第15号（大正12年7月9日）、第17卷第1号（大正12年9月3日）—第14号（大正12年12月3日）、第20卷第4号（大正23年9月22日）；

4. The Middle School Weekly，The Senior Edition：第15卷第3号（大正12年1月22日）、第16卷第7号（大正12年5月14日）、第17卷第1号（大正12年9月3日）、第17卷第4号（大正12年9月24日）、第19卷第1号（大正13年4月7日）—第15号（大正13年7月14日）、第20卷第1号（大正13年4月7日）—第15号（大正13年12月8日）；

5. The Middle School Weekly，The S. & J. Combined：第17卷，第2·3合并号（大正12年9月17日）、第17卷第5·6合并号（大正12年10月8日）、第17卷第9号（大正12年10月29日）、第17卷第15号（大

正12年12月10日)①。

但是因为小川图书的藏书目录中并未收录这本《中学英文教科书》*Lessons in English for Middle School*，故本文作者还无法确知今井信之在日本出版这部《中学英文教科书》的具体时间。

（二）《中学英文教科书》内容

今井信之在日本出版《中学英文教科书》（*Lessons in English for Middle School*）之后，王蕴章将此书翻译成中文后，于1911年由商务印书馆出版。下面对中国版的《中学英文教科书》进行简要介绍。

书中第一部分是译者所做的英文及中文序言。

王蕴章认为，中国人学习英文，应该从学习语法开始，因为只有明了英语的语法，才能使英语学习费时少、见效快。当是时，中国已翻译出版了一些英美人士所写的英语语法书，如纳氏文法、阿诺德英语语法等，这些语法书在第四章已有介绍。但日本今井信之的语法著作比英美人士的著作更适合中国人的学习，因为他在该书中对东方人所难理解的英语动词、介词等部分进行详细阐释，并附有图表，使学习者对这两部分难懂的地方有更为直观的认识。

在译者所作的中文序言之后，又附了一份英文序言。英文的序言与中文序言意思大致相同，即说明在当前中国已有不少语法著作（包括严复及邝富灼的英语语法著作）的情况下，为何还要翻译日本今井信之的这部英语语法书，其理由同上文的中文序言是一样的，本文不再赘述。

《中学英文教科书》共184页，分为55课，每课分为语法知识讲解及“作文练习题”。所谓的“作文练习题”，其实就是把中文的句子翻译成英文，以此来练习相应的英语语法知识。

在《中学英文教科书》中，本文作者注意到这部书在关于英语九大词性的中文翻译上，也与其他几种语法书有些许的不同。现列表如下：

表5-5 今井信之与王蕴章对英语词性不同译名比较

英语词性	今井信之/王蕴章译	今译
Noun	名物字	名词
Pronoun	称代字	代词

① 大正11年为1922年。以上资料来自日本小川图书2011年的藏书目录，www.bookwave.com/65；pdf/16washo.pdf。

续表

英语词性	今井信之/王蕴章译	今译
Article	指件字	冠词
Verb	云谓字	动词
Adjective	区别字	形容词
Adverb	疏状字	副词
Preposition	系介字	介词
Conjunction	契合字	连词
Interjection	未提及	感叹词

如序言中所示，为了使英语学习者更好地理解与东方语言系统迥异的英语语法，今井信之在其《中学英文教科书》中，特地绘制了一些图表，以期明白地表示英语的一些语法概念与语法关系。

今井信之为了更好地呈现英语中那些不易为东方学习者所理解的语法项目，如英语的介词所表达的意义等，采用了图示的形式，以便学习者能够有较为清楚的认识。不过，对比西方传教士们所编写的英语教科书中的细致与精美的插图，今井信之的图示还是相对简单了一些。

小结

本节讨论了甲午战争后中国从日本引入的英语教科书的出版及使用情况。本文认为，甲午战争后，在中国掀起了向日本学习的热潮，当时被翻译引介到中国的日本英语教科书当不止前文提及的这些。不过，当时的英语教科书，很多都散佚不知何处。中国一些大型的藏书机构，如中国国家图书馆、上海图书馆、南京图书馆等，对此类书的收藏几乎没有。本文所收集到的这几本汉译日本英语教科书，一部分是在中国最大的旧书网“孔夫子”网上购买到的，一部分是在专门出售古籍复制书的网站上购买到的复印本，还有一部分是通过中美百万册图书网上收集到的。在中国的各大图书馆中，上述这几种书，一概没有收录，这不能不说是一件非常可惜的事情。在本文作者所收集到的有限的几本英语教科书中，我们可以看到，从日本引进的英语教科书，对中国近代教科书的编写与出版有着深刻的影响。丁韪良曾对日本明治时期的首相伊藤博文说：“日本对中国的影响超过任何西方国家，恰似与遥远的太阳相比，月亮会掀起更高的浪潮”①。

当时从日本引入的英语教科书有一个共同的特点，就是其编排体例非常接近西方的教科书，书本内容按照章节安排，每个章节的内容大多比较平均，不会出现轻此重彼的现象，有利于正规学校课堂教学的实施。每个章节都配有练习，符合近代西方教科书的编写理念。

但是，与西方那些专为儿童所编写的教科书相比，日本的英语教科书中虽有一定数量的插图，如今井信之的《中学英文教科书》（其他所引进的汉译日本教科书中，均未发现任何插图），但这些插图远没有西方传教士所出版的英语教科书中的插图丰富和精细，这也使其所出版的英语教科书学术性有余，趣味性稍嫌不足。这可能与亚洲人对待学习的态度有关。亚洲人一向将学习看成一件十分严肃的事情，所以，与西方相比，当时所引入的日本英语教科书就显得正统有余、活泼不足。但是，从当时的英语教科书的使用情况来看，从日本引进的英语教科书，因其针对东方人语言学习的特点，在传递英语语言知识方面更优于英美各国的英语教科书，所以在中国中小学英语教育方面发挥了极大的作用，以至于这几部英语教科书在近代中国一版再版，受到英语学习者的欢迎。

① 丁韪良：《花甲记忆：一位美国传教士眼中的晚清帝国》，广西师范大学出版社 2004 年版，第 325 页。

第六章

甲午战争后国人自编英语教科书

甲午战争到辛亥革命期间，是晚清时期中国人自编英语教科书发展最为快速的时期。晚清政治局势极大地影响了中国人自编英语教科书的发展。甲午战争中国的惨败，使当时的中国人猛醒，痛定思痛，人们从日本迅速变强的事实中看到了引进西学的重要性，尤其是普及教育的重要性。当时上至清朝皇帝及朝廷重臣，下至一般士人，大家都认识到了日本的强大是依靠其积极引进西学、推行新式教育，培养了人才，增长了民智，从而使日本成为可以与西方列强相抗衡的强国。而中国，尽管一向以“天朝大国”自居，却因为墨守成规，抱定空疏无用旧式过时的八股取士的人才培养机制，禁锢了人民的智力发展，束缚了人才的成长，从而使昔日的泱泱大国变成了连曾经的“蕞尔小国”都可以轻易打败的弱国，这一惨痛的经历促使当时的有识之士觉醒。日本的例子使他们明白，要想强国，必须兴西学、育人才。因此，在甲午战争后，中国在教育方面进行了一系列的改革。这些教育改革虽说并未取得预期的大成功，但至少对中国的旧教育产生了很大的影响，尤其是癸卯学制后，迫于社会上的求新求变的压力，清政府于 1905 年宣布废除科举制。科举制的废除，使中国的教育体系与时代相连接，吸收先进的教育元素，推动了中国大众教育的发展。清末壬寅学制和癸卯学制的颁布，以及新式学堂在中国的广泛建立，使学校教科书的需求量大增。为了满足社会上对于教科书的需求，尤其是对英语教科书的需求，当时的中国出版界，已经认识到引入原版英美国家的英语教科书对中国学习者所造成的局限，尤其是对当时那些毫无英语基础且对英美文化一无所知的学习者来说，是很不适应的。而甲午战争后在中国所一度盛行的日本教科书，也因其部分内容不适宜中国学习者，引起了当时人们的注意和批评。如 1909 年，文明书局出版《小学校训练法》《平民教育法》，因其所出教科书日文语气太重，被学部批驳①。在《教科书之发刊概况》一文中，作者也曾这样评价1898年广智书局所发行的日文翻译教科书，说："广智书局发行日文翻译教科书多种，销书甚佳，有《速成师范讲义》丛书、陈文译《支那史》及《中等教育伦理学》等数种。唯完全按日人语气及日本材料者"②。

这说明，当时全盘引入日本的教科书，并不适合我国的国情，中国人迫切需要编写适合本国国情、具有本国特色的各科教科书。

甲午战争后，一些曾于早期留学海外（包括留学美国和日本等国家）的中国学生已经学成回国。他们在英语学习方面取得了很高的造诣，另外，这些留学生的海外学习经历，也丰富了他们对于具有现代意义的学校教育的体认，使得他们能够胜任为中国学习者编写合适的英语教科书的工作。还有一些曾就读洋务学堂、就读教会学校的中国学者，英语学习经过多年的浸润，其英语知识也达到较高的水平，他们根据自身的学习经历，也开始编写适合中国人学习的英语教科书。因此，伴随着原版英美英语教科书的引入及日本的英语教科书的编译方式逐渐退出中国教科书编写的舞台，中国人开启了自编具有近代教育意义的英语教科书的时代。

第一节　甲午战争后中国人自编英语教科书之发展概述

近代中国人自编英语教科书的发展历程，与中国人自编教科书的发展有着相似之处，但也有其自身的独特性。

首先，我们来回顾一下具有近代意义的中国人自编教科书的发展之路。

一　自编教科书概述

（一）清末以前的传统教科书特点

清末以前，中国的传统教科书，是不分年级的。在发展教育方面，主要有两种读物，一种是儿童启蒙读物，主要有三部，即《千字文》《百家

① 张静庐：《中国近代出版史料初编》（5卷），中华书局1957年版，第239页。

② 李桂林、戚名琇、钱曼倩：《中国近代教育史资料汇编·普通教育》，上海教育出版社2007年版，第173页。

姓》《三字经》等。另外一种是为科举应试而读的四书五经。正如后来一些学者所批评的那样，这些教科书：

“有的没有教育的意义，有的陈义过高，不合儿童生活，而且文字都很艰深，教学时除了死读、死背之外，也不能使儿童们明了到底读的是些甚么，儿童读这些书，一定要花上了七八年的功夫，读得烂熟了，再由老师开讲，然后才能渐渐地明白一点字义跟章句，至于圣贤的大道理，往往读了一辈子读到老死，也读不出甚么来”①。

（二）新式教育体系下中国人自编教科书的尝试

为了改变中国传统教科书所存在的问题，也为了能更好地普及中国的基础教育，一些有识之士开始了创办新式学堂的尝试，而这些新式学堂所使用的教科书，则大多是学堂的自编本，其中较为著名的是上海南洋公学和无锡三等学堂的蒙学课本②。

当时的社会为了迎合新式学堂的教育发展，各种机构争相编写教科书。由于教科书编纂者的能力不同、教育理念不同，所编纂的教科书质量也有不同。但是，南洋公学师范生陈懋治、杜嗣程、沈庆鸿等所编的蒙学课本，尽管有其自身的缺点，如有学者认为其蒙学课本形式欠佳③，还是被公认为中国人自编教科书的肇始④。

当然，在中国人自编具有近代意义的教科书过程中，一定是一个逐步摸索、不断进步的过程。经过三年的教科书编写及在教学上的实践，1902年，无锡三等学堂委托上海文澜书局发行的石印本《蒙学课本》七编，因其内容针对小学堂的学生，且七编内容均由浅入深、条分缕析、各有侧重，并附有精致图画，被誉为“我国自有教科书以来之最完备者”⑤，因而成为清末学部的审定书目之一。就在上海文澜书局发行该书的同一年，文明书局也开始重印此书，并在短短三四年的时间里，再版十余次，成为当时颇为盛行的小学教科书。

在晚清，标志着中国自编教科书进入一个新阶段的当数商务印书馆所

---

① 吴研因：《清末以来我国小学教科书概观》，《中华教育界》1936年第11期。

② 章锡琛：《漫谈商务印书馆》，商务印书馆：《商务印书馆九十年》，商务印书馆1987年版，第105—106页。

③ 张静庐：《中国近代出版史料初编》（5卷），中华书局1957年版，第223页。

④ 蒋维乔：《编辑小学教科书之回忆》，《出版周刊》1935年第156期。

⑤ 张静庐：《中国近代出版史料初编》（5卷），中华书局1957年版，第225—226页。

编辑的《最新国文教科书》了。

据蒋维乔回忆说：

> 教科书之形式，内容渐臻完善者，当推商务印书馆之《最新教科书》。此非作者身与其役，竟敢以此自夸，乃有客观之事实，可以证明：一、此书既出，其他书局之儿童读本，即渐渐不复流行。二、在白话教科书未提倡之前，凡各书局所编之教科书及学部国定之教科书，大率皆模仿此书之体裁，故在彼一时期，能完成教科书之使命者，舍《最新》外，固罔有能当之无愧者也①。

《最新国文教科书》之所以在当时取得不凡的成绩，缘于该书依照学部所颁布的学堂章程而编，因此"独步一时"②。

《最新国文教科书》出版于1904年。当时，为了能够编出一部堪称精品的小学国文教科书，以商务印书馆编译所所长张元济为首的几位编辑，包括高梦旦、蒋维乔、庄俞等人，以一丝不苟的严谨治学态度，在认真研究当时中国各类自编小学国文教科书的基础上，确立了《最新国文教科书》的几项编写原则。这几项原则如下：

> 首先发明之原则，即为第一册教科书中，采用之字，限定笔画……
>
> 其次讨论之原则，即选定教科书采用之字，限于通常日用者，不取生僻字。……每课之生字，五课以前，每课不得超过十字。……前课之生字，必于以后各课中，再见两次以上，俾使复习……
>
> 至于材料方面，则选用事项涉于多方面，不偏于一隅。杂采各种材料，以有兴味之文字记述之。……各课排比，以各种材料彼此交互错综，无形中前后联络，以便儿童记忆。各课皆附精美之图画，图画布置须生动而不呆板，处处与文字融和……
>
> 每出一册，皆按照三段教授法次序加入练习、问答、联字、造句

① 蒋维乔：《编辑小学教科书之回忆》，《出版周刊》1935年第156期。

② 庄俞：《谈谈我馆编辑教科书的变迁》，商务印书馆：《商务印书馆九十年》，商务印书馆1987年版，第62页。

等，编辑教授法。而教授法销行之数目，渐见发达[①]。

从上述教科书编写的原则来看，中国当时的教科书编写人员已经关注到教科书的文本内容必须体现教授法理论这一现代教育理念，并注意到儿童学习知识的特点，因此，均在教科书中插入一些精美图画，以增强学生的学习兴趣，提高教学效果。可以说，图画、图表在晚清教科书中的使用，从另一个侧面反映了中国人自编教科书质量的提高。

在当时新旧变迁的社会环境下，中国人接受各科教育所用的教科书除了上述这种以书籍的形式编写发行的文本材料以外，还有的采用报纸或杂志文本，作为当时学堂教育的教科书。如 1902 年《普通学报》社“每月出版石印报一小册，每册约四十，所载分经史、文算、格致、博物及外国语等，当时学堂亦多用为教学者”[②]。本文作者曾在中国国家图书馆复制了期刊出版物《自识英语图》[③]，就是以报纸或杂志形式作为英语教科书的。

（三）晚清教科书审定制度的建立

甲午战争后，在晚清中国，新旧政治势力进行了激烈的较量，中国人接受西方思想的范围及程度不断加强，传统的千百年不变的四书五经类教科书文本受到了极大的冲击，新式教科书不断涌现，晚清政府为应对这种新的教育态势，既想控制新思想的传播，又无力自行编著适合新学校教育体制的教科书，因此，由政府审定教科书制度开始实行。这种教科书审定制度在 1904 年 1 月所颁布的《奏定学堂章程》中得以明确，《章程》中这样表述：

> 官编教科书未出版以前，各省中小学堂亟需应用，应准各科教员按照教授详细节目，自编讲义。每一学级终，即将所编讲义汇订成册，由各省咨送学务大臣审定，择其宗旨纯正，说理明显，繁简合法，善于措词，合于讲授之用者，即准作为暂时通行之本[④]。

---

① 蒋维乔：《编辑小学教科书之回忆》，《出版周刊》1935 年版，第 156 页。

② 张静庐：《中国近代出版史料初编》（5 卷），中华书局 1957 年版，第 225 页。

③ 马辅仁：《自识英语图》，1911—1912 年。

④ 舒新城：《中国近代教育史资料》（上册），人民教育出版社 1961 年版，第 214 页。

1905 年清政府学部成立。清学部的一项重要工作即加强教科书的审定工作。从 1906 年开始，清学部陆续审定了中国各级各类教科书，包括初等小学、高等小学、中学、初级师范、国民教育，以及女子教育等方面的教学用书，并已开始审定高等专门学堂的教学用书和讲义。自 1906 年至 1910 年，清学部陆续公布了《学部第一次审定初等小学教科书凡例》《学部通行第一次审定初等小学暂用书目文》《学部第一次审定高等小学暂用书目凡例》《学部第一次审定高等小学暂用书目表》《学部第一次审定中学初级师范学堂暂用书目凡例并表》等。

清学部对当时的各级各类教科书进行审定的时候，其主旨思想为两条：一是考核教科书内容的政治性；二是考核教科书内容的教育性。在政治性方面，要求教科书在传播资本主义新教育内容的同时，也要秉承“忠君”“尊孔读经”这一封建的教育信条。在教育性方面，清学部在审定教科书的时候，十分注意从教科书编排的体裁方面去判定一部书的好坏，尤其注意从教科书内容是否符合儿童心理、其编排顺序是否体现循序渐进、其取材是否适度、其所用的语言是否正确等这几个同教育标准相关的因素来考察教科书的质量，如 1909 年清学部对商务印书馆所送呈的教科书做如下指示：

> 据禀及书均悉。
>
> 查《世界文明史》于本国太略。第二编言中国儒教有籍束文明进化之势，已非知言。至以老聃白发喻中国之现象，语杂嘲讥。以此授本国学生尤非所宜。惟采辑颇勤，译笔亦小异时流，再加修改，可作为中学以上参考书。
>
> 《立宪国民读本》讲解尚详，惟究系本年正月重印，即应遵照光绪三十四年（1908）八月初一日谕旨及历次宪政编查馆所定各条，重行编辑。此书仍以日本现行法为主，未免不合。应俟改编后，再呈审定。
>
> 《小儿语述义》逐条详说，危言警论，自具苦衷。准作为二等小学堂参考用书。
>
> 《通俗适用家计簿记教科书》于簿记法大端已具，作为高等小学堂参考书。

此批[①]。

从上述引文中可以看出，清学部对于当时的教科书审定，还是秉着严肃认真的态度来进行的。

其实，除了清学部对晚清教科书曾做过评估以外，民国时期，一些教育界人士也发文对晚清及民国时期的教科书做了回顾，其中非常重要的评价文献是《教科书之发刊概况》。这篇文章，被广泛地征引过。但是，对于谁是《教科书之发刊概况》的作者，学术界尚无人了解。唯有张人凤曾提出《教科书之发刊概况》的写作者可能向蒋维乔征求过意见[②]。不论其著作者为何人，《教科书之发刊概况》对清末民国时期的教科书做了较为全面的评价。从其评价中，我们可以看到当时的社会对新式学堂所使用的教科书的评价标准，也是从是否符合教育的意义而入手的，如在《教科书之发刊概况》中，曾对某些教科书有过批评："1911 年，刘光裕编《单级教授法》，系泛论小学各科，不合单级之用，且全系直译日本书"[③]。

又如对 1901 年叶澜所著的《天文地理歌略》一卷，有如下评语：

《天文地理歌略》一卷，四字一句，关于天文者二百九十句，地理及地方志者一千零十八句，并附行星图表，及东西两半球图，时小学堂亦多用之，不合教科书体裁也[④]。

对 1902 年上海蒙学书报局出版的丛刻及期报，有如下评语：

丛刻本有《中国史事策》二本，谓以《通鉴》为宗，按时立论，以教初学者……此外又有范祎编之《算学》五本，叶耀元编之《勾股》二本，《测绘舆图入门》三卷，均载明十一岁至十三岁儿童用

① 李桂林、戚名琇、钱曼倩：《中国近代教育史资料汇编·普通教育》，上海教育出版社 2007 年版，第 161 页。

② 张人凤：《蔡元培为商务印书馆第一任编译所所长说质疑》，《济南大学学报》（社会科学版）2010 年第 1 期，第 5—10 页。

③ 张静庐：《中国近代出版史料初编》（5 卷），中华书局 1957 年版，第 243 页。

④ 李桂林、戚名琇、钱曼倩：《中国近代教育史资料汇编·普通教育》，上海教育出版社 2007 年版，第 174 页。

云。实则不合教科书之编法，程度高下不等，未尽适用也[1]。

1902年文明书局所编的一些教科书，受到了好评。评语如下：

（文明书局）广告所列书目，有陆基编之《蒙学经训修身》一本，朱树人编之《文法》二本，丁宝书编之《中国历史》二本，……吴启祥译之《万国通史》教科书二本，杨千里编之《女子新读本》一末，张相文，韩洪合译之《家事教科书》二本，吴聿怀编之《普通化学问答》一本，顾倬编之《高小国文读本》四本，计八种。在当时教科书，当以该局为最完备也[2]。

清末以来，在求新求强的社会大浪潮下，在中国知识分子的努力下，晚清教科书的编写开始了向具有近代教育意义的方向发展。当然，在这个发展阶段，必然要经历初始阶段的不完善，从而不断修正而渐渐完善。吴研因在《清末以来我国小学教科书概观》中，对清末至民国初期以来的教科书进行了较为中肯的评价，指出了清末教科书编写方面的经验，至民国时期教科书编写就有了相应的进步，如教科书上使用的语言，白话文渐渐崛起；教育目的渐渐明确，民国后，删掉了忠君崇满等内容，代之以民主政治的思想；教科书的分量也在逐渐增加，内容渐渐充实；尤其是国语教科书的编写更有较大的进步，教科书中也注重插图的使用，且插图由单色进而为彩色。这些都是教科书编写方面的明显进步。当然，清末以至民初的教科书编写，离欧美等进步国家的教科书还有一定的距离，如课程内容，尤其是国语教科书生字的复见率；教科书插图的质量与数量；教科书印刷装订的方式，以及各科教科书在均衡发展方面均有待改进之处；等等[3]。

可以说，清末的教科书所存在的一些不足之处，是历史原因造成的。在清末新思想、新教育理念不断涌现的时代，当时的教科书编纂者，还未

① 李桂林、戚名琇、钱曼倩：《中国近代教育史资料汇编·普通教育》，上海教育出版社2007年版，第175页。

② 同上书，第175—176页。

③ 吴研因：《清末以来我国小学教科书概观》，《中华教育界》1936年第11期。

从传统教育体制的束缚下解放出来，不可能一下子脱胎换骨，变成具有超前意识的教育家。清末所编著的各科教科书，大多采取模仿西方及日本教科书的编写方式，并以中国传统的教本做参照。在这样的情况下，必然会出现教科书编写方面的欠缺，诸如，教科书的编写无法与当时的学制要求完全吻合；教科书的内容也无法真正做到完全切合学生的学习实际；等等。但不能否认的是，清末教科书的编纂者，是中国教科书向近代化乃至现代化发展过程的先行者，他们在编写教科书方面的经验与教训，都为后来者提供了弥足珍贵的借鉴。

二 自编英语教科书之发展

甲午战争后国人自编英语教科书，也随着中国自编教科书的发展而发展，甚至可以说，在清末教科书发展的历程中，英语教科书的发展，引领了时代的潮流，这是因为甲午战争后，中国社会形势的巨变，为英语教科书的发展创造了难得的契机。

（一）中国人自编英语教科书发展的历史契机

1. 西学的传播为英语教育在中国的传播带来了直接的影响

中国开始接受西学，应始于洋务学堂的开办，以及传教士在中国所开办的各类教会学校。19 世纪中期的中国文人，尤其是生活在通商口岸的中国文人以及一部分商人，曾致信给著名传教士傅兰雅，就《格致汇编》一书中问题进行求教①，这表明了当时具有开明思想的中国文人对西学产生了兴趣。

后来，一些官员及学者可以有机会出国考察及学习。自 1866—1900 年，在中国有 66 人发表了关于国外见闻的著作，著作总数超过 158 部。且这 158 部著作绝大部分都可在《小方壶斋舆地丛钞》中找到②。他们出访回来后所写的这些日记和诗文等，扩大了西学在中国的影响，中国文人日益接受西方的知识，理解与接受西方的价值观，从而使西方思想向中国的文化中心渗透。1895 年甲午战争中国的战败，激起了普遍的民族危机

① 李三宝：《致傅兰雅的〈格致汇编〉（1876—1892）编者的书信：一个分析》，《中央研究院近代史研究所集刊》1974 年第 12 期，第 729—777 页。

② 费正清、刘广京：《剑桥中国晚清史 1800—1911 年》（下卷），中国社会科学出版社 1985 年版，第 168 页。

感，促使维新变法成为一个广泛的社会运动。这种努力西学的运动，为英语教育在中国的广泛传播与接受，提供了间接的媒介。

2. 英语教学成为中国普通教育的重要部分

甲午战争后，面对强国意欲瓜分中国的危险，尤其是日本的崛起，使中国面临极大的压力。一些主张变法自救的清廷官员及社会精英分子，认识到若要维新变法，使中国迅速强大，只有学习西方，兴办教育，提高国人的素质。1896 年李端棻向朝廷上书了《请推广学校折》，在这个著名的奏折中，李端棻强调了外语学习的重要性，他说：

> 臣请推广此意，自京师以及各省府州县皆设学堂：府州县学，选民间俊秀弟子年十二至二十者入学，其诸生以上欲学者听之。学中课程，诵《四书》、《通鉴》、《小学》等书，而辅之以各国语言文字及算学、天文、地理之粗浅者，万国古史近事之简明者，格致理之平易者，以三年为期……
>
> 三曰开译书局也。兵法曰：知己知彼，百战百胜。今与西人交涉，而不能尽知其情伪，此见弱之道也。欲求知彼，首在译书①。
>
> 学习西语、广开译书局，无疑为中国的外语学习提供了良好的条件。

1898 年 6 月 11 日，清光绪帝下令变法，颁布《明定国是诏》。在诏书中，明令建立京师大学堂。7 月 3 日，京师大学堂正式建立，由梁启超草拟办学章程。

光绪二十八年十一月清政府颁布《钦定京师大学堂章程》。《章程》第一章第六节规定，“同文馆归并之后，经费无着，变通办法，拟于预备、速成两科中设英、法、俄、德、日本五国语言文字之专乎，延聘外国教习讲授”②。

在《章程》第二章关于功课一节的要求是“文学科之目七：一曰经

① 李端棻：《请推广学校折》，陈学恂：《中国近代教育文选》，人民出版社 2001 年版，第 64、67 页。

② 王杰、祝士明：《学府典章中国近代高等教育初创之研究》，天津大学出版社 2010 年版，第 155 页。

学，二曰史学，三曰理学，四曰诸子学，五曰掌故学，六曰词章学，七曰外国语言文字学”[①]，并在“功课”一节中详细规定了各门学科（包括英语学科）的学习时间。

1902年4月京师同文馆与京师大学堂合并，成立京师大学堂译学馆。1903年7月，京师大学堂译学馆开始第一次公开召生。在招生告示中说：“京师大学堂于上年九、十月，经本大臣两次考取，速成科已入堂肄业在案。现在开办译学馆，招选学生确定一百二十人，分习英、俄、德、法、日五国文字，兼习普通科学，五年毕业，其年龄自十六岁以下外，二十二岁以内为限”[②]。

1902年清政府拟颁布《钦定学堂章程》，即“壬寅学制”。1903年又将壬寅学制修订，颁布《奏定学堂章程》，即“癸卯学制”。在“壬寅学制”和“癸卯学制”中，都提到了要加强外语教学，尤其是英语教学。在《奏定高等学堂章程》中规定，文科学生“英语必通习，德语或法语选一种习之”，学习理科的学生，“外国语除英语外，听其选德语或法语习之”。学习医科的学生，“外国语于德语外，选英语或法语习之”。由此可见，在五门外语的学习中，英语学习被列为首位。

自维新运动至癸卯学制的实行，尤其是癸卯学制，清政府对中学堂、高等学堂的外语教育极为重视。以中学堂为例，在清政府所颁布的《奏定中学堂章程·学程程序章第二》中，对中学堂的各门学科的周学时有了明确的规定[③]。

在所颁布的周学时授课科目中，英语的教学量占12门科目周授课总量的20%，排名第二，仅次于讲经读经科（该科目占周学时的25%）。这说明了英语教学所受到的重视程度。

清学部也充分认识到各类学堂用教科书在提高教育质量中的重要作用，并通过教科书审定制度，规范教科书的出版、发行与使用。在清学部所审定的中学堂暂用书目表中，有关英语教科书的书目有如下几种：

---

① 王杰、祝士明：《学府典章中国近代高等教育初创之研究》，天津大学出版社2010年版，第156页。

② 《照抄管理大学堂事务大臣吏部尚书张、会同管理大学事务大臣刑部尚书荣为出示招考事》，中国第一历史档案馆藏档案，全宗号07，案卷号510。

③ 本表参考朱有瓛《中国近代学制史料》（第二辑上册），华东师范大学出版社1987年版，第388—390页。

表 6－1　　学部审定中学堂暂用书目

序号	时间（年）	书名	册数	作者	出版机构
1	1902	英文初范	1		商务印书馆
2	1906	华英初学	2	约翰书院施女士	上海一新书局
3	1906	帝国英文读本	3	伍光建	商务印书馆
4	1907	英文典教科书	未标明	（译自日文）	湖北官书局
5	1909	英文典（初、中、高）	3		商务印书馆
6	1909	英文教程	未标明		商务印书馆
7	1910	英文益智读本	未标明		商务印书馆
8	1910	初学英文轨范	未标明		商务印书馆
9	1910	简要英文法教科书	未标明		商务印书馆

注：本表参考李良佑、张日昇、刘犁《中国英语教学史》，上海外语教育出版社 1988 年版，第 100—102 页。

在清学部第一次审定的初级师范学堂暂用书目中，包括下列英语教科书：

表 6－2　　学部第一次审定初级师范学堂暂用英语教科书书目

序号	书名	册数	印刷机构	版权	价目
1	英文普通史纲目	1			
2	初、中、高等英文典	3	商务印书馆	有	1.50 元
3	新法英文教程	1	商务印书馆	有	0.80 元
4	英语作文教科书	1	商务印书馆	有	1.00 元
5	简要英文法教科书	1	商务印书馆	有	0.80 元
6	英文汉诂	1	商务印书馆	有	1.20 元
7	英语捷径前、后编	2	商务印书馆	有	0.80 元

注：李良佑、张日昇、刘犁：《中国英语教学史》，上海外语教育出版社 1988 年版，第 101 页。

需要指出的是，上述这两个由清学部所审定的学堂暂用书目，其书目的相关信息并不全面，如在“学部审定中学堂暂用书目”中所列的书目作者信息不全，而在“学部第一次审定初级师范学堂暂用英语教科书书目”中，不仅没有教科书编著者的信息，甚至连出版年份也没有。

尽管有上述不全面之处，不可否认的是，清学部的教科书审定制度，确实为提高当时教科书的编写质量、增加教科书的出版数量起到了促进作用。

综上所述，甲午战争后清政府所推行的各种学制，包括维新变法时的教育体系、壬寅学制、癸卯学制，都在不同程度上加强了对外语教育的重视，特别是对英语教育的重视，这为中国英语教科书，尤其是自编英语教科书的进一步发展，提供了良好的契机。

（二）自编英语教科书特点

对甲午战争到辛亥革命期间中国人自编英语教科书进行较为系统的研究，目前的成果可以说很少。有学者对此阶段的英语教科书做了如下分析，认为中国人的自编英语教科书，有严复的《英文汉诂》、徐永清的《英文初范》、周越然的《英语模范读本》等，并认为这些教科书的共同缺点是难度偏大，英美文学方面的比重偏重、词汇量偏多①。不过，这些学者在其论著中所提到的中国人自编英语教科书，其实并不全面，只是当时所出版的英语教科书的一部分而已。而且，这些学者对当时英语教科书的内容特点等的分析也显得非常单薄。本文作者基于对此时期所出版和发行的英语教科书文本尽全力收集的基础上，拟在下文对甲午战争后中国人自编英语教科书的特点进行深入的分析。

甲午战争后中国英语学习教科书，其来源主要有三个方面，一是直接采自西方原版教科书，这类教科书主要用于各类教会学校；二是译自日本的英语教科书，这类书籍在当时的社会产生了很大的影响；三是由中国人自编的英语教科书。这类教科书后来逐渐成为中国人学习英语的主要材料。

中国人自编英语教科书的发展，呈现出以下几个鲜明的特点：

1. 自编英语教科书的机构大为增加，形成了以商务印书馆为龙头的英语教科书的专业发行机构

在甲午战争之前，中国人自编教科书的出版机构，其数量非常有限；而到了甲午战争后，中国的许多出版机构，尤其是在上海，都加入了出版教科书的行列中。在这些机构中，有上海群益书社、上海广智书局、上海一新书局等。其中最大、最著名的机构应属上海的商务印书馆。在《教科

① 李传松、许宝发：《中国近现代外语教育史》，上海外语教育出版社2006年版，第29页。

书之发刊概况》中，作者说：

> 科举废后，正式教科书遂相继出现，有由学堂自编应用者，有由私人编辑者，有由书商发行者，有由日本教科书直译而成者。自学部公布审查制度，除审查合格各书外，又有部编教科书。在商务印书馆未成立以前，以文明书局出版之教科书为最多，广益书局等次之。光绪二十九年（1903年）以后，各学堂教科书，大多数出于商务印书馆①。

在教科书出版工作中，英语教科书的出版是一个非常重要的部分。商务印书馆以谢洪赉所编译的《华英初阶》《华英进阶》的成功发行作为领军中国英语教科书出版发行的标志。受《华英初阶》《华英进阶》成功发行的鼓舞，商务印书馆再接再厉，通过组建商务印书馆编译部，编译、编著了不少质量上乘的英语教科书。正如庄俞所回忆的那样：

> 外国语分英、法、德、日及世界语等多种，各书之中，英文最占重要。当本馆创办之初，国内英文一科，缺乏课本，间由外国供给，价值既贵，又难适合国情，本馆乃敦聘专家从事编辑。更致意于普通应用者，如文学、会话、尺牍、翻译、字典各书同时进行，此皆历任编译所所长及多数编辑员心血之结晶②。

因此，自20世纪初至辛亥革命前，商务印书馆在中国英语教科书出版界，成为当之无愧的巨头。

在此期间，另一个比较鲜明的特点是，英语教科书的出版中心地带由上海辐射到其他地区。香港地区因历史及对外经济等原因，也成为英语教科书出版的重要地区。据目前所掌握的资料，香港地区的英语教科书出版业应该也是比较发达的。香港的教会学校除了使用来自英美国家的原版教

---

① 李桂林、戚名琇、钱曼倩：《中国近代教育史资料汇编·普通教育》，上海教育出版社2007年版，第171页。

② 庄俞：《三十五年来之商务印书馆》，商务印书馆：《商务印书馆九十五年》，商务印书馆1992年版，第726页。

科书以外，当时居住在香港的中国人也自编了一些比较受欢迎的英语教科书，如1905年莫文畅所编著的《唐字调音英语》。这部《唐字调音英语》自出版以来，不断再版，成为香港人学习英语的重要读物。

英语教科书的出版与发行，不仅在上海、香港等口岸城市，在内地也有一些有识之士开始编写适合不同学习者所使用的英语教科书。这类英语教科书的数量及种类较以往任何时期都有很大的增长。

2. 中国人自编英语教科书的门类更为齐全，出版形式更为多样，受众面更广

这个时期所出版的各类英语教科书，涉及英语学习的各方面知识。其中比较大的分类有：英语语法类教科书；综合性系列读物；英语阅读类教科书；英语翻译类教科书；英语作文类教科书；英语口语类教科书，等等。英语教科书的读者群更加明确，有的教科书明确标明适合的学生人群。如邝富灼和徐铣所编的《初学英文轨范》，经学部审定，1916年再版时标明“高等小学”用。伍光建的《帝国英文读本》也被清学部鉴定为适合高等小学之用。

与甲午战争前所出版的英语教科书相比，此时的英语教科书的出版形式更为多样化，受众面更广。英语教科书不仅以装订成册的书籍的形式出现，供各类学堂用作英语教学之用，以杂志作为传播近代教育知识的文本，也被一些学者当作教科书来看待。如本文在本节的第一部分中所提到的1902年发行的《普通学报》每月所出版的小册子，即被学堂采用为教科书[①]。本文作者收集到在北京出版的由马辅仁所编的《自识英语图》，就是以杂志的形式，每期刊发，向民众讲授浅显的英语知识。该杂志在大清宣统三年九月二十九日发行第一期，其发售处在北京前门外李铁拐街五道庙内。该杂志的发行量应该不错，因为至宣统三年十月二十八日已出版第五期，同年十一月十六日第六期；至中华民国建立，该杂志依然在发行，在其民国元年四月初一日的杂志上，与辛亥革命前的杂志版面及内容相比，除前言去掉了与清政府及皇权等内容相关的言语以外，其他体例照旧[②]。更有的利用中国古典的《幼学琼林》《千字文》等读本，在其边页或文中增加相对应的英语单词，作为儿童启蒙教科书，从而使英语学习的

① 张静庐：《中国近代出版史料初编》（5卷），中华书局1957年版，第225页。

② 马辅仁：《自识英语图》，1911—1912年。

受众面更为广泛，影响力更大。

另外一个显著的特点是，此期间的英语教科书的出版，存在着新旧教科书并存的现象。一方面，适合新式教育要求的教科书不断涌现，如邝富灼、伍光建等人所编著的各类书籍，另一方面，与旧式的英语学习相类似的读本也在编写与使用中，如香港的《唐音字调英语》、广东香山的《英语会话音识》等，采用汉字标注英语发音的形式，方便学习者自学英语。这种形式，与甲午战争前，甚至与鸦片战争前早期中国人学习英语所用的读物（或称教科书），如《红毛番话》《英字指南》《英话注解》《英字入门》等所采用的形式非常相似。这也说明，当时中国人学习英语的两个路径，一个是进入正式的学堂学习正规的英语，另一个是购买标有中文发音及释义的英语教科书，进行自学。通常这类自学教科书，主要的内容还是在对外贸易方面，因此我们可以称它们为商贸英语读本。

表 6－3　　甲午战争后中国人自编英语教科书一览

	书名	分类	出版时间	作者	出版社
1	《华英文法捷径》	语法类	1896 年第二版	陆敬科	香港 TSUI CHAN 出版社
2	《无师自通英语录》	汉英对译语句	1897 年	绿竹山房	上洋美华
3	《英文话规》	英语语法类	1898 年	张德彝	不详
4	《华英亚洲启悟集》	阅读类系列读本	1900 年	商务印书馆编译所	商务印书馆
5	《华英亚洲课本》	阅读类系列读本	1900 年	商务印书馆编译所	商务印书馆
6	《华英国学文编》	英汉对照读物	1900 年	商务印书馆编译所	商务印书馆
7	《华英国学文编训蒙编 Anglo-Chinese Royal Primer》	英汉对照读物	1900 年	商务印书馆编译所	商务印书馆
8	《音注中英蒙学图》	启蒙类词语学习读物	1901 年		华英养正书馆
9	《英文初范》	语法类	1902 年	商务印书馆编译所	商务印书馆
10	《英文典答问》	语法类参考书	1903 年	汪千仞	作新社
11	《唐字调音英语》	英汉对译词语类	1904 年	莫文畅	香港锦福书坊
12	《英文汉诂》	语法类	1904 年	严复	商务印书馆

续表

	书名	分类	出版时间	作者	出版社
13	《帝国英文读本》	综合性系列读物	1904 年	伍光建	商务印书馆
14	《华英合璧二十世纪读本》	英汉对译读本	1905 年	广智书局	上海广智书局
15	《英文文法初范》	语法类	不详		商务印书馆
16	《华英初学》	综合性系列读物	1906 年	约翰书院施女士	上海一新书局
17	《中学英文典教科书》	英语语法类	1907 年	何崇礼	上海科学会编译部
18	《新体英语教科书》	口语类（见说明）	1908 年	蔡博敏	商务印书馆
19	《英文教程》	不详	1909 年	不详	商务印书馆
20	《英语类选》（3 册）	英语系列读本	1909 年	不详	商务印书馆
21	《英语会话教科书》	口语类	1909 年	邝富灼、徐铣	商务印书馆
22	《初级英语读本》（4 册）	综合性系列读物	1909 年	商务印书馆编译所	商务印书馆
23	《英文益智读本》	阅读类	1909 年	祁天锡	商务印书馆
24	《新世纪英文读本》	综合性系列类读物	1910 年	邝富灼、等编	商务印书馆
25	《英文新读本》	综合性系列读物	1910 年	Roy S. Anderson	商务印书馆
26	《英语作文教科书》	写作类系列读物	1910 年	邝富灼	商务印书馆
27	《汉文英译教科书》（四册）	翻译类			商务印书馆
28	《英语会话音识》	汉英对译自学类		作者不详	
29	《华英智环启蒙新编》A Circle of Knowledge	各类华英文书（见说明）	1909 年前		商务印书馆
30	《初学英文轨范》	语法类	1909 年	邝富灼、徐铣	商务印书馆
31	《华英文法释义》	语法类	1911 年前		
32	《文规启蒙》	语法类	1911 年前		商务印书馆
33	《实用英语阶梯》	语法类	1911 年前	商务印书馆编译所	商务印书馆
34	《英文法阶梯》	语法类		邝富灼	商务印书馆
35	《循序英文读本》	英语阅读类		邝富灼	商务印书馆
36	《英语文规》	语法类	1911 年前		商务印书馆

续表

	书名	分类	出版时间	作者	出版社
37	《新法英文教程》		1911 年前	邝富灼	商务印书馆
38	《英语会话教科书》	口语类	1911 年前	邝富灼	商务印书馆
39	《日用英语读本》	阅读类	1911 年前	葛弼	商务印书馆
40	《英文范纲要》	语法类	1908 年	伍光建	商务印书馆
41	《英文范详解》	语法类	1909 年	伍光建	商务印书馆
42	《英语学初桄》	语法类	1911 年前		商务印书馆
43	《英语作文初步》	写作类	1911 年前		商务印书馆
44	《英华文通》	语法类（见说明）	1911 年前		商务印书馆
45	《分类英语》	口语类（见说明）	1911 年前		商务印书馆
46	《华英通用要语》	口语类（见说明）	1911 年前		商务印书馆
47	《英语撮要》	各类华英文书（见说明）	1911 年前		商务印书馆
48	《华英要语类编》	口语类（见说明）	1911 年前		商务印书馆
49	《自识英语图》	杂志类读物	1911 年	马辅仁	北京
50	《华英翻译金针》	翻译类教科书	1911 年	李文彬	商务印书馆
51	《汉文英译教科书》	汉英对译		英学会编	上海昌明公司
52	《简易英文法教科书》				上海昌明公司
53	《生徒会话》				上海昌明公司
54	《英语学生会话》			王振东	上海昌明公司
55	《英文初级教科书》			英学会	上海昌明公司
56	《新撰英文教科书》		1911 年	赵灼	
57	《西洋古格言》	汉英对译读物	不详	徐云译述	上海医学书局
58	《初级英语作文教科书》	作文与口语	不详	何鼎新	广智书局
59	华英会话重增《幼学琼林》	启蒙读物		程允升	上海大文书局
60	《绘图增注华英三千字文》	启蒙读物		拙补居士	不详

说明：

（1）该表所列中国人自编英语教科书，大多是本文作者多方收集而来的，还有很少的一部分是根据张英在其著作《启迪民智的钥匙》第50—55 页中所列出的商务印书馆在晚清时期所出版的英语书目，另有一些是从某些英语教科书书后的广告中得来。因这两部分书目本文作者未能亲见，所以，对其分类、出版时间、作者等，无法提供真实可靠的信息；另需说明的是，由于资料及能力所限，上述所列60种英语教科书，肯定无法涵盖当时曾出版的所有英语教科书，难免会有疏漏，留待以后会有更多的发现。

（2）上文标有“见说明”字样的英语教科书，因本文作者未能亲见该书，因此，其归类则按照本文作者所收集到的1914年《华英国学文编》第四册书后所附的售书广告上，进行归类，商务印书馆的书目归类如下：

归入“华英文典”类，即语法类的教科书有：

①《英文汉诂》：*English Grammar Explained in Chinese*

②《华英英文初范》：*English and Chinese Grammatical Primer*

③《英华文通》：*A New Manual of English Grammar*

④《华英文法释义》：*Grammatical Definitions*

归入“华英会话书”一类的英语口语教科书有：

①《新体英语教科书》：*English Idiomatic Phrases and Sentences*

②《华英要语类编》：*English and Chinese Conversation*

③《增广分类英语》：*A Classified Conversation*

④《袖珍分类英语》：*A Pocket Classified Conversation*

⑤《华英通用要语》：*A Pocket Classified Conversation*

此外，还列有“各种华英文书”类：

①《痴汉骑马歌》：*John Gilpin*

②《增广英语撮要》：*The Classified List of Miscellaneous Important Terms*

③《华英地理问答》：*English and Chinese Catechism on Geography*

④《华英文件指南》：*English and Chinese Complete Letters Writer*

⑤《华英翻译捷诀》：*A Manual of Translation*

⑥《翻译小补》：*The Translator's Assistant*

⑦《增广英字指南》：*Methods for Learning English*

⑧《华英智环启蒙新编》：*A Circle of Knowledge*，等等。

当然，上述书目是商务印书馆1914年所出版的英语教科书的分类。这些出版的书目，有些是初版，有些是再版，如《翻译小补》《增广英字指南》《痴汉骑马歌》等书，其初版时间，早在甲午战争之前，前文相关章节已经给予介绍，因此，这类书本文将不再作为甲午战争后中国人自编英语教科书来研究。

从本文作者多方收集到的英语教科书汇总表中可以看出，目前已知的甲午战争后中国人自编的英语教科书共有60种。在这60种英语教科书中，数量最多的是英语语法类教科书，有17种，占总数的28%，其次是各种读本类教科书，共9种，占总数的15%。二者加起来，占总数的43%，接近一半的份额。

其中的英语语法教科书有如下17种：

①《华英文法捷径》，陆敬科，1896年第二版，香港TSUI CHAN出版；

②《英文话规》，张德彝，1898年；出版社不详；

③《英文初范》（English & Chinese Grammatical Primer），商务印书馆编译所编，1902年，商务印书馆出版；

④《英文典答问》，汪千仞，1903年，作新社出版；

⑤《英文汉诂》，严复，1904年，商务印书馆出版；

⑥《英文文法初范》，作者及出版时间不详，商务印书馆出版；

⑦《中学英文典教科书》，何崇礼，1097年，上海科学会编译部出版；

⑧《英文范纲要》，伍光建，1908年，商务印书馆出版；

⑨《英文范详解》，伍光建，1909年，商务印书馆出版；

⑩《英语学初桄》，作者及出版时间不详，商务印书馆出版；

⑪《初学英文轨范》，邝富灼、徐铣，1909年，商务印书馆出版；

⑫《华英文法释义》，作者及出版时间不详，商务印书馆出版；

⑬《文规启蒙》，作者及出版时间不详，商务印书馆出版；

⑭《实用英语阶梯》，商务印书馆编译所，1909年，商务印书馆出版；

⑮《英文法阶梯》，邝富灼，出版时间不详，商务印书馆出版；

⑯《英语文规》，作者及出版时间不详，商务印书馆出版；

⑰《英华文通》，作者及出版时间不详，商务印书馆出版。

英语系列读本类教科书有如下9种：

①《华英亚洲启悟集》《华英亚洲课本》，1900年，商务印书馆出版；

②《华英国学文编》《华英国学训蒙编》，1900年，商务印书馆出版；

③《帝国英文读本》，伍光建，1904 年，商务印书馆出版；

④《华英合璧二十世纪读本》，广智书局编，1905 年，广智书局出版；

⑤《初级英语读本》4 册，1909 年，商务印书馆出版；

⑥《英文益智读本》，祁天赐，1909 年，商务印书馆出版；

⑦《新世纪英文读本》，邝富灼等，1909 年，商务印书馆出版；

⑧《英文新读本》，Roy S. Anderson 著，邝富灼译，1910 年，商务印书馆出版；

⑨《循序英文读本》，邝富灼，四册，商务印书馆出版。

其他类英语教科书，因为数量不如上述两种之多，故不再一一列出。

3. 英语教科书的编写更注重结合先进的教育学理论

与以往相比，此期间的英语教科书更与国际教科书的编写方式接轨，易于为学习者所接受，也为教师的顺利教学提供了保障。在 1909 年出版的《英文范详解》的书后广告中，商务印书馆有如下字句："《英语会话教科书》六角五分。文学进士新宁邝富灼撰。此书但有问词不详答语，由浅入深，最合教授之用，除学校习用语外，多采寓言故事、名人事略，附于卷端，以为谈助，另有教授法以便教授。"这说明，此时的英语教科书，已经开始重视教学法的传授，英语教科书在编写质量较高的教学内容的同时，又为教师提供教学建议，以利于英语教学的顺利开展。

吴研因曾在《清末以来我国小学教科书概观》中说道：

> 欧美的小学教科书，各科都能平均发展，我国的小学教科书，只有国语科用书进步得最多，其余各科用书进步很少，各国的社会习惯，各科并重，我国的社会习惯，只重视国文国语，所以各书坊也往往只把国文国语改进，做自己的门面，其余各平用书，就不急急地改进了①。

根据本文作者所收集到的资料，以及上文所列举的事实，可以有充分的理由认为，清末以来的小学教科书，除了国语科用书进步的最多以外，英语教科书的进步也是非常大的。而这种进步，在当时的社会就得到了很

① 吴研因：《清末以来我国小学教科书概观》，《中华教育界》1936 年第 11 期。

高评价。如伍光建所编著的《帝国英文读本》一书，就得到清学部的认可，认为“英文读本，以伍光建所编为最佳。前已审定，暂充高等小学之用。而其程度实与中学为宜，仍作为中学教科书”①。

伍光建之子伍蠡甫曾说：

> 商务印书馆建馆之后……张元济更加着重出版与教育的结合，……请父亲编写中学的理科和英语两部教科书……（英语教科书）从英语字母的发音和书写开始，逐渐加深，直到英国文学作品选读，共五册，名曰《帝国英文读本》，也是当时唯一的英语教科书。以上几桩事，可以说是旧中国史学界、科学界、语言学界关心普及教育的创举，并且收效甚宏②。

当然，把伍光建的《帝国英文读本》称为当时唯一的英语教科书是夸大其词，与事实不符的。不过，我们不能因此而否认该书在中国英语学习史中所起到的重要作用。

另一部由邝富灼编写的《初学英文轨范》，也得到了社会上的广泛认可。清学部对其作了如下批示：“是书仿丁家立《英文法程》体裁，而字句之间，力求浅显简明，使初等英文者免费时力。书中中西文互译，尤便练习。应为高等小学教科书。间有错误，业已签出，再版时改正”③。

此时的英语教科书编写，已经开始注意使用一定的教学方法。如邝富灼在编写《初学英文轨范》时，就非常注意在教科书中体现教学法。他在该书的序言中说：

> 教英文于中国者每苦无可用之教科书，彼外国之成书以之教生长于其国之人，则善矣。而自中人视之，则未尝不病其录事太浅而辞调太深。今此书则反是，录事稍深而辞调务浅。期悉祛吾国初学之所不便者而已。是书因欲兼诵读、口说、写作三者之故，排列之法不得不

① 王建军：《中国近代教科书发展研究》，广东教育出版社1996年版，第169页。

② 伍蠡甫：《伍光建与商务印书馆》，商务印书馆：《商务印书馆九十年》，商务印书馆1987年版，第78—79页。

③ 《教育杂志》1910年第4期。

视常例为变通。以甲国之人习乙国之语，其道莫善于翻译。而初级教授又莫如用直观之法。本书于此二者，尤三致意焉。生字不多，采前课之字必复屡见于下，所以令学者得熟练其所授之字也①。

从序言中可以看出，邝富灼在编写该书时，注重将“直观法”融入教科书编写的理念中。同时，又采取循序渐进的教学方法，使每课的生字重复出现，以利于学生掌握和记忆，这一点，非常符合当代语言教科书编写中有关教学内容的复现性理论。

新式英语教科书的编写也非常注重如何激发学习者的兴趣，特别是对于少年儿童英语教科书的编写，能够主动利用插图的形式，激发儿童的想象力和学习的欲望与兴趣。中国传统的教科书是轻视图画在学习中的作用的，这一点，早在19世纪80年代就被中国教会学校的传教士所注意。他们在1887年举行的学校教科书委员会上已经提出需要注重教科书中插图的作用②。插图所体现出的教学内容的直观性、形象性等特点，避免了用文字表达而造成的烦琐和抽象的缺点，收到事半功倍的效果。在新式的英语教科书中，尤其是综合性的系列读本中，编写者非常注意插图的应用，几乎每课必有插图，如《新世纪英文读本》中，在每课中都增加与课文内容相关的插图，以引起学生的兴趣。

英语教科书的章节编排也吸收近代教育的理论成果，修正了中国传统教科书编写的缺点，采用西方国家教科书的编排体例，按照章节安排教学内容，每章节的教学内容容量大致相当，编排体例保持一致，绝大多数的英语教科书在每章节后都附有一定数量的练习，使学习者能够通过练习来巩固学习内容。

在文字的排版上，可以说英语教科书引领了中国文字排版形式的改革潮流。因为英语文字的特点决定了其书写形式从左至右，横式排版。而中国的传统书写形式是从右至左竖式排版。当中英文混排在一起时，势必造成一种形式上的混乱。早期的英语教科书，如《英字入门》《英语指南》等，采取中英文各自为政的混排方式，而至甲午战争后，受日本英语教科书排版的启发，中国的英语教科书编排方式，也逐渐采用中英文均为横排

① 邝富灼：《初学英文轨范》，商务印书馆1909年版。

② The Chinese Recorder. 1889 (9): 430.

的方式，这在当时的中国教科书编写方式上，无异于一场重大的、划时代的改革。

第二节 国人自编的主要英语语法教科书

甲午战争后中国人自编的各类英语教科书中，语法教科书的编写，无论从数量上还是从质量上，都是非常突出的。目前已知该时期中国人自编的英语语法教科书如下：

1. 《华英文法捷径》，陆敬科，1896 年第二版，于香港出版；
2. 《英文话规》，张德彝，1898 年，收于《醒目清心录》中；
3. 《英文初范》，商务印书馆编译所编，1902 年，商务印书馆；
4. 《英文典答问》，汪千仞，1903 年，作新社；
5. 《英文汉诂》，严复，1904 年，商务印书馆；
6. 《英文文法初范》，作者及出版时间不详，商务印书馆；
7. 《中学英文典教科书》，何崇礼，1907 年，上海科学会编译所；
8. 《英文范纲要》，伍光建，1908 年，商务印书馆；
9. 《英文范详解》，伍光建，1909 年，商务印书馆；
10. 《英语学初桄》，作者及出版时间不详，商务印书馆；
11. 《初学英文轨范》，邝富灼、徐铣，1909 年，商务印书馆；
12. 《华英文法释义》，作者及出版时间不详，商务印书馆；
13. 《文规启蒙》，作者及出版时间不详，商务印书馆；
14. 《实用英语阶梯》，商务印书馆编译所，1909 年，商务印书馆；
15. 《英文法阶梯》，邝富灼，出版时间不详，商务印书馆；
16. 《英语文规》，作者及出版时间不详，商务印书馆；
17. 《英华文通》，作者及出版时间不详，商务印书馆。

甲午战争后中国人自编英语语法教科书的编写分为两种不同的形式，一种是与普通语法著作无异的，属于纯粹的英语语法工具书，如《华英文法捷径》《英文话规》《英文汉诂》《增广英文法教科书》（即 George Lyman Kittredge 和 Sarah Louise Arnold 合著的 *The Mother Tongue* 的汉译本，由邝富灼与徐铣合译）；《简要英文法教科书》（即 Newsom 语法书，由邝富灼译）；《中学英文典教科书》，何崇礼著；《英文范纲要》，伍光建著等。

另一种英语语法教科书的编写形式，是将语法知识与英语综合性学习结合起来。在这类英语语法教科书中，主要采用直观法，让学生在阅读英语的过程中，对英语的语法规则有不知不觉的认识。这类语法书数量不多，目前有两部教科书属于此类，即《初学英文轨范》和《实用英语阶梯》。

另外需要说明的是，甲午战争后中国人自编的英语语法教科书，所阐述的语法内容，相对于英语读本类的教科书来说，都比较抽象。因此，在书中，除了一些统计图表以外，几乎找不到其他的图画；而中国人在当时所编写和出版的读本类教科书，一般都非常注重插图在吸引学习者兴趣方面所起的作用。因此，英语语法教科书在插图的美观性上，肯定不能与读本类的教科书相比，这也是由语法教科书的性质所决定的。因为语法教科书一般都是语法规则的介绍，不似读本类的教科书，有非常具体的文本内容，比较容易配插图。当然，能够学习这类具有较高水平的英语语法知识的学习者，其心智大多是比较成熟的青少年或成年。因此，插图在提高其阅读兴趣方面所起的作用，应该不像少年儿童那样大。

下面本文将选取《华英文法捷径》与《英文话规》这两部英语语法著作进行简要分析与研究。

一 陆敬科与《华英文法捷径》

（一）陆敬科简介

陆敬科，据广东省佛山市高明县教育网所记，其生于1863年，卒于1945年。又名礼初，是西安镇河江村人。少年曾随叔父去香港，在《循环日报》当过徒工。于15岁那年考入香港皇仁书院（Queen's College），专修英语，因学业有成，毕业后留校任教。曾与孙中山为师生关系。1908年，陆敬科被清政府任命为外交翻译官，在广州协办外交事务。后投身于孙中山所领导的革命。辛亥革命胜利后，出任国民政府的外交部署长、海关监督等职。1927年蒋介石叛变，陆敬科即辞官回乡，在广州兴办商业，并热心公益事业，备受广州市民称赞。1945年病逝于故乡河江村①。

不过，高明县教育网对于陆敬科的介绍还不够全面。而时人对陆敬科的研究也还远远不够，仅有的一些文献，也是非常简略地谈及他的整个生

① 本资料来自广东佛山高明县网站，http：//culture. gaoming. gov. cn/news_ show. asp？wt_ id =91.

平。如在《佛山历史人物录》第一卷中，有关陆敬科的介绍只有3页[①]，在《高明文史资料》（第四期）中，对陆敬科的介绍也是寥寥数语。但是，该介绍提到了陆敬科所著的两部书，名为《东洋游记》《英文文法》[②]。不过，遗憾的是，《高明文史资料》不仅对陆敬科的生平活动介绍不足，且所提及的这两部著作，书名也是不正确的。陆敬科所写作的这两部书，一部应为《东游记略》，第二部应为《华英文法捷径》。关于《东游记略》，在国内尚无相关研究，而在日本，此书被实藤文库所收藏。实藤文库被收藏于东京都立图书馆，原是实藤惠秀的个人藏书，主要收藏了清末到1945年日中文化交流关系资料，数量极多。其中有200余种是清末留日中国人所著的关于日本方面的游记，具有非常珍贵的史料价值。编号为【实】0122的就是陆敬科于清光绪三十三年刊刻的石印本《东游记略》。《高明文史资料》所提到的《英文文法》，即是《华英文法捷径》，该书于香港出版。

本文作者收集到1896年的《华英文法捷径》第二版，以及1913年的版本。

（二）《华英文法捷径》研究综述

目前学术界，对这部早期由中国人自编的英语语法教科书的研究还非常少，并且有些说法还有不正确之处，如有的学者对陆敬科的《华英文法捷径》误写成《英华文法捷径》，且出版年份也误写成1897年[③]。至于该书第一次出版究竟何时，本文作者因未亲见到原版本，不能妄加断言，但本文作者收集到1896年出版的第二版本，可以充分说明，该书的初版年代应早于此时。

另外，对于《华英文法捷径》的评价，学术界的一些说法也似有不妥之处，现特将有关文献摘引如下：

另有中西人士编写在香港出版汉语工具书多种，如卫三畏《英华

① 佛山炎黄文化研究会、佛山市政协文教卫委员会：《佛山历史人物录》（第一卷），花城出版社2004年版，第273—276页。

② 高明县政协文史组：《高明文史资料》（第四期），高明县文史委员会1987年版，第7页。

③ 司徒尚纪：《英语在岭南传播的历史与影响》，《岭南文史》2003年第4期，第47—51页。

> 韵华府历阶》（*The English-Chinese Vocabulary*, 1844 年，1846 年）、马礼逊等《英华合历》（*The Anglo-Chinese Calender*, 1832 年，1841 年—1848 年，1849 年—1856 年）、邝其照《英华词汇》（1868 年，1875 年，1899 年）、谭达轩《英华字典汇集》（1875 年）、《通商指南》（中英双语，1876 年）、陆敬科编《英文文法译述》（1894 年）、《英华文法捷径》（1897 年）等。这样，当广东葡语作为粤语和英语中介使命完成以后，广东英语即以藉词方式流行广东，形成早期很多口语和书面用语词汇①。

将《华英文法捷径》说成是广东英语的一种文本表现，也实在是错得可以。广东英语的特点，即洋泾浜英语的特点，一是词汇有限，大约七百个单词；二是音位简化，只有三个元音：[i]，[a]，[u]；三是语法简单。没有名词的性、数、变化，也没有人称、动词时态及语态的变化，并且句子的组织结构几乎完全按汉语的语序进行拼接而成。对洋泾浜英语的这些特点，周振鹤早有论述②。而陆敬科的《华英文法捷径》，是正规英语语法学习的教科书，传递的是标准的英语知识，怎么可以把其著作归类为广东英语呢？这也从另一个方面说明了目前学术界对陆敬科这部著作的研究是非常肤浅的，至少该学者没有亲见过《华英文法捷径》一书原文。

（三）《华英文法捷径》内容及评价

很遗憾的是，本文作者没有能够找到《华英文法捷径》一书的初版本，因此不知该书于何年初次出版。经过多方寻找，本文作者在英国伦敦大英图书馆找到了该书的 1896 年版本。该书的封面标有出版日期为 1896 年第二版，出版地为香港的 TSAI CHAN，并标有“香港皇仁书院端溪陆敬科礼初氏著”字样，说明了著作者的身份及姓名。同时，本文作者又在国内购得了 1913 年的版本。该版本是由香港尧记出版的，出版机构在惠灵顿大街 42 号。将 1896 年版本与 1913 年版本两相对照，发现这两个版本的内容及印刷版式都基本相同。只不过 1913 年版本在原有的英语前言及汉语序言之后，又增加了一个再版说明。至于正文的内容，1913 年的

---

① 司徒尚纪：《英语在岭南传播的历史与影响》，《岭南文史》2003 年第 4 期，第 47—51 页。

② 周振鹤：《随无涯之旅》，生活·读书·新知三联书店 2007 年版，第 283 页。

版本内容与1896年的大致相当，只不过有些字句上的小改动。囿于篇幅，本文无法仔细对比两个版本的异同，留待以后另撰文讨论。

在《华英文法捷径》的英语前言中，作者首先交代了写作目的，即中国人学习英语语法，迫切需要一部英汉对照的英语语法著作。该书的出版，就是为了满足这种迫切需要的。对初学者来说，那些重要的语法定义及规则都用浅显的语言译成相应的汉语，并且，所有的例句及练习也是英中对照的。书中英语语法术语的汉译来自作者的创造。尽管这些翻译可能会给人以自由翻译之感，但应该能够清楚传达语法思想。在最后，作者希望该书能有实际的教育意义及使用价值。

陆敬科的学生郑树壇[①]为该书写了中文序言。在郑树壇的序言中，他高度赞扬了陆敬科写作此书的社会价值，即“传天语之吉祥，压强鄰以大义辉煌，壇坫折冲，樽俎片言而挽战争之局”，从而达到人生在世的最高境界——“立言”“立德”“立功”。

当然，这样的高度评价，未免有过分赞誉之嫌，不过，这也从一个侧面反映了该书在当时中国面临强敌压境的危机中，所能起到的提高国民运用英语的整体素质和能力，用代表西方强势语言的英语来与西方世界进行平等的文化、政治及军事方面的交流这一目的。正如西方学者所认识到的“英语拥有强权……即使反英语运动骨干也会让自己的孩子获得这种权力语言工具”[②]。早在19世纪末，中国学生郑树壇就从在西方国家入侵中国的严酷现实中，充分认识到英语作为强权语言在政治、外交方面的重要作用；且在潜意识里认识到学习强势语言在国家发展中的作用；充分认识到语言优势可以被用来谋求国家利益、传播价值观念。这是对英语作为强势语言在世界上的地位比较清醒的认识。

该书共141页，对英语的基本语法知识作了阐述。主要涉及英语八大词类的用法，另有极少数篇幅涉及句法的知识。

《华英文法捷径》于1896年在香港出版第二版，而且又一版再版，这说明了该书在帮助中国人学习英语语法方面所起的作用。甲午战争前，那些专为中国人所编写的英语语法教科书有马礼逊的《英国文语凡例传》、

① 关于郑树壇的生平事迹，目前还未找到相关资料。

② KACHRU B. The Other Tongue：English across Culture. Chicago：University of Illinois Press，2nd edition，1992：356.

罗存德的《英话文法小引》、汪凤藻的《英文举隅》与郭赞生的《文法初阶》(1878年)。相比较之下，这几部语法教科书各有不同的特点，适合不同的人群。

在讲解动词的用法上，与马礼逊等人的语法著作类似，《华英文法捷径》也是选取一个典型动词drive，列举其有关的各种时态、语态的变化，从而使中国的英语学习者能对动词的用法有更深一层的体会。

在陆敬科的《华英文法捷径》一书中，还体现了他的独特翻译观。他对英文译成汉文或汉文译成英文，都采取了以中国人为目的语读者，以中国人的角度来进行中西文化的交流。如在该书第16页有这样一段话：

> *Thus, when we speak of a man being very strong we say "He is a Hercules"*. 凡见人力大绝伦者，人每谓之曰，此再世项羽也。*Of a poet we say, "He is the Tai Pak of the present day."* 凡言人善作诗者，人每谓之曰，此当今之太白也。

Hercules是古希腊罗马神话中的大力士，在现代的翻译文本中，一般都将这个名字译为“赫拉克勒斯”，采取的是音译的方式，陆敬科却将它转译成“项羽”，这是一种典型的“归化”翻译手段。而在将李白的名字译成英文时，对那些以英语为母语的人士作为翻译的目的语读者，陆敬科又使用了“异化”的手法，即对母语为英语的人来说，何人为“太白”，他们根本没有相应的文化背景的。反之，如果说将“太白”译成“Chinese Shakespeare”(中国的莎士比亚)，对那些英美国家的读者来说，就是采用了归化的翻译手段。

何为“归化”，何为“异化”？“归化”和“异化”是翻译学的一种理论。早在1813年，德国学者施莱尔马赫就曾提出过翻译的两条不同路径：一是译者尽量不打扰作者，而将读者移近作者；二是译者尽量不打扰读者，而将作者移向读者①。后来，巴斯耐特和利弗维尔又提出了所谓的贺瑞斯模式The Horace Model，即归化翻译，以及施莱尔马赫模式The

① VENUTI L. The Translator's Invisibility: A History of Translation. Shanghai Foreign Language Education Press, 2004: 19-20.

Schleiermarch Model，即异化翻译①。从此，归化与异化的两种翻译方法就带有文化内涵。沙特勒伍兹等对异化翻译的定义是在一定程度上保留原文的异域性，故意打破目标语言常规的翻译策略②。

归化和异化是翻译过程中所采用的两种不同的翻译策略。陆敬科在《华英文法捷径》的翻译中，却同时使用了归化和异化两种手段。初看起来，这种翻译的策略似乎会令人不解。但是，我们要知道，不管是英译汉还是汉译英，陆敬科的目标读者，一直是中国学习者。所以，他会将含有强烈西方文化精髓的事物归化成中国人能够懂得的相类似的事物；而将中国人耳熟能详的人物、典故等，直接用英文拼音的形式表达出来。

不过，在陆敬科的翻译中，也引入了具有西方文化特点的词语，如该书第 19 页：

> *The juryfound the prisoner guilty.* 陪审官判此犯人有罪。
> *He was a member of the parliament.* 他是议院人员。

在 19 世纪的中国法律中，尚未有陪审团审判制度，陆敬科却将“陪审官”“议院”等词语，引入他的语法教科书中。

1896 年和 1913 年这两个版本的《华英文法捷径》在版式、字体和内容上几乎完全相同，只不过出版机构及出版时间不同。

在正文中，二者的内容之不同处也极少。在 1913 年的版本中，增加了一个改订后的英文序言。

第二版的英文序言大意是：第二版相比第一版来说，内容更加丰富，更加适合中国学习者的学习。增加的部分有各种时态的用法、被动语态的变化，并增加了有关句法的规则及大量的相关练习。该书还得到了皇仁学院的一些英美学者的指正。作者强调该书的编写是基于作者 13 年的教学经验而成，对中国人学习英语语法的难解之处有充分的认识，从而使这部语法书更加适合中国学习者。

---

① BASSNETT S. & LEFEVERE A. Constructing Culture：Essays on Literary Translation［M］. Clevedon：Multingual Matters，1998：3.

② SHUTTLEWORTH M. & COWIE M. Dictionary of Translation Studies［M］. Manchester：St. Jerome，1997：43 – 44.

从作者的序言中我们知道，该书是作者多年来教学经验的心得体会。陆敬科在多年的英语教学实践中，领悟到英语语法在哪些方面对中国学习者会造成最大的障碍，则他所编著的教科书，会非常有针对性地解决这些问题。同时，该书编著完成后，又有英美学者予以校正。这些都说明，《华英文法捷径》的编著过程十分严谨，且语法内容的讲解也会非常贴近学生的学习实际，因而该书会有比较好的实用性。

后人对《华英文法捷径》一书研究不多，对其评价者也寥寥无几，不过，本文作者还是找到一些证据，来证明其书对当时社会产生的影响。据刘羡冰回忆道，《华英文法捷径》“于1894年已风行海内外，1894年再版时获中国官员和香港西报、皇仁书院院长的推崇，十分显赫”。[①] 从这段话里，我们可以推测，如果刘羡冰记忆无误的话，则《华英文法捷径》的初版时间为1894年，但是他说其再版时间为1894年，似与本文作者所亲见的该书第二版的出版时间不一致，也许是作者记忆有误，抑或是将1896错印成1894而未能发现。不管怎样，此段话证明了《华英文法捷径》在社会上的受欢迎度。

另外本文作者还找到一条证据，证明《华英文法捷径》在社会上的广泛使用，那就是梁祖诒[②]在民国初年（大致时间在1922—1924年）曾将《华英文法捷径》《英文汉诂》《纳氏英文法》三本书赠予其在广州一同读书的胞弟，并嘱其好好学习英语[③]。将《华英文法捷径》与严复的《英文汉诂》和广为流行的《纳氏英文法》相提并论，可见其受众度之高。

二 张德彝和《英文话规》

（一）张德彝其人

张德彝（1847—1918），本名张德明，字在初，祖籍福建，后迁至辽宁铁岭，汉军正黄旗出身。随家道中落，始发愤读书。15岁入京师同文馆学习。因英语成绩优异，1866年随斌椿游历欧洲。一生出国共八次，每次均写下出访游记，分别为《航海述奇》《再述奇》《三述奇》直至

---

① 刘羡冰：《学史鉴史》，澳门出版协会2005年版，第127页。

② 梁祖诒，又名祖谊，1907年出生于广东肇庆一书香世家，1919年投身于五四运动，1920年升入省立肇庆中学，1922年入省立第一中学读书，1927年参加广州起义，1929年因叛徒出卖而遇害。

③ 中共肇庆市委党史研究室：《西江地区大革命时期史料选编》（二），2003年，第43页。

《八述奇》，约200万字。这些游记，为当时处于封闭状态的中国人提供了了解西方世界的机会。

张德彝在英语学习中很有造诣。当年光绪皇帝要学习英语，张德彝与沈铎曾被选作皇帝的英语老师[①]。关于张德彝为光绪教英语，丁韪良也曾在《花甲记忆》中有所记述[②]。

关于张德彝的研究，近几年来学术界的研究成果渐次增多[③]。在这些研究中，主要集中在张德彝对西方新鲜事物及文化的推介方面，当然也有他在英译汉翻译方面的贡献。于继增研究了张德彝在推广现代标点符号运动中所起的作用，认为张德彝是将西方标点符号介绍到中国来的第一位中国人[④]。当然，这种论断是不正确的。把标点符号最早引入中国的，应为曹骧[⑤]。曹骧在《英字入门》一书中，最早将西方的标点符号介绍给国人。

总之，关于张德彝在传播西方文化方面所做出的贡献，已经越来越引起学术界的重视，相信随着时间的推移，以及相关史料的更加充分发掘，关于张德彝的研究会有更多更丰富的成果。

（二）《英文话规》的前期研究成果

在上述谈到的有关张德彝的研究中，很少有学者提到张德彝在传播英语语法知识方面的贡献。张德彝曾在游记的写作之外，另著有一部《英文话规》。只不过，对这部《英文话规》的研究，目前的相关成果还很少。现仅有周振鹤、邹振环、邱志红三人对此曾撰文讨论。除此之外，尚无其他学者参与讨论。

---

① 《同文馆章程》第六次，“进内备差”条：光绪十七年十一月初一日本署王大臣面奉谕旨：传翻译官张德彝、沈铎进内备差，每员间日恭讲英文。

② 丁韪良：《花甲记忆——一位美国传教士眼中的晚清帝国》，广西师范大学出版社2004年版，第214页。

③ 这些研究有：赵金敏：《关于张德彝〈七述奇〉手稿》，《近代史研究》1985年第6期，第222—232页；唐诗明：《张德彝：向西方文化学习的先行者》，《文史杂志》2010年第1期，第16—19页；李文杰：《总理衙门的翻译官》，《历史档案》2011年第2期，第92—101页；刘含力：《张德彝笔下的英国形象：以〈航海述奇〉、〈三述奇〉为中心》，《福建论坛》2011年第9期，第111—114页；马一：《比较中审视：晚清铁岭籍驻外公使杨儒与张德彝》，《兰台世界》2012年第1期，第29—30页，等等。

④ 于继增：《张德彝——走在新文化先驱者前面的人》，《人民政协报》2008年7月10日。

⑤ 曹骧：《英字入门》，1874年。

周振鹤认为，《英文话规》是中国人编写的第一本英文语法书[①]。大家曾经认为严复的《英文汉诂》是中国人编写的第一本英语语法书，但严复的《英文汉诂》初版于1904年，以后多次再版，而张德彝的《英文话规》因未见有哪些图书馆作为收藏，所以究竟出了几版，并不确知。周振鹤手中所有的版本是宣统元年（1909）的版本，但书中自序写于光绪乙未年（1895），而题书落款年份是光绪戊戌年仲春（1898）。所以周振鹤断言该书应于1895年写毕，1898年出版。而比张德彝的《英文话规》出版时间更早的是汪凤藻的《英文举隅》，但《英文举隅》是译著，而不是由中国人自己编写的英语语法书。

这本《英文话规》，据周振鹤猜测，可能是基于他在教授光绪皇帝英语的教学实践基础上写出来的。

张德彝的这部《英文话规》，相比汪凤藻的《英文举隅》来说，语言比较浅显易懂，因为采用了白话的形式，而汪凤藻的《英文举隅》则采用了文言的形式。

周振鹤还提出，因为中国人本来没有文法的概念，所以在翻译或自创文法方面的专门术语时，会觉得很困难，因此，“若要研究国人如何创造语言学专门术语，非得参考《英文举隅》与《英文话规》两书不可”[②]。而且，周振鹤认为，《马氏文通》也应该是受到了这两部书的影响[③]。

邹振环则高度评价了《英文话规》的社会价值，他说：“《英字指南》《英文话规》这些近代早期由同文馆毕业生编写的最早英文读本，在社会上产生了广泛的影响”[④]。

邱志红也认为，“总体来说，《英文举隅》和《英文话规》作为由同文馆毕业生编译的较早的英语文法书，不仅代表了同文馆卓著的英语教学水平，同时，它们对戊戌维新以后英语语法知识和概念传播的成熟化、深入化发展，起到了至关重要的承上启下作用，在晚清中国的英语传播史

---

① 周振鹤：《题作〈英文话规〉》，《东方早报》2004年4月23日。又收录于周振鹤《知者不言》，生活·读书·新知三联书店2008年版，第200—203页。

② 周振鹤：《题作〈英文话规〉》，《东方早报》2004年4月23日。

③ 同上。

④ 邹振环：《晚清同文馆外语与外语教科书的编纂》，《学术研究》2004年第12期，第115—123页。

上，是值得重视的一个细节”①。

可以说，上述三位学者对张德彝这部《英文话规》所做的研究，为后来的学者对此进行更深一步的研究打下了基础。

不过，周振鹤将此书称作中国人自编的第一部英语语法著作，似乎并不确切。上文已经讨论过陆敬科的《华英文法捷径》一书。《华英文法捷径》于1896年前出版（前文已提到，若刘羡冰记忆无误的话，该书初版于1894年），是中国人自编的英语语法著作，该书的第二版本比《英文话规》的出版时间1898年早了2年，而第一版本可能比《英文话规》早4年出版，所以，《英文话规》并不是中国人自编的第一部英语语法书。至于陆敬科的《华英文法捷径》是否可以称为中国人自编的第一部英语语法书，本书作者不敢妄加断言，只能说，陆敬科的《华英文法捷径》，从目前所发现的各种文本来看，是最早的一部由中国人自编的英语语法教科书。张德彝的《英文话规》在当时以至在后来的中国社会中到底产生何种影响、在中国英语语法知识传播方面有哪些贡献，邹振环以及邱志红等人并没有提供更为详尽的史料。

（三）《英文话规》的内容及评价

《英文话规》一书的封面有皖江王崇厚的题名，时间为光绪戊戌仲春（1898年）；内文中有张德彝自己作的序，所题时间为乙未仲冬（1895年）。这说明此书成书于1895年，出版于1898年。《英文话规》在中国国家图书馆也可查到，台湾“中研院”图书馆也有收藏。

在序言中，张德彝交代了写作该书的起因，那就是，语法之于语言，即如规矩之于百工。没有规矩，难成方圆。当时的一些英语学习著作，大多集中在字典、对话等方面，于语法方面的著作，除同文馆汪凤藻的《英文举隅》以外，似乎未有其他。正因如此，张德彝对英语语法仔细研究，并用浅显的语言，将英语语法简明地介绍给中国的英语学习者。

在研究《英文话规》时，我们不可能不提及1879年汪凤藻所译著的《英文举隅》，并将两者进行一定的对比（汪凤藻的《英文举隅》在本书第二章第二节中已有介绍与分析）。

首先，正如上文提到过的，汪凤藻的《英文举隅》语言较为文雅，

① 邱志红：《〈英文举隅〉与〈英文话规〉——同文馆毕业生编译的早期英语文法书》，《寻根》2008年第5期，第35—40页。

多用文言文讲解英语语法，不易于初学者的理解与掌握。而张德彝的《英文话规》，多用俚语白话，语言直白明了，将英语的语法删繁就简，写成简明的英语语法教科书。二者之所以在语言表达上存在着如此大的差异，皆因二者的目标读者不同。

汪凤藻是清朝同文馆的学生，深受中国儒家思想文化的熏陶，因此，在《英文举隅》这本中英文语法书中，中文部分的语言采用标准的文言文形式。其在《序言》说，该书的读者是那些“能读其文而未能通其义，习其则莫由知其法者，作入门之导，俾由此以寻译原书，则思过半矣”。他的目标读者就是那些受过中国传统教育并具有一定英文水平的中国知识分子。

而张德彝写作《英文话规》一书的时间为1898年，比汪凤藻1879年的《英文举隅》晚了19年。在这19年里，中国的社会发生了极大的变化，英语学习也成为当时社会上的尤其是对外开放程度高的口岸城市民众的关注热点。为了迎合这种英语学习的热潮，《英文话规》采用了白话文的形式阐述英语语法，是符合当时的社会需求的。

其次，《英文话规》的语法内容比《英文举隅》更为简单明了，结构清晰，重点明确。张德彝按照英语的九类词性，将《英文话规》分为九章，每一章讲解一种词类的用法。这九类词是分指字（即冠词）；实字（即名词）；指实字（即形容词）；替实字（即代词）；动字（即动词）；指动字（即副词）；接连字（即介词）；承转字（即连词）；发语字（即感叹词）。这九种分类，比汪凤藻的十类词性少了一类，即particle（小品词）。

张德彝以词性为纲，通过词性的用法，勾连出英语的语法全貌，全书内容紧凑，使人一目了然。而汪凤藻的《英文举隅》一书，因其所编译的是英文原版语法书，即喀尔氏的*Common-school English Grammar*，不免会被原版著作的内容框架所左右，所涉及的英语语法内容过多，结构繁复庞杂，不够简便与实用。

最后，在对英语动词语法的讲解上，张德彝的《英文话规》比汪凤藻的《英文举隅》更为详细，更加关注中英两种语言在动词语法上的巨大差异。动词的知识，是英语语法中的重要部分。在《英文话规》第五章中，张德彝用了很大的篇幅介绍动词的用法。首先对什么是动字（即现在所说的动词）进行了解释。动字总分四类：辅动字（即助动词）、表动字（系动词）、截动字（不及物动词）、贯动字（及物动词）。

张德彝介绍了动词的语态、语气、时态、人称以及数在具体的语境中的变化方式，并以 be 和 like 两个动词为例分别加以详细介绍。

《英文话规》与《英文举隅》不同之处在于他还列出了 173 个常见的不规则动词的过去式和过去分词。笔者将张德彝所列的不规则动词与马礼逊在 1823 年所著的《英国文语凡例传》里所列的 192 个不规则动词相对比，发现两者在摘选不规则动词上有极大的重合性，其中 157 个不规则动词在两本书中都有介绍，即有 157 个不规则动词是重合的。

汪凤藻在述及英语动词的用法时，没有像张德彝介绍得这么详细，也没有列出常用的不规则动词表，以供读者学习，这确实是有点缺憾。

当然，受时代条件和人们认知水平的限制，作为英语语法教科书，《英文话规》与《英文举隅》同样存在着不足之处。张德彝的《英文话规》与汪凤藻的《英文举隅》一样，在书后并没有附上相应的练习。其实，喀尔氏的 *A Common-school English Grammar* 原书中附有一定数量的练习，这比较符合英语教学的实际要求，而汪凤藻在将其翻译成《英文举隅》时，却省略了这些练习。张德彝在写作《英文话规》时，也没有增加相应的练习。这说明，当时的中国文人，在传播教育知识时，注重的仍是中国传统的读、背之类的学习模式，还没有真正了解和接受西方教育理论，没有注重加强学生对知识的实际运用能力，因而也就忽视了练习的重要性，这也是由时代的局限造成的。即使在严复所编著的、在当时的社会产生广泛影响的英语语法教科书《英文汉诂》中，也没有相应的练习。

小结

甲午战争后至辛亥革命前，中国人自编英语教科书进入了一个渐进成熟的时期。之所以说这个阶段是渐进成熟，其原因如下：

一、与甲午战争前中国人自编英语教科书的发展情况相比较，甲午战争后，中国人自编英语教科书无论从数量上、种类上、质量上、版式编排上，都较战前有非常大的进步，尤其是清政府实行了壬寅学制和癸卯学制以后，中国对英语教科书的重视程度空前。这种重视度，无疑为中国人自编英语教科书的发展提供了绝好的契机。中国人自编英语教科书编写的形式、质量等，日益受到西方教育理论的影响，体现出与时代同进步的特征，这说明了甲午战争后中国人自编英语教科书在晚清时期达到成熟。

二、甲午战争后中国人自编英语教科书的发展，从中国英语教科书发展的整个历程来看，还处于一个不断探索的时期。英语教科书的编写，还有待进一步完善和发展。这种完善和发展的需要，体现在英语作为一门独立的学科，教科书的编写还不能满足癸卯学制对各类教学阶段英语教科书的需求。比如，当时的英语教科书，还无法完全做到针对不同的学习阶段进行分层次编写。癸卯学制规定中国的教育体系分为小学堂教育、中学堂教育、高等学堂教育这三大分级，但是，在英语教科书的编写上，还无法提供切合这三个层次的分级教科书。除了少数极其有限的英语教科书可以提供分级学习，如《华英亚洲课本》《华英国学文编》《英语类选》等教科书是按照学生的学习程度进行分册分级编写，可以作为学校教学用书以外，大多数的英语教科书还只是单册单本发行，在内容上无法判定其到底适合哪一层次的教学，因此，只能作为学校教育的辅助用书，而不可以作为学科教科书来使用。即使那些可以做到分级编写的英语教科书，依照现代教育理论来分析，也不能成为合格的教科书，因为大多数的英语教科书，不能提供教学所需的配套材料，如教师用书、练习册等。民国时期，由于教育的普及与发展，越来越多的知识分子参与到教科书尤其是中小学教科书的编写工作中来。英语教科书的编写，也因着这一社会趋势，逐渐走向完善。所以，从中国英语教科书的整个发展历程来看，甲午战争后中国人自编英语教科书还有待完善与提高。但是，若以晚清英语教科书的整个发展阶段来考量，则甲午战争后的英语教科书编写与出版确实达到了成熟阶段，其成熟的标志是，初、中、高等各级教育体系建立起来，而针对这个教育体系的各级英语教科书也初具雏形，尽管数量较少，但毕竟已经出现适合初等教育、中等教育、高等教育各级的英语教科书，且英语教科书的门类也渐趋齐全，英语学习的语法类、阅读类、写作类、会话类教科书也初步形成体系。

结　语

通过收集晚清时期为中国人学习英语而编写及出版的教科书，以及在查阅史料的基础上，本书对中国英语学习最早期的教科书之发展进行了梳理，总结了英语教科书在中国的发展规律及趋势，并希望借此能为中国当代英语教科书的编写及出版提供有价值的参考，做到以古鉴今，使当代的英语教科书编写更符合社会发展的潮流，更好地为发展中外文化交流做出贡献。

通过对英语教科书文本的研究，结合晚清社会、政治、经济以及军事、外交方面的发展背景，本书得到以下结论：

一　晚清英语教科书的发展呈渐进性特点

基于对晚清各个时期英语教科书文本的收集整理与分析，我们可以看到，晚清英语教科书的发展分为三个阶段：

第一阶段为晚清英语教科书的萌芽期（1807—1840）。

在这一时期，中国尚处于闭关自守状态，除了极少数与英国有着直接贸易来往的广州等地通事人员以外，在中国的整个社会，几乎没有人知道英国在何处，英语为何物。中英两种语言的接触，仅限于口岸地区，英语的学习需求度极其之低。仅有的用来学习英语的读物，就是那些带有洋泾浜英语特征的《红毛番话》一类的读本。只有马礼逊在马六甲所开设的英华书院可以为中国人提供正规的英语学习教科书。因此，当时的中国英语教科书的发展还处于萌芽状态。

第二阶段为晚清英语教科书发展期（1840—1894）。

鸦片战争后，中国人开始真正与英语相接触，中国人也开始了真正的英语学习历程。从鸦片战争后到甲午战争前，中国英语教科书进入了逐渐发展的时期。在这个时期，英语教科书的编写主体有三类：第一类是西方传教士。他们在中国建立了教会学校，从本国带来了英美原版的英语教科书，同时，又针对中国人学习英语的特点，编写了一些中英文对照的英语教科书。第二类是洋务学堂的中国知识分子。他们在洋务学堂接受到西方教育，学会了英语，并将自己的所学所得编辑成书。第三类是晚清有对外贸易背景的民间人士。他们自发编写适合中国人为进行外贸活动或与外国人沟通交流之用的英语教科书。这些英语教科书的民间作者，主要来自当时的开放口岸，如广州、上海等地。这些地区，是中国与西方贸易往来最为频繁的地区。民间人士所编写的英语教科书，更多地体现了口岸经济贸易的需要，具有实用性的特点。

尽管在鸦片战争后至甲午战争前，中国英语教科书的编写主体有三大类，但是，这些教科书的编写，还只是处于一个渐进发展的阶段。这种渐进发展，表现在英语教科书的种类比较单一，尤其是中国人自编的英语教科书，更多地集中在商业英语方面。而洋务学堂的英语教科书编写，其种类偏少。传教士们所编写的英语教科书，因教会学校学生人数有限，大多本着就地取材的原则，并没有做到按照学生的年龄特点进行分级编写。并且，这三类编写主体所编写的英语教科书，其传播范围也大多局限在口岸地区，对当时中国的广大内陆地区，几乎没有产生什么影响，所以我们称这个时期是中国英语教科书的发展时期。

第三阶段为晚清英语教科书成熟期（1895—1911）。

第三阶段是甲午战争后到辛亥革命前，这一时期可以称作中国英语教科书的成熟时期。这一时期的英语教科书编写，也可为三大路径：一是中国直接采用或编译英美国家的原版教科书，这类英语教科书主要在教会学校中使用。二是中国译自日本的英语教科书。这是因为甲午海战中日本战胜了一向骄傲自大的中国。中国的惨败，给整个社会敲响了警钟，全国上下开始了向日本学习的风潮。因此，日本所编写的英语教科书，也受到了中国当时社会的追捧。三是中国人自编英语教科书。从鸦片战争开始到甲午战争结束，中国的对外开放进行了半个世纪。在这半个世纪中，接受教会学校教育以及有机会出国留学的中国人越来越多。他们的英语水平也在不断提高，出现了不少学贯中西的优秀人才。这些优秀人才，成为甲午战争后中国人自编英语教科书的主力军。

借着这三个路径，中国英语教科书的编写与出版，在甲午战争后，日趋成熟。这种成熟，体现在英语教科书编写的种类渐趋丰富上，不仅有综合性英语学习读本，还有英语口语、英语写作、英语翻译、英语语法等各种类型的教科书；另外，英语教科书的编写数量也有很大的增加。鸦片战争前，在中国所使用的正规的英语教科书可能仅局限在马礼逊所创办的英华书院的教学中。这类教科书，其数量极其之少。鸦片战争到甲午战争期间，中国的英语教科书数量有了增加，据不完全统计，有30本左右。而到了甲午战争后至辛亥革命前，据初步统计，中国的英语教科书已经达到百本以上。

但是，从中国英语教科书发展的整个历程上看，甲午战争后晚清英语教科书的发展还处于渐进成熟阶段，还未达到完善。这种发展的不完善，体现在晚清英语教科书的编写上，还不能完全按照现代教育体系中分级教学来编写。大多数的晚清英语教科书，只能单册发行，尚无能力编写适合不同程度的英语学习者所需要的英语教科书。另外，晚清英语教科书，尽管有些书目的编写做到了分册、分阶，适合不同程度的学习者来使用，适合学校教育，如《华英初进·进阶》《帝国英文读本》等。但是，在这类教科书中，绝大多数都没有配备相应的教师用书及学生的练习册，不符合现代教科书的编写要求，也不适应学制型的课堂学习需要。因此，我们可以说，甲午战争后的晚清英语教科书，还有待进一步完善。

二　晚清英语教科书的发展历程与晚清对外关系的发展紧密相连

在晚清英语教科书发展的三个阶段中，我们可以清楚地看到，晚清英语教科书的发展，与中国对外关系的发展互为表里。

（一）鸦片战争前中国的封闭状态决定了晚清英语教科书发展的萌芽期

鸦片战争前，中国与以英语为代表的西方语言接触仅在广州、澳门等极少数对外开放的口岸有所体现。在这些口岸城市，出现了一些供中国通事以及为外国商人提供劳务服务的下层劳动人民学习日常英语，尤其是有关商业方面的英语口语而编写的《红毛番话》类读本，也即洋泾浜英语读本。这类洋泾浜英语读本，只能算作晚清英语教科书的雏形。

当然，在此阶段，中国出现了第一部正规的英语教科书，那就是1823年马礼逊所编写的《英国文语凡例传》。但是我们知道，马礼逊等人编写的这类英语教科书，其使用者仅限于英华书院的学生。这类英语教科书不仅数量少，且对晚清社会的影响极小。

鸦片战争前由于闭关锁国的政策，除了广州、澳门两地以外，中国几乎没有直接交往的对外。因此，在中国，由于英语学习的范围极小，英语语言对当时的社会影响只能算是平静湖面的微澜而已。

（二）鸦片战争后中国被迫开放，晚清英语教科书迎来缓慢发展的时期

鸦片战争到甲午战争前的这段时间，是中国社会历经剧烈变动的年代。中国首次在西方的洋枪洋炮面前被迫开埠通商，并允许外国人在中国口岸地区经商、传教。西方传教士借由不平等条约，大批涌入中国，建立教会学校，带来西方的一些学说，也带来了英语在中国的渐进传播。英语作为一种强势语言，成为生活在口岸城市的中国人竞相学习的对象。

通过对外开放，通过与西方列强的政治、经济与军事方面的交往，清政府也首次真正认识到外语学习尤其是英语学习对提高国家实力的作用。晚清对外关系的变化，为英语教科书的发展带来了机遇。

为了迎合中国人学习英语的强烈需求，也为了在中国扩大基督教的影响力，西方传教士在中国采取以教育传教的模式，各个教派组织争相在中国建立各类教会学校。在这些教会学校中所使用的英语教科书，多由这些传教士们为中国学生所编著，在传递英语语言知识的同时，必然具有基督宗教的宣教特点。对这些教科书文本的研究，可以帮助我们正确认识与评价西方传教士在中西语言文化交流方面所起的作用。同时，以现代教育中的教科书评估理论作为指导，我们能以当代的眼光，从历史发展的角度，正确地、全面地评估传教士在此时期所编写及出版，以及在其教学中所使用的教科书的作用。这些西方传教士所编写的教科书，一方面以其切合各种层次的学习者的多样材料，为中国英语学习提供了教学资源；另一方面，在这些西方人士为中国学习者所编写的英语教科书中，体现了西方的教育思想。教科书编写者们对教科书编写理念的认识，不仅使他们所编的英语教科书比较贴近中国学童的特点，例如具有循序渐进的特点，以及对教科书设计的注重，尤其是对插图设计的注重，以引起学习者的兴趣等做法，也为中国人以后自编英语教科书提供了范本。可以说，中国英语教科书的发展，更多地来自西方教科书的编写理念及编写实践的影响。之所以受到西方教科书的影响，是与中国当时被迫对外开放、开始与西方世界进行交流的社会环境分不开的。

鸦片战争使中国遇到了数千年未有之强敌。为应对国家所面临的危机，洋务派也开始了自上而下的西学运动。自洋务派倡导的京师同文馆等建立之日起，外语学习，尤其是英语学习，就成为这些新学堂最为重要的一门功课。洋务学堂不仅采用西方国家原版英语教科书，也开始了自编英语教科书的尝试。其中《英文举隅》《翻译小补》是接受洋务教育的中国学者编译的英语教科书之代表作。

在民间，也有一些优秀的英语学习者编著了各种英汉对照词语集，如《华英通语》《英话注解》《英字指南》《英字入门》《英语集全》等。这些中英对照的词语集，成为民间英语学习者的自学导师。这些英语词语集的编纂者、这些英语学习的文本内容，无不受到当时中国社会的巨大变革的时代影响，无不展示着中国对外交流的步伐。

鸦片战争到甲午战争这一时期的中国英语教科书发展的一个明显特点是，英语教科书的编纂者不仅有西方教育者，如西方传教士、外交官等类人，更重要的是，中国人开始进入具有现代教育意义的英语教科书的编写工作中，这反映了中国人对英语语言、对西方文化从鄙夷到渐趋接受的变化。

当然，在当时的社会，因为受到中西文化交流范围的局限，受到中国对外开放程度的影响，中国英语教科书编写的发展，还处于渐趋发展的阶段。

（三）甲午战争后，中国对外交往进一步加强，晚清英语教科书渐进成熟

中日甲午战争的失败，极大地唤醒了民众救亡图存的使命感。中国社会上形成向日本学习、向西方学习的全民性热潮。新式学堂得以广泛建立，清政府下诏实行具有现代教育意义的《钦定学堂章程》，在中国的大、中、小三级学校教育体系，英语学习作为一门必修的主课，获得了空前的重视，英语教科书也在当时强大的社会需求中获得了极大的发展。这一时期的英语教科书编写发展历程，分为三个路向，一是直接引自西方原版教科书；二是译自日本的英语教科书；三是国人自编英语教科书。

这个阶段，是晚清英语教科书的快速发展时期，也是当时中国社会风起云涌的时期。英语教科书，作为中国对外文化交流的标志物，呈现了与以往完全不同的特点。其一是中国英语教科书的来源更为多渠道化：既有从西方直接引入的原版教科书，又有受到日本明治改革的影响而大量引入

的日本英语教科书，还有中国学者自己编写的专为中国人学习英语所使用的教科书。其二是英语教科书编写的门类细化：既有以往学习英语所特别重视的语法类教科书、商务英语类学习读本，也有英语口语类教科书。更为重要的是，此时出现了由中国人编写的专为适合具有现代教育意义的中小学分年级系列课本，这在此前的英语教科书编写中是绝无仅有的。其三是英语教科书的编写有意识地体现了教育理论。当时的中国教育界，受欧美及日本教育理论的影响非常深远。当时所流行的教育理论为赫尔巴特理论，流行的教授法为五段教授法（也有三段教授法）以及代表先进教育法的古安系列教学法。

此阶段的英语教科书的编写与出版能够获得如此大的发展，是与中国对外开放程度进一步扩大相表里的。在这一时期，中国人从甲午战争失败的教训中总结经验，充分认识到日本在推广西学后在军事上、政治上、国民教育上所取得的巨大成就。中国人也充分认识到，若想提升国力，就必须学习西方的先进技术与科学。学习西学，可以有两个路径，一个是直接向西方世界学习，另一个是取道日本而发展西学。不管是哪一个路径，都需要中国人真正向外看，扩大对外交流。如果说鸦片战争后至甲午战争前，中国人是被迫向外看，被迫结束闭关自守而实行对外开放的话，那么，我们可以说，甲午战争后，中国人则是迫不及待地主动要求加快对外开放的步伐、加强对外开放的程度。这种由被动到主动的对外态度，在中国英语教科书的编写上得到了明显的反应。可以这样认为，中国对外开放的程度与英语教科书的发展之间存在着密切的互动关系。

总之，本书以教育史，以及中西文化交流研究领域的研究成果为基本理论指导，通过对晚清时期所出现的英语教科书进行整理、分析，结合历史学、英语语言教学、文化学、社会学等领域的理论，对晚清英语教科书做深入的、跨学科的分析与研究，从而再现当时的历史原貌。晚清英语教科书作为当时民众接受西方语言文化的重要载体，反映了当时中西方文化交流的重要内容、文化交流的程度以及文化交流的领域。

参考文献

一 国外著作及论文

（一）国外原著

Airev, F. W. I. *Pidgin English talks and others*. Shanghai: Kelly & Walsh. 1902.

Bassnett, S. & Lefevere, A. *Constructing Cultures: Essays on Literary Translation*, Clevedon: Multingual Matters, 1998.

Biggerstaff, K. *The Earliest Modern Government Schools in China*, New York: Cornell University Press, 1961.

Bridgman, B. J. *Daughters of China*, 1835, New York.

Brown, A. J. *The Chinese Revolution*, *Student Volunteer Movement for Foreign Mission*, New York, 1912.

Cartier, C. L., *Globalizing South China*, Blackwell Publishing, 2001.

Chinese Repository, 1840—1848.

Downing, C. T. *The Farr Qui in China in* 1836, Shamnon Ireland: Irish University Press. 1838.

Fairbank, John. *Trade and Diplomacy on the China Coast.* Standford UP, 1964, Note 138.

Forsyth, R. C. *Shantong*: *The Sacred Province in Some of Its Aspects*, Shanghai, Christian Literature Society, 1912.

Fuchs, W. *Remarks on a New "Hua-I-I-Yü"*, Bulletin of the Catholic University of Peking, 1931 (8).

Hall, R. A. J. *Chinese Pidgin English Grammar and Texts.* Journal of the American Oriental Society. 1944.

Hill, A. P. *Broken China: a Vocabulary of Pidgin English*. Shanghai: Hill & Weiss. 1920.

Kachru, *The Other Tongue: English across Culture*, Urbana & Chicago: University of Illinois Press, 2nd edition, 1992.

Kuo Pingwen, *The Chinese System of Public Education*, New York, 1915.

Kwang-Ching Liu, *American Missionaries in China*, Harvard University Press, 1966.

Lanctot, B. *Chinese and English Phrase Book*, A. Roman & Company, 1867.

Latourette, K. S. *A History of Christian Missions in China*, New York, 1929 .

Lumberton, M. *St. John's University, Shanghai*, 1879—1929. Shanghai, 1929.

MacGillivary, D. , *A century of Protestant missions in China* (1807—1907), being the Centenary Conference Historical Volume. Shanghai: American Presbyterian Mission Press, 1907.

Mateer, C. W. *School Books for China*, from Chinese Record, Octorber 1877.

Norman, F. M. "*Martello Tower" in China, and the Pacific, in H. M. S. "Tribune*," 1856—1860. London: C. Allen. 1902.

Phillipson, R. *Linguistic Imperialism*, Oxford University Press, 1992.

Rev. Lobscheid, W. *Chinese-English Grammar*, Noronha's Office, Hongkong, 1864.

Shuttleworth, M. & Cowie, M. *Dictionary of Translation Studies*. Manchester: St. Jerome, 1997.

The Third Anuual Report of the Morrison Education Society, Chinese Repository, October 1841.

Venuti, L. , *The Translator's Invisibility: A History of Translation*, Shanghai Foreign Language Education Press, 2004, pp. 19 –20.

Williams, S. W. , *Gaoumun fan yu tsa tszc tesuen taou, or A complete collection of the miscellaneous words used in the foreign language of Macao*. Chinese Repository, 1837.

Williams, S. W., *Jargon spoken at Canton: how it originated and has grown into use; mode in which the Chinese learn English; examples of the language in common use between foreigners and Chinese*, Chinese Repository 1836, January.

XIAOYE YOU, *Writing in the Devil's Tongue*, Southern Illinois University Press, 2010.

[日] 吉田光邦:《日本科学史》，日本东京，讲谈社 1987 年版。

[日] 吉野作造:《日本近代史上政治意识的产生》，《政治学研究》第 2 卷，岩波书店。

[日] 内田庆市:《Pidgin——异语言文化接触中的一种现象》，《东亚文化交涉研究》，2006 年，第 2 号。

[日] 培理:《日本远征记》(二)，日译本，岩波书店 1953 年版。

内田慶市、沈国威，《言語接触とピジン　19 世紀の東アジア（研究と復刻資料）》，白帝社 2009 年。

内田慶市，《鄺其照の玄孫からのメール》，《或问》，2010 年第 19 期。

(二) 国外译著及论文

[德] 恩格斯著，中共中央翻译局译:《马克思恩格斯选集》(第三卷)，人民出版社 1995 年。

[美] 德龄著，顾秋心译:《德龄公主文集 清宫二年记》，江苏教育出版社 2006 年版。

[美] 丁韪良著，沈弘、恽文捷、郝田虎译:《花甲记忆：一位美国传教士眼中的晚清帝国》，广西师范大学出版社 2004 年版。

[美] 费正清、刘广京著，中国社会科学院历史研究所编译室译:《剑桥中国晚清史 1800—1911 年》下卷，中国社会科学出版社 1985 年版。

[美] 亨特著，冯铁生译:《广州番鬼录 旧中国记》，广东人民出版社 2010 年版。

[美] 杰西·格·卢茨著，曾钜生译:《中国教会大学史：1850—1950》，浙江教育出版社 1987 年版。

[美] 凯瑟琳·卡尔著，王和平译:《美国女画师的清宫回忆》，紫禁城出版社 2009 年版。

[美] 任达著，李仲贤译:《新政革命与日本：中国，1898—1912》，

江苏人民出版社 2010 年版。

［美］瑞娜·克拉斯诺著，雷格译：《上海往事：1923—1949：犹太少女的中国岁月》，五洲传播出版社 2008 年版。

［美］卫斐列著，顾钧、江莉译：《卫三畏生平及书信》，广西师范大学出版社 2004 年版。

［日］陈力卫：《马礼逊〈华英·英华字典〉在日本的传播和利用》，自张西平等编《马礼逊研究文献索引》，大象出版社 2008 年版。

［日］福泽谕吉著，王桂主译：《福泽谕吉教育论著选》，人民教育出版社 2005 年版。

［日］沈国威：《理雅各的〈智环启蒙塾课初步〉与早期英语汉语教育》，引自李向玉、张西平、赵永新《世界汉语教育史研究第一届世界汉语教育史国际学术研讨会论文集》，澳门理工学院，2005 年。

［日］实藤秀惠著，谭汝谦、林启彦译：《中国人留学日本史》，生活·读书·新知三联书店 1983 年版。

［日］矢放昭文：《〈华英通语〉与一百五十年前粤语面貌》，自张洪年、张双庆、陈雄根《第十届粤方言研讨会论文集》，中国社会科学出版社 2007 年版。

［日］增田涉著，由其民、周启乾译：《西学东渐与中国事情》，江苏人民出版社 2011 年版。

［日］沼田次郎：《洋学》，日本吉川弘文馆 1989 年版。

［英］J. P. T. 伯里著，中国社会科学院世界历史研究所组译：《新编剑桥世界近代史》，中国社会科学出版社 1999 年版。

［英］艾莉莎·马礼逊著，顾长声译：《马礼逊回忆录》，大象出版社 2008 年版。

［英］斯当东著，叶笃义译：《英使谒见乾隆纪实》，上海书店出版社 1997 年版。

［英］伟烈亚力著，倪文君译：《1867 年以前来华基督教传教士列传及著作目录》，广西师范大学出版社 2011 年版。

二　史料汇编类参考书目：

陈学恂：《中国近代教育史教学参考资料》（上册），人民教育出版社 1986 年版。

陈学恂：《中国近代教育文选》，人民出版社 2001 年版。

陈学恂、田正平：《中国近代教育史资料汇编留学教育》，上海教育出版社 1991 年版。

陈学恂：《中国近代教育史教学参考资料》（上册），人民教育出版社 1986 年版。

陈学恂、田正平：《中国教育史研究》（近代分卷），华东师范大学出版社 2009 年版。

陈元晖：《中国近代教育史资料汇编 · 普通教育》，上海教育出版社 1995 年版。

陈元晖：《中国近代教育史资料汇编 · 洋务运动时期教育》，上海教育出版社 1992 年版。

高时良、黄仁贤：《中国近代教育史资料汇编》（洋务运动时期教育），上海教育出版社 2007 年版。

李桂林、戚名琇、钱曼倩：《中国近代教育史资料汇编 · 普通教育》。

璩鑫圭、唐良炎：《中国近代教育史资料汇编》（学制演变），上海教育出版社 2007 年版。

舒新城：《近代中国教育史料》，中国人民大学出版社 2012 年版。

宋原放：《中国出版史料 第二卷，古代部分》，湖北教育出版社 2004 年版。

宋原放、汪家熔、王有朋：《中国出版史料：近代部分》第 2 卷，湖北教育出版社 2004 年版。

汤志钧、陈祖恩、汤仁泽：《中国近代教育史资料汇编》（戊戌时期教育），上海教育出版社 2007 年版。

张静庐：《中国近代出版史料初编》（5 卷），中华书局 1957 年版。

中国人民政治协商会议四川省委员会文史资料研究委员会编：《四川文史资料选辑》（第 20 辑），四川人民出版社 1980 年版。

中国史学会编：《戊戌变法》（四），上海人民出版社 1957 年版。

中国史学会主编：《洋务运动》（2），上海人民出版社 1963 年版。

中华民国教育部编：《第一次中国教育年鉴》（戊编），开明书店 1934 年版。

朱彭寿：《清代人物大事纪年》，北京图书馆出版社 2005 年版。

朱有瓛：《中国近代学制史料》（第二辑，上册），华东师范大学出版社 1987 年版。

朱有瓛：《中国近代学制史料》（第一辑，下册），华东师范大学出版社 1987 年版。

朱有瓛、高时良：《中国近代学制史料》（第 4 辑，下册），华东师范大学出版社 1993 年版。

三　国内相关著作

包天笑：《我在商务印书馆编译所》，自《钏影楼回忆录》，香港大华出版社 1971 年版。

北京市中日文化交流史研究会编：《中国文化交流史论文集》，人民出版社 1982 年版。

毕苑：《建造常识——教科书与近代中国文化转型》，福建教育出版社 2010 年版。

蔡康：《老宁波》，宁波晚报出版社 2007 年版。

陈旭麓：《近代中国社会的新陈代谢》，上海社会科学院出版社 2006 年版。

陈学恂：《中国教育史研究》（近代分卷），华东师范大学出版社 2009 年版。

陈忠倚：《皇朝经世文三编》，光绪二十四年（1898）刊行。

辞海编辑委员会：《辞海》，上海辞书出版社 2010 年缩印本第六版。

队克勋：《之江大学》，珠海出版社 1999 年版。

冯桂芬：《采西学议——冯桂芬马建忠集》，郑大华点校，辽宁人民出版社 1994 年版。

冯天瑜：《新语探源——中西日文化互动与近代汉字术语生成》，中华书局 2004 年版。

佛山炎黄文化研究会、佛山市政协文教卫委员会：《佛山历史人物录》（第一卷），花城出版社 2004 年版。

付克：《中国外语教育史》，上海外语教育出版社 1986 年版。

高平叔：《蔡元培年谱长编》（上册），人民教育出版社 1996 年版。

高平叔：《蔡元培年谱长编》，人民教育出版社 1996 年版。

高时良、黄仁贤：《洋务运动时期教育》，上海教育出版社 2007 年版。

龚缨晏：《西方人东来之后——地理大发现后的中西关系史专题研究》，浙江大学出版社 2006 年版。

龚缨晏：《二十世纪中国“海上丝绸之路”研究集萃》，浙江大学出版社 2011 年版。

龚缨晏：《求知集》，商务印书馆 2006 年版。

顾炳权：《上海洋场竹枝词》，上海书店出版社 1996 年版。

顾卫星：《晚清英语教学研究》，苏州大学出版社 2005 年版。

顾长声：《传教士与近代中国》，上海人民出版社 1981 年版。

顾长声：《从马礼逊到司徒雷登》，上海人民出版社 1985 年版。

杭侃：《收藏上海》，学林出版社 2005 年版。

胡适：《胡适的日记》，香港中华书局 1985 年版。

胡贻谷：《谢庐隐先生传略》，青年协会书报部 1917 年版。

胡珠生：上海社会科学院出版社 2005 年版。

黄爱平、黄兴涛：《西学与清代文化》，中华书局 2008 年版。

黄新宪：《基督教教育与中国社会变迁》，福建教育出版社 1996 年版。

黄兴涛：《“她”字的文化史——女性新代词的发明与认同研究》，福建教育出版社 2009 年版。

黄兴涛：《文化史的视野：黄兴涛学术自选集》，福建教育出版社 2000 年版。

黄遵宪：《日本国志》，上海古籍出版社 2001 年版。

季压西、陈伟民：《来华外国人与近代不平等条约》，学苑出版社 2007 年版。

金克木：《译匠天缘 下》，大众文艺出版社 2006 年版。

开封师范学院语文系：《中国现代文学论文选集》，河南人民出版社 1958 年版。

开明书店：《开明活叶文选》，开明书店 1931 年版。

康有为：《大同书》，中华书局 1956 年版。

康有为：《康有为全集》（第五集），1900 年。

雷雨田：《近代来粤传教士评传》，百家出版社 2004 年版。

黎难秋：《中国科学文献翻译史稿》，中国科学技术大学出版社 1993 年版。

李传松、许宝发：《中国近现代外语教育史》，上海外语教育出版社2006年版。

李良佑、张日昇、刘犁：《中国英语教学史》，上海外语教育出版社1988年版。

李雪涛：《跨越东西方的思考——世界语境下的中国文化研究》，外语教学与研究出版社2010年版。

李志刚：《基督教与香港早期社会》，生活·读书·新知三联书店（香港）有限公司2012年版。

梁启超：《清代学术概论》，上海古籍出版社1998年版。

梁启超：《戊戌政变记》，附录一《改革起原》，中华书局1954年版。

吕叔湘：《语文近著》，上海教育出版社1987年版。

马祖毅：《中国翻译简史》，中国对外翻译出版公司2007年版。

茅盾：《我走过的道路》（上册），人民出版社1981年版。

穆雷：《中国翻译教学研究》，上海外语教育出版社1999年版。

齐如山：《齐如山回忆录》，宝文堂书店1989年版。

钱钟书：《万国公报文选》，生活·读书·新知三联书店1998年版。

《清实录·文宗显皇帝实录》（卷92），中华书局1986年版。

容闳：《西学东渐记》，中州古籍出版社1998年版。

商务印书馆：《商务印书馆图书目录1897—1949》，商务印书馆1981年版。

商务印书馆：《商务印书馆九十年》，商务印书馆1987年版。

商务印书馆：《商务印书馆九十五年》，商务印书馆1992年版。

商务印书馆编译所：《大清光绪新法令》（第13册），商务印书馆1909年版。

石鸥、吴小鸥：《百年中国教科书图说：1897—1949》湖南教育出版社2009年版。

史静寰：《狄考文与司徒雷登》，珠海出版社1999年版。

束定芳：《外语教育往事谈》，上海外语教育出版社1988年版。

宋原放、李白坚：《中国出版史》，中国书籍出版社1991年版。

苏精：《清季同文馆》，台北世伟打字印刷有限公司1987年版。

苏精：《清季同文馆及其师生》，上海印刷厂1985年版。

谭树林：《马礼逊与中西文化交流》，中国美术学院出版社2004

年版。

唐磊：《走近日本教科书制度》，人民教育出版社2006年版。

陶绪：《晚清文化史稿》，湖南人民出版社1996年版。

田正平：《中国教育史研究》（近代分卷），华东师范大学出版社2001年版。

汪家熔：《民族魂·教科书变迁》，商务印书馆2008年版。

王建军：《中国近代教科书发展研究》，广东教育出版社1996年版。

王杰、祝士明：《学府典章　中国近代高等教育初创之研究》，天津大学出版社2010年版。

王立新：《美国传教士与晚清中国现代化》，天津人民出版社1997年版。

王树槐：《基督教与清季中国的教育与社会》，广西师范大学出版社2011年版。

王韬：《王韬日记》，中华书局1987年版。

王韬：《瀛环杂志》（卷二），岳麓书社1988年版。

王铁崖：《中外旧约章汇编》，生活·读书·新知三联书店1982年版。

王耀成：《石库门的主人 一个商帮的文化背影》，作家出版社2005年版。

王芝：《海客日谭》，1867年。

魏绍昌：《孽海花资料》（增订本），上海古籍出版社1982年版。

魏源：《魏源集》（下册），中华书局1983年版。

温州市政协文史资料委员会：《温州文史精选集（一）1898—1923 温州文史资料第十五辑》，2001年。

翁同龢：《翁同龢日记》（第五册），中华书局1997年版。

吴汝纶：《吴汝纶全集》（三），黄山书社2002年版。

吴研人：《新石头记》，中州古籍出版社1986年版。

吴宗慈：《吴嘉善刘孚翊合传》，《江西通志稿》（第70册），1985年。

萧致治：《鸦片战争史——中国历史发展中第三次社会大变革研究》（上册），福建人民出版社1996年版。

谢泳：《杂书过眼录》，中国工人出版社2004年版。

熊月之：《西学东渐与晚清社会》，中国人民大学出版社2010年版。

薛冰：《金陵书话》，东南大学出版社2002年版。

杨承芳：《英语学习法》，开明书店1946年版。

文庆：《筹办夷务始末》，中华书局出版社2008年版。

曾纪泽：《曾纪泽遗集》，岳麓书社1983年版。

曾纪泽：《出使英法俄国日记》，岳麓书社1985年版。

曾纪泽：《曾纪泽日记》，岳麓书社1998年版。

张国刚等：《明清传教士与欧洲汉学》，中国社会科学出版社2001年版。

张西平：《架起东西方交流的桥梁——纪念马礼逊来华200周年学术研讨会论文集》，外语教学与研究出版社2011年版。

张英：《启迪民智的钥匙——商务印书馆前期中学英语教科书》，中国福利会出版社2004年版。

郑曦原：《帝国的回忆——〈纽约时报〉晚清观察记》，当代中国出版社2007年版。

郑学益：《走向世界的历史足迹——中国近代对外开放思想研究》，北京大学出版社1990年版。

中国基督教教育调查会：《中国基督教教育事业》，商务印书馆1922年版。

钟书河：《走向世界》，中华书局1985年版。

钟叔河：《周作人散文全集》（4），广西师范大学出版社2009年版。

钟叔河：《周作人散文全集》（5），广西师范大学出版社2009年版。

周林、李明山：《中国版权史研究文献》，中国方正出版社1999年版。

周岩厦：《国门洞开前后西学传播之路径探索》，浙江大学出版社2011年版。

周越然：《六十回忆》，太平书局1944年版。

周振鹤：《随无涯之旅》，生活·读书·新知三联书店2007年版。

周振鹤：《晚清营业书目》，上海书店2005年版。

周振鹤：《逸言殊语》增订版，上海人民出版社2008年版。

邹振环：《西方传教士与晚清西史东渐》，上海古籍出版社2007年版。

邹振环：《晚清西方地理学在中国》，上海古籍出版社2000年版。

四 国内相关学术论文

程美宝、刘志伟：《18、19世纪广州洋人家庭里的中国佣人》，《史林》2004年第4期。

戴镏龄：《陈永培主编〈实用英语学习词典〉序》，《中山大学学报论丛》1996年第3期。

付立波：《近代日文书籍的引进及其影响》，《晋图学刊》2006年第3期。

高明县政协文史组编：《高明文史资料》1987年第4期。

高崧：《商务印书馆今昔》，《出版史料》1982年第1期。

顾卫星：《中国早期出版规模最大的"中国各体英语"读本——〈华英通用杂话·上卷〉解读》，《江西师范大学学报》（哲学社会科学版）2007年第4期。

顾卫星、朱全明：《"别琴英语"剖析》，《苏州大学学报》（哲学社会科学版）2003年第3期。

郭攀、夏凤梅：《汉语标点符号小史》，《中国社会科学报》2012年第2期。

胡汉民：《述侯官严氏最近之政见》，《民报》1905年第2期。

黄新宪：《简论近代中国对日本教育近代化成果的吸收和借鉴》，《教育理论与实践》1995年第4期。

黄兴涛：《〈文学书官话〉与〈文法初阶〉》，《文史知识》2006年第4期。

黄兴涛：《〈暎咭唎国译语〉的编撰与"西洋馆"问题》，《江海学刊》2010年第1期。

黄兴涛：《第一本中英文对照的英语文法书——〈英国文语凡例传〉》，《文史知识》2006年第3期。

黄兴涛：《也谈"她"字的发明与"伊"字》，《光明日报》2005年7月26日。

黄兴涛：《英文语法知识传播的其他一些书籍》，《文史知识》2006年第5期。

黄晖：《中国最早的英语课本——〈华英初阶〉（补遗）》，http：//

blog. tianya. cn/blogger/post_ read. asp? BlogID = 629724&PostID = 16200046。

贾平安：《记商务印书馆创史人夏瑞芳》，《文史资料选辑》（第二辑），上海人民出版社 1982 年版。

蒋维乔：《编辑小学教科书之回忆》，《中华教育界》1936 年第 11 期。

李三宝：《致傅兰雅的〈格致汇编〉（1876—1892）编者的书信：一个分析》，《中央研究院近代史研究所集刊》（卷 4 第 2 册），1974 年 12 月。

李文杰：《总理衙门的翻译官》，《历史档案》2011 年第 2 期。

梁启超：《论学术之势力左右世界》，《新民丛报》1902 年第 1 号，1902 年 2 月 8 日。

梁启超：《绍介新著〈原富〉》，《新民丛报》第 1 号，1902 年 2 月 8 日。

刘含力：《张德彝笔下的英国形象：以〈航海述奇〉〈三述奇〉为中心》，《福建论坛》2011 年第 9 期。

刘敬文：《试论近代日本教育改革》，《日本研究》1988 年第 3 期。

卢楠：《杭州发现〈英字入门〉可能是最早的英文教科书》，《浙江青年报》2001 年 4 月 6 日。

罗振玉：《日本教育大旨》，《教育世界》（第 23 册），壬寅年三月（1902 年 4 月）。

马一：《比较中审视：晚清铁岭籍驻外公使杨儒与张德彝》，《兰台世界》2012 年第 1 期

毛旭、阮胜利：《百年前的商务英语读本》，《经贸实践》2005 年第 12 期。

齐华伟、肖成：《百年前“英语会话书”》，《广州日报》2009 年 11 月 30 日。

邱志红：《〈英文举隅〉与〈英文话规〉——同文馆毕业生编译的早期英语文法书》，《寻根》2008 年第 5 期。

司佳：《邝氏英学丛书与 19 世纪末上海实用英学的形成》，自复旦大学历史系编《中国现代学科的形成》，上海古籍出版社 2007 年版。

司徒尚纪：《英语在岭南传播的历史与影响》，《岭南文史》2003 年第 4 期。

孙建军：《汉译西书与汉语新式标点符号的形成》，自《西学东渐与

近代东亚新词新概念论文集》，北京大学，2008年。

孙展：《1862年的英语热》，《生活报》2010年12月30日。

唐诗明：《张德彝：向西方文化学习的先行者》，《文史杂志》2010年第1期。

汪家熔：《记〈华英初阶〉注译者谢洪赉先生》，《出版史料》1988年第3、4期合刊。

王维俭：《林则徐翻译西方国际法著作考略》，《中山大学学报》1985年第1期。

吴研因：《清末以来我国小学教科书概观》，《中华教育界》1936年第11期。

吴义雄：《“广州英语”与19世纪中叶以前的中西交往》，《近代史研究》2001年第3期。

项思勋：《西文西学之辨二》，《实学报》，光绪二十三年（1897）九月二十六日。

熊月之：《1842年至1860年西学在中国的传播》，《历史研究》，1994年第4期。

熊月之：《上海广方言馆史略》，《上海地方史资料》（四），上海社会科学院出版社1986年版。

薛英：《也说书同文与广方言》，《读书杂志》1993年第5期。

杨万翔：《“广东英语”，尚能用否?》，《羊城晚报》2008年11月6日。

杨玉良：《一部尚未刊行的翻译词典——清官方敕纂的〈华夷译语〉》，《故宫博物院院刊》1985年第4期。

于继增：《张德彝——走在新文化先驱者前面的人》，《人民政协报》2008年7月10日。

郁土：《偶遇〈增广英字指南〉》，《文汇报》2010年10月25日。

张蟾芬：《余与商务初创时之因缘》，《东方杂志》1935年第32卷1号。

张人凤：《蔡元培为商务印书馆第一任编译所所长说质疑》，《济南大学学报（社会科学版）》2010年第1期。

张同冰、丁俊华：《中国外语教育发展史回顾（十二）》，《基础教育外语教学研究》2002年第12期。

张铁东：《中英两国最早的接触》，《历史研究》1958 年第 5 期。

张元济：《戊戌政变的回忆》，《新建设》（第一卷第三期）1949 年 10 月 6 日。

张治：《钱钟书读过的海外游记》，《东方早报》2012 年 4 月 8 日。

赵金敏：《关于张德彝〈七述奇〉手稿》，《近代史研究》1985 年第 6 期。

周振鹤：《书同文与广方言》，《读书》1992 年第 10 期。

周振鹤：《晚清驻华外交官传记丛书·序》，自爱德华·V·吉利克（Edward V. Gulick）《伯驾与中国的开放》，广西师范大学出版社 2008 年版。

周振鹤：《中国洋泾浜英语最早的语词集》，《广东社会科学》2003 年第 1 期。

周振鹤：《〈红毛番话〉索解》，《广东社会科学》1998 年第 4 期。

周振鹤：《别琴竹枝词百首笺释》，《上海文化》1995 年第 3 期。

周振鹤：《内田发现的〈红毛番话〉（拟名）抄本译解》，《暨南史学》（第四辑），2006 年。

周振鹤：《中国洋泾浜英语最早的语词集》，《广东社会科学》2003 年第 1 期。

周振鹤，《题作〈英文话规〉》，《东方早报》2004 年 4 月 23 日。

周作人：《鲁迅与清末文坛》，《文汇报》1956 年 10 月 5 日。

邹振环：《19 世纪早期广州版商贸英语读本的编刊及其影响》，《学术研究》2006 年第 8 期。

邹振环：《光绪皇帝的英语学习与进入清末宫廷的英语读本》，《清史研究》2009 年第 3 期。

邹振环：《十九世纪下半期上海的“英语热”与早期英语读本及其影响》，《档案与史学》2002 年第 1 期。

邹振环：《同文馆外语教科书的编纂与外语教育的成效》，自王宏志、梁元生、罗炳良《中国文化的传承与开拓》，香港中文大学出版社 2009 年版。

邹振环：《晚清同文馆外语教学与外语教科书的编纂》，《学术研究》2004 年第 12 期。

邹振环：《浙籍买办与〈英话注解〉》，自张伟主编《浙江海洋文化与经济》（第 2 辑），海洋出版社 2008 年版。

邹振环：《中国近代翻译史上的严复与伍光建》，自《1993 年严复国际学术研讨会论文集》，海峡文艺出版社 1995 年版。

邹振环：《慕维廉与中文版西方地理学百科全书〈地理全志〉》，《复旦大学学报》（社会科学版）2000 年第 3 期。

邹振环：《清末民初上海群益书社与〈纳氏文法〉的译刊及其影响》，《辅仁历史学报》2006 年第 12 期，又见《中国现代学科的形成》，上海古籍出版社 2007 年版。

邹振环：《〈华英初阶〉和晚清国人自编近代英语教科书的发轫》，上海中山学社编：《近代中国》（第十五辑），上海社会科学院出版社 2005 年版。

五　国内所发表的相关硕、博论文

陈咏渝：《十九世纪中期至二十世纪初期之粤语研究》，复旦大学，2002 年。

高晓芳：《晚清洋务学堂的外语教育研究》，中国传媒大学，2005 年。

黄晓菊：《清末民初江苏乡土史地教科书研究》，扬州大学，2009 年。

李亦婷：《外语培训班与晚清上海社会（1862—1911）》，上海社会科学院，2007 年。

刘军：《清末民国时期外语教学研究》苏州大学，2006 年。

宋祥：《“中国别琴英语”——“中国英语”早期形式研究》，苏州大学，2006 年。

王晓静：《清末和民国时期的戊戌变法形象演变研究：以中学本国史教科书为中心》，北京师范大学，2007 年。

吴驰：《由“文”到“语”：清末民国中小学英语教科书研究》，湖南师范大学，2012 年。

张运君：《晚清书报检查与教科书审定研究》，北京大学，2006 年。

周海霞：《清末民初中央教育行政机构对教科书的管理》，河北师范大学，2008 年。

周毅：《晚清洋泾浜英语及其影响史：以 1840 年前后至 1919 年广州、上海口岸为中心》，四川大学，2005 年。

附　　录

本文作者所收集到的晚清英语教科书文本：

1. 璧经堂的《红毛通用番话》。
2. 成德堂的《红毛通用番话》。
3. 富桂堂的《红毛番话贸易须知》。
4. 荣德堂的《红毛买卖通用鬼话》。
5. 以文堂的《红毛话贸易须知》。
6. 《Chinese and English Vocabulary》。
7. 《夷音辑要》。
8. 1823 年马礼逊著《英国文语凡例传》。
9. 1835 年杨（William Young）著《训蒙日课》。
10. 1843 年罗伯聃著《华英通用杂话》Chinese and English Vocabulary。
11. 1854 年 Cornwell 著《英语语法入门》。
12. 1855 年 Stanislas，M. D. 著《习汉英合话》，John P. Jewett & Co.
13. 1855 年子卿著《华英通语》。
14. 1860 年冯泽夫著《英话注解》。
15. 1860 年福泽谕吉译《增订华英通语》，快堂藏板。
16. 1862 年唐廷枢著《英语集全》。
17. 1864 年罗存德著《英话文法小引》。
18. 1864 年理雅各著《智环启蒙》。
19. 1867 年 Benooni Lanctot 著《华英通语》。
20. 1872 年露密士著《英华初学》，上海美华书馆。
21. 1874 年曹骧著《英字入门》。
22. 1878 年郭赞生著《文法初阶》。

23. 1879 年点石斋主人著《华英文字合璧》，点石斋。

24. 1879 年汪凤藻著《英文举隅》。

25. 1880 年绿竹山房著《无师自通英语录》，上洋美华石印。

26. 1880 年杨勋著《英字指南》。

27. 1881 年《华英通用要语》，点石斋。

28. 1885 年邝其照著《英语汇腋》。

29. 1893 年 Tenney，C. D 著《英文法程初集》English Lessons，上海美华书馆。

30. 1896 年陆敬科著《华英文法捷径》（第二版），香港 TSUI CHAN 出版社。

31. 1898 年谢洪赉译《华英初阶》《华英进阶》，商务印书馆。

32. 1898 年张德彝著《英文话规》。

33. 1900 年商务印书馆编译所著《华英国学文编》，商务印书馆。

34. 1900 年 George Lyman Kittredge and Sarah Louise Arnold 著 *The Mother Tongue* Ginn & Company。

35. 1900 年商务印书馆编译所著《华英国学文编训蒙编》，商务印书馆。

36. 1900 年商务印书馆编译所著《华英亚洲课本》，商务印书馆。

37. 1900 年商务印书馆编译所著《华英亚洲启悟集》，商务印书馆。

38. 1901 年 Ira M. Condit，D. D. 著《华英通语》，美国小书会。

39. 1901 年《音注中英蒙学图》，华英养正书馆。

40. 1901 年斋藤秀三郎著《正则英文教科书》，上海昌明公司。

41. 1902 年 Nesfield 著《纳氏英文法》，商务印书馆。

42. 1902 年商务印书馆编译所著《英文初范》，商务印书馆。

43. 1904 年莫文畅著《唐字调音英话》，又名《唐字音英语》，香港锦福书坊。

44. 1904 年严复著《英文汉诂》，商务印书馆。

45. 1904 年伍光建著《帝国英文读本》，商务印书馆。

46. 1905 年斋藤秀三郎著《最近英文法教科书》，赤城学社。

47. 1905 年《华英合璧二十世纪读本》，广智书局。

48. 1905 年斋藤秀三郎著，藐姑射山人编译《最近英文法教科书》，赤城学社。

49. 1907 年何崇礼著《中学英文典教科书》，上海科学会编译部。

50. 1908 年伍光建著《英文范纲要》，商务印书馆。

51. 1908 年神田乃武著《初等英文典》《中等英文典》《高等英文典》，商务印书馆编译。

52. 1908 年斋藤秀三郎著《英语捷径》，商务印书馆。

53. 1909 年杜耀章著《初级英语读本》，商务印书馆。

54. 1909 年邝富灼、徐铣著《初学英文轨范》，商务印书馆。

55. 1909 年 Roys. Anderson 著《英文新读本》，商务印书馆。

56. 1909 年祁天赐著《英文益智读本》，商务印书馆。

57. 1909 年邝富灼著《初学英文轨范》，商务印书馆。

58. 1909 年赵灼评述《纳氏英文法讲义》，群益书社。

59. 1909 年基特里奇・阿诺德原著，徐铣译订《增广英文法教科书》，商务印书馆。

60. 1910 年 Newsom 著《简要英文法教科书》，商务印书馆。

61. 1910 年邝富灼、袁礼敦、李广成等编纂《新世纪英文读本》，商务印书馆。

62. 1910 年 Roy S. Anderson 著，邝富灼译《英文新读本》，商务印书馆。

63. 1910 年邝富灼著《英语作文教科书》，商务印书馆。

64. 1911 年马辅仁著《自识英语图》。

65. 1911 年李文彬著《华英翻译金针》，商务印书馆。

66. 1911 年前《华英要语类编》，商务印书馆。

67. 1911 年今井信之著《中学英文教科书》，商务印书馆。

68. 何鼎新著《初级英语作文教科书》，广智书局。

69. 拙补居士编辑《绘图增注华英三千字文》。

70. 徐云译述《西洋古格言》，上海医学书局。

71. 程允升著《华英会话重增幼学琼林》，上海大文书局。

后　　记

本书是在我的博士学位论文《晚清英语教科书发展考述》基础上进一步修改而成。本博士学位论文的写作以及本书能够出版，得益于诸多朋友、同事的帮助，在此一一鸣谢。

首先感谢我的恩师龚缨晏教授。自 2010 年考入浙江大学人文学院历史系，成为一名中西关系史专业的在职博士研究生，我就在龚缨晏教授的指导下进行了中西关系史学科的学习与研究。对于英语专业出身的我而言，历史学实在是一个全新的领域，也是颇具挑战性的领域。在导师的指导下，我将晚清英语教科书作为自己的研究方向。

龚缨晏教授对待学术研究的态度非常严谨。他要求我在做晚清英语教科书研究时，必须以充分的教科书文本材料作为研究的支撑点。因此，在进行博士学位论文写作之前，如何充分地收集到晚清时期的英语教科书成为我先期研究的重要任务。在收集晚清英语教科书的过程中，我非常感谢我的导师，在他的指点下，我了解到了国内外在此领域所做的相关研究，通过阅读国内外知名学者的论著，了解晚清英语教科书的一些书目信息，并按图索骥地开始了搜寻文本的艰辛过程。天道酬勤，至本书写作结束之时，我已经通过各种渠道购买到或复制到珍贵的晚清英语教科书 70 余种。可以说，导师是我在学术研究中的领路人。

不仅如此，导师还是我在学术研究中的帮助者。在我的论文写作过程中，从确定选题、查找资料到进行开题、撰写论文、修改论文乃至论文定稿，导师多次提出宝贵的意见。导师的点拨与指导，常常使我有柳暗花明、豁然开朗的感觉。

在浙江大学进行博士学习以及博士论文写作的这三年时间，浙江大学人文学院历史系中国古代史研究所的老师们对我的学术成长影响颇大。各位可尊敬的老师们，如卢向前教授、孙竞昊教授、计翔翔教授、吴艳红教授、楼毅生副教授、陆敏贞副教授、杜正贞副教授、吴铮强副教授、鲍永军副教授、杨雨蕾副教授、陈健梅副教授、陈志坚副教授、陶磊副教授等，他们在授课中、在讲座中所传授的史学理论知识，大大开阔了我的学术视野；他们在讲授过程中所表现出的对学术孜孜不倦的追求，以及他们在各自的研究领域所取得的丰硕成果，一直是激励我学习成长的力量。

在攻读博士学位期间，我还选修了其他专业的课程，这些授课教师，如沈坚教授、陈红民教授、戚印平教授等，他们在课堂上所表现出的深厚的学术素养以及在课堂教学中所展现的人格魅力，为我今后的教学工作树立了学习的榜样。

感谢中国古代史专业王永杰、马智慧、田力、吴倩华、周鸿承、蔡帆等同学，以及中国近现代专业的丁伟同学。在攻读博士学位及撰写本书期间，有幸得到他们在学术上的鼓励与支持。尤其是在王永杰学长所主持的中西关系史读书会上，大家聚集在一起，进行学术探讨。这种读书会，是思想火花的碰撞会，是大脑风暴会，使我受益匪浅。

在晚清英语教科书的文本收集中，一些在海外学习和工作的朋友为我提供了很大的帮助。台湾“中研院”的刘石吉教授为我复制了珍贵的《英语汇腋》；留学英国的常斌先生替我到英国伦敦大英图书馆复制了包括《文法初阶》等几部国内无法寻得的晚清英语教科书文本；留学香港的王磊先生、刘露小姐、高豫南小姐等，为我收集了《华英通语》《训蒙日课》等晚清英语学习文本；我的同事及朋友温中兰女士利用在美国访学的机会，也为我收集相关的研究资料。在这些朋友及同事的帮助下，我的研究才有了扎实的文本史料基础。

在撰写博士论文及润色、修改本书期间，家人给予了我极大的关心、理解与照顾。感谢我的爱人耿登华先生对我学习所给予的大力支持，特别感谢我的婆婆刘兰枝女士。正是由于她细心照顾我的孩子，帮我操持家务，我才可以心无旁骛地进行学术研究。

更要感谢我的父母双亲，感谢他们给予我的无私的爱，感谢他们对我人格方面的培养、对我世界观的熏陶。出身于教师世家，父母为我的人生成长树立了榜样。没有他们的教诲，就不可能有我今天的成长。特别是我的父亲孙祥元先生，生前一直教导我要认真对待学术，珍惜难得的学习机会。谨以此书告慰慈父的在天之灵。

本书的研究成果有幸成为2014年浙江省哲学社会科学规划项目后期

资助项目，非常感谢各位评审专家的提携。最后，我要感谢中国社会科学出版社相关工作人员的辛勤劳动，特别感谢责任编辑宫京蕾老师为本书能够顺利出版所做出的努力。

囿于本人学识，以及晚清英语教科书资料的收集困难，本书尚未能将所研究领域的所有英语教科书文本一一罗致。因此，关于晚清英语教科书的发展历程一定还存在着研究的不足之处。另外，在研究方法上，也未能更好地将社会史的研究范式引入本研究中，这也是本研究的一个缺憾。“路漫漫其修远兮，吾将上下而求索。”谨以此作为本书的结束语，激励自己在今后的学术研究道路上继续前行，不断进步。

孙广平

2016年1月21日